Minha Alma Nos Espaços Divinos

Allan Kardec

Rose Gribel
Os Espíritos Falam Comigo

Minha Alma Nos Espaços Divinos
Guiada por Allan Kardec

Tradução
MARIA SILVIA MOURÃO NETTO

EDITORA PENSAMENTO
São Paulo

Título do original:
Mon Âme Dans Les Espaces Divins
Guidée par Allan Kardec

Copyright © 1995 Rose Gribel.

Edição
1-2-3-4-5-6-7-8-9

Ano
98-99-00-01

Direitos de tradução para a língua portuguesa
adquiridos com exclusividade pela
EDITORA PENSAMENTO LTDA.
Rua Dr. Mário Vicente, 374 – 04270-000 – São Paulo, SP
Fone: 272-1399 - Fax: 272-4770
E-MAIL: pensamento@snet.com.br
http://www.pensamento-cultrix.com.br
que se reserva a propriedade literária desta tradução.

Impresso em nossas oficinas gráficas.

Ó alma cega! empunha a chama dos mistérios e na noite terrestre descobrirás teu duplo luminoso, tua alma celeste. Segue o teu guia divino, que ele seja o teu gênio, pois ele tem a chave das tuas existências passadas e futuras.

(Hermes, O Livro dos Mortos)

As repetições são, aliás, características do estilo profético.
(Jó, XX)

SUMÁRIO

Nota do Editor	13
Testemunho de Georges Aslanoff	15
Testemunho de Jean-Jacques Seymour	16
Testemunho do Dr. Dominique Cosme e de Claude Chapeau	17
Testemunho de Jack Jaquine	17
Retorno ao Meu Passado: Argel, a Branca	21
Veneza, Viagem do Desespero	22
Aparição de Allan Kardec	23
O Milagre se Realiza	25
Êxtase no Infinito	26
Colaboração Entre os Dois Mundos	28
Inspiração Sagrada	29
Escritora Sagrada	30
Mensageira do Pensamento Divino	31
Minha Vida Dupla, Dois Mundos	32
A Virgem Fala Comigo	33
Testemunho de Andrée Barre	34
Revelação	34
O Deslumbramento do Infinito	35
Desígnio de Deus	36
Sinfonia Celeste, Sublimação	37
Graça Oferecida	38
Viemos Para Que Você Profetize	39
Sua Missão É Para o Mundo	39
A Viagem Astral É Privilégio do Médium	40
Testemunho de André Dumas	41
Testemunho de Monique Cara	41
Visões do Mundo: Viagem Astral Sobre Israel	42
Bombardeio no Líbano	43
Visão Simbólica	44
O Túmulo de Abraão	44
Terremoto no Japão	45

Bombas em Roma	45
Suas Visões Revelam o Futuro	46
O Furacão Gordon	46
Os Reféns da Air France	47
Quatro Padres Assassinados na Argélia	47
Ayrton Senna	48
Bombas em Tóquio	48
Sacalina	49
Eleições na França	49
Testemunho da Sra. Bernardé	50
Testemunho de Vonny	50
Testemunho de Aline Haubin	51
Testemunho de Sonia Chakhoff	52
O Espiritismo em Lugar de Honra	52
Aparição do Meu Guia Divino	54
Missão Sagrada	54
A Vida Espiritual Marca a Existência do Homem	55
A Cura Pela Oração	56
Testemunho de Christine Pannard	57
O Dom Mais Precioso	57
Testemunho de David Dunlap	58
Testemunho de Huguette Caminiti	59
A Morte e Seu Mistério	59
A Vida Após a Morte	60
Testemunho de Danièle C.	61
Aparição do Espírito de Pierre Keuroglian	61
Testemunho da Sra. Keuroglian	62
Materialização do Espírito	62
Consolação	63
Comunicação dos Espíritos	64
Testemunho de Claudine Lécuyer	65
Testemunho do Sr. e Sra. Soler	65
Manifestação do Espírito	66
Testemunho de Sarah Valentine	67
Comunicações D'Além-Túmulo	67
Comunicações *Post-Mortem*	69
Testemunho de Simone Toupe	70
Testemunho de Marie-Louise Courtoison	70
Testemunho de Paulette Dupuis	70
Sra. Gaffier, Nice	71
Os Espíritos Falam Comigo	71
Testemunho do Dr. Dumas	72
Testemunho de Claudine Vigneron	72
Testemunho de Nelly Magnolfi	73

Testemunho de Simone Blancafort 73
Testemunho da Srta. Drappier 74
Testemunho de Andrée Barre 74
Testemunho de Marie-Renée Azabal 74
Minha Alma no Mundo dos Espíritos 75
A Mediunidade, Chave do Mistério 76
Profecias Realizadas 77
O Mundo Inteiro Vibra Sob o Pensamento de Deus 77
Allan Kardec Me Revela Minha Vidas Anteriores 80
Conhecimento de Vidas Anteriores 83
Revelação das Vidas Anteriores 83
Vidas Anteriores de Dominique e de Sua Mulher, Evelyne 84
Regresso à Vida Anterior de uma Grande Personalidade Literária 84
Testemunho de Roger Martin 85
Testemunho de Alicia Martin 85
Vidas Anteriores do Sr. Évariste M., de Guadalupe 86
Testemunho de Évariste M. 86
Testemunho de Jacques e Danielle Marguet 87
Testemunho de Paul Steiger 87
Vidas Anteriores de Minha Neta Grace 88
Outros Mundos... 88
... Outros Planetas 89
Visão da Atlântida 90
O Edifício da Alma 91
A Reencarnação de Minha Mãe 91
A Alma Entra no Corpo da Criança no Momento de Seu Nascimento 92
Encaminhamento da Alma Eterna 94
No Alvorecer de uma Vida 95
O Êxtase da Inspiração 96
A Inspiração dos Grandes Espíritos 97
Os Grandes Inspirados 98
Os Escritos 99
O Mundo É Eterno 100
Os Profetas 100
Profetas e Profetisas 101
Chama Espiritual de Todas as Doutrinas 102
O Êxtase do Gênio 104
Os Príncipes da Harmonia 105
A Mediunidade É um Dom Precioso 106
Harmonia Entre os Dois Mundos 106
Comunhão Sagrada 107
Aparições no Momento Supremo 108
Os Espíritos Instruem o Homem 108
O Espírito Parte Rumo à Luz 109

Visão de Hélène P. 110
Visão da Sra. Lopez 111
Quando a Morte se Abate Sobre a Vida 111
Testemunho de Guy Alimi 112
Testemunho de Paulette Dupuis 112
A Realidade das Manifestações dos Espíritos 112
Quando o Véu Cai 113
Deus Ama Todos os Seus Filhos 114
O Karma, a Fatalidade 115
O Espírito Alça Vôo Rumo à Luz 116
Os Espíritos Mensageiros de Deus 116
Os Grandes Profetas Ezequiel e Daniel Falaram Comigo.
   Eles Testemunharam 117
Sob o Ditado de Allan Kardec, na Inspiração Reencontrada 118
Nos Vestígios dos Escritos Sagrados 119
Abraão, Pai dos Crentes 120
Deus Transmite a Moisés os Mistérios Sagrados 124
O Espírito Falou Com Você 126
Josué, Sucessor de Moisés 126
A Entrada na Terra Prometida; Josué 128
Jericó 128
Josué Pára o Sol 129
Missão dos Profetas 130
Os Tempos da Igreja 131
O Mundo Inteiro Vibra à Idéia de Deus 133
Três Grandes Revelações Dominam a História 135
O Espiritismo É Universal 137
Visão Maravilhosa do Cristo 139
Testemunho de Marthe Sung 139
O Espiritismo, Chave de uma Nova Felicidade 140
A Ciência e a Religião 141
A Chama Espiritual 143
O Cientista 143
Visão Sobre a AIDS 144
Testemunho de Anne Bordet 144
Testemunho do Dr. Jean-Luc Philip 144
Cura Mediúnica 145
Testemunho de Josèphe Trivulce 145
Testemunho do Sr. e Sra. Lagarrigue 146
Dom de Curar 146
Testemunho de Brigitte Evrard 147
Testemunho de Miren Orlano 148
Testemunho de Jackie Samuel 148
Proteção de Allan Kardec 149

Testemunho de Annie Teboul 150
Homens Indecisos Buscam Seu Caminho 150
Testemunho de Danielle Lambert 151
Os Viajantes Eternos do Espaço 152
Sonhos ou Devaneios 153
Eu Tracei Para Você o Caminho da Chama Espírita 154
Nota do Editor 156
Escrita de Rose Gribel 157
Excerto de uma Mensagem Inspirada 158
Testamento de Allan Kardec 159
Os Tempos Preditos 160
Minha Vida Entre os Dois Mundos 160
O Plano Divino 161
Visões do Mundo 162
Guerra nos Bálcãs 162
Sarajevo 163
Sismo na Sicília 164
Bombardeio Norte-Americano Sobre o Iraque 164
A Mãe de Bóris Yeltsin 165
Bóris Yeltsin 165
Somália 167
Incêndio na Califórnia 167
Acidente na Estrada Paris-Bordeaux 168
Incêndio em São Francisco 168
Supermercado "Casino" de Nice 168
Testemunho de Dominique Boulogne 169
Assassinato de Yanne Piat 169
Deslizamento de Terra no Kerghezskan 170
Início dos Acontecimentos na Tchetchênia 170
Vinda de Arafat a Jericó em Israel 171
Massacre em Ruanda 171
O Airbus A-300 da KAL 172
Terremoto na Argélia 172
Naufrágio do "Estônia" 173
A Peste na Ásia 173
Revolução no Haiti 174
Terremoto no Japão 174
Morte do Ministro Antoine Pinay 174
Acidente Com um DC-9 na Colômbia 175
Catástrofe Pela Água 175
Sismo em Kobe, Cidade-Martírio 176
Sismo no Caribe 177
Bombardeio na Tchetchênia 178
Prisão em Argel 178

Engarrafamento na Sabóia 179
Sismo em Nice 179
A Terra Treme na Grécia 179
Testemunho de J. Sabatier 180
Testemunho de René Morlet 181
Testemunho de Jean-Pierre Bergoeing 182
Testemunho de Steeve Krieff 182
Testemunho de Judith Symphorien 182
Testemunho de Angel Étienne 183
Testemunho de Georges Obertan 183
Visões do Futuro 184
Na Terra Tudo É Efêmero 185
Mensagens do Céu 185
Profecias Para o Mundo Futuro 186
Deus Governa o Destino dos Mundos 190
Essa É a Sua Missão Hoje 190
A Obra de Allan Kardec: um Guia Infalível Para a Felicidade Futura 191
A Prece é um Ato de Adoração 195
Preces de Allan Kardec 195

NOTA DO EDITOR

Esta obra é apresentada em sua forma original para transmitir em toda a sua autenticidade as mensagens de além-túmulo, tais como foram ditadas a Rose Gribel pela inspiração do grande Espírito Allan Kardec que, para aperfeiçoar e enriquecer certas mensagens de suma importância e esclarecer o leitor, faz uma retrospectiva de algumas passagens já publicadas.

Georges Aslanoff
Ex-engenheiro de estudos no CNRS
Sophia-Antipolis,
29 de junho de 1995

Podemos sucumbir às belas frases de um livro sem que o fundo do mesmo seja digno de interesse. Quanto a este livro, ocorre exatamente o contrário.

É verdade que não vi frases carregadas de belas regras acadêmicas; mas dei a mão a Rose Gribel e ela me fez viajar "por outras paragens", ver o que é invisível ao comum dos mortais, graças a seus dons mediúnicos. Nessa viagem, pude compreender melhor o espiritismo e o profetismo, partilhando com ela os diálogos com Allan Kardec. Desde as primeiras páginas, ela soube iluminar o mundo com uma nova luz e fez-me deixar imperceptivelmente os limites do espaço e do tempo dos mortais.

Às portas do terceiro milênio, graças à nossa ciência, sabemos que o inverossímil obedece a leis naturais, assimiladas por alguns privilegiados que não mandamos mais para as fogueiras; por conseguinte, é sem razão que algumas pessoas ainda designam como fatos sobrenaturais o que não podemos explicar. Lembremo-nos: "... e, no entanto, ela gira..." A sinceridade de Rose Gribel quanto ao que ela relata de sua comunicação com o Além não pode ser posta em dúvida.

Além disso, com a ajuda de sua fenomenal sensibilidade e de sua capacidade excepcional de canalizar a energia, ela cura algumas doenças. Essa mulher pudica, modesta, discreta e crente decidiu cumprir a qualquer custo a missão da qual foi encarregada: meditar, receber Allan Kardec e transmitir essas informações.

Conhecer Rose Gribel fez-me confrontar o irracional e abalou as minhas convicções. Educado segundo as diretrizes do pensamento cartesiano, como tantas outras pessoas, foi-me difícil aceitar as predições de Rose Gribel sem que os fatos fossem confirmados, o que se deu várias vezes. Há três anos, quando aconteciam as primeiras lutas políticas na ex-Iugoslávia, Rose Gribel me disse que via esse país "em um rio de sangue; a solução para essa guerra civil virá do mar". No que concerne à primeira parte dessa predição, lamentável e infelizmente, como todos, fiquei sabendo diariamente das mortes em plena rua, nos mercados, dos hospitais bombardeados; quanto à segunda, conhecendo o número de navios de guerra de várias nacionalidades que cruzam o Adriático, não é possível deixar de considerar essa visão, que data de três anos.

Mais ainda: eu quis confirmar as observações seguindo de perto algumas das "visões" dessa mensageira de Allan Kardec, o que era facilitado pela imprensa e pela televisão atuais. Os resultados dessas pesquisas trouxeram-me as respostas às indagações que fazia: as previsões e os eventos sempre assombraram pela semelhança; algumas dessas previsões e acontecimentos estão relatados em Minha Alma nos Espaços Divinos.

Cada página deste livro, sem deixar de nos fazer conhecer Allan Kardec, oferece o prazer de descobrir as múltiplas cores do espiritismo, através de um mosaico de mensagens inspiradas que não sacrificou nenhum detalhe importante para permitir que comungássemos com o autor durante uma maravilhosa viagem sideral.

Jean-Jacques Seymour
Diretor de redação no TCI
Saint-Pierre-de-la-Martinique,
18 de janeiro de 1994

Para mim, é um privilégio e uma grande honra testemunhar neste novo livro de Rose Gribel, que causará espanto a todas as pessoas ávidas por conhecimento, pelo maravilhoso — em suma por tudo aquilo que constitui a vida. Conheci Rose em 1993. Pela primeira vez, ela vinha para a Martinica. Decidi dedicar-lhe um programa de televisão. Depois de muitas outras pessoas, Rose iria passar pelo "Grande Oral".

Desde o nosso primeiro contato, particularmente caloroso, ela soube de imediato descortinar-me horizontes que têm alimentado minhas reflexões e um interesse cada vez maior por fenômenos que nada têm de sobrenatural e que um espírito cartesiano facilmente pode compreender e apreender, pois eles têm coerência segundo uma determinada lógica. Além do mais, Rose, mensageira do grande Espírito Allan Kardec, transmite-os com simplicidade.

Alimentada por várias culturas, Rose aprendeu muito com a vida. Sua experiência atual, que ela vive com simplicidade e serenidade, não é senão enriquecimento para ela e para a humanidade inteira, que, através dessas mensagens, pode nutrir-se da esperança de ver um dia realizada a Fraternidade Universal.

Que Rose seja um desses "canais", veículo desse anseio, não é fruto do acaso. Sua extrema disponibilidade, noção do serviço espiritual a ser executado e do dever são provas disso.

Formulo meus votos de que as novas revelações que ela nos está entregando possam abrir-nos os olhos e preparar o advento de uma humanidade mais forte e esclarecida.

Obrigado, Rose, que, com o Grande Allan Kardec, contribui para nos abrir esse caminho.

**Dr. Dominique Cosme
e Claude Chapeau
Premiado pela Academia Nacional de Ciências,
Artes e Letras
Nice, 7 de julho de 1995**

Rose Gribel, guiada por Allan Kardec, apresentou ao mundo, entre 1986 e 1994, uma série de predições que em parte se realizaram.

Os leitores se recordam do seu primeiro livro, no qual a médium psicógrafa veio complementar a médium vidente, pois dia a dia a totalidade do que comunicou aos vivos mostrava-se um reflexo fiel da realidade.

Rose Gribel pensava que sua missão junto aos humanos estivesse momentaneamente encerrada. Não estava, porém, pois Allan Kardec revelava que acontecimentos de capital importância deveriam ser divulgados ao povo da Terra. Rose Gribel então retomou a pena para transmitir ao mundo, através de uma nova difusão literária, a clarividência de acontecimentos que vão se dar, ao raiar o século XXI. Allan Kardec, mensageiro do Senhor, guiou Rose Gribel em suas viagens astrais.

Não podemos deixar de render nossas homenagens a essa humilde servidora da humanidade que continua colocando seus dons ao serviço dos que sofrem, salvando vidas como ela sempre fez no passado ...

Rose Gribel, os dons de mediunidade que Deus lhe deu a colocam para sempre entre os profetas.

**Jack Jaquine
Dramaturgo, cenógrafo
Premiado com o Prêmio Nacional de Dramaturgia
Nice**

Conheci Rose Gribel e imediatamente tive a certeza de estar encontrando um ser excepcional. Emanava dela uma aura estranha que a distinguia singularmente. Desde esse primeiro contato, fiquei impressionado com a exatidão discreta de seus ensinamentos metafísicos.

Seu testemunho acerca de sua misteriosa relação com Allan Kardec impressionava pelo tom de autenticidade. Suas predições pareciam evidentes, naturais, como se escorressem de uma fonte, como aquela, em setembro de 1994, em que viu corpos mutilados que surgiam de fendas no chão, e que 48 horas depois viu-se confirmada no anúncio de um desastre causado por um terremoto numa das ilhas ao norte do Japão.

Também foi assim quando, muito antes dos acontecimentos na Iugoslávia, teve a visão da intervenção dos países árabes na Bósnia-Herzegovina, o que à época parecia altamente fantasioso.

Pouquíssimos grandes médiuns, um ou dois a cada geração, possuem essa acuidade e tal envergadura quanto à manifestação de seus dons.

Trata-se de seres eleitos, escolhidos, predestinados, como Edgar Cayce, para interpelar a humanidade. A sra. Rose Gribel é um deles.

O traço que melhor a caracteriza é sem dúvida a infatigável bondade, a sua escuta compassiva de todos os padecimentos e sua profunda humanidade.

Em meio ao cinzento panorama de nossa época, um encontro desse teor é tão raro quanto a descoberta de uma pedra preciosa.

Desejo que o maior número possível de nossos contemporâneos tenham a chance de descobri-la.

*Como falar aos homens de carne
e osso na pura linguagem dos Espíritos,
que tantas vezes se eleva até o limite
mesmo da compreensão?*

Nesta obra, para a qual fui escolhida, e que aceito com alegria, não tenho nenhum mérito pessoal, pois os princípios que a norteiam não são de minha autoria; o mérito deve ser inteiramente atribuído ao grande Espírito Allan Kardec, que me inspirou e ditou estes diálogos de além-túmulo.

Estes textos não estão escritos na linguagem acadêmica, a do mundo dos humanos. É desde o mundo divino que Allan Kardec, mensageiro de Deus, transmite-me a linguagem dos Espíritos e os mistérios sagrados, graças às faculdades da mediunidade que me foram concedidas para que eu possa prosseguir na missão que me foi confiada.

ROSE GRIBEL

Retorno ao Meu Passado: Argel, a Branca

Para quem reflete, o auge da felicidade é haver compreendido o que é compreensível e respeitar o que não o é.
(Goethe)

Hoje, você deve escrever um outro livro, depressa, e terá ajuda para isso. Você está pronta, evoluiu, é maravilhoso.

Darei a você visões importantes para o mundo; a sua missão é constrangedora e difícil, com tantas pessoas que querem vê-la, mas o objetivo é alcançado. Em nome do mundo dos Espíritos, obrigado, sua missão sagrada está se cumprindo.

Hoje, é o seu livro que você escreve. Também este deve começar por um retorno à sua vida passada, explicando como sua missão levou sua alma a uma ascensão até os esplendores do infinito, no mundo invisível, que é o mundo livre dos Espíritos. Você tem consciência disso.

É preciso fazer uma retrospectiva de sua vida. Você deve escrever sobre seu retorno a Argel.

A situação profissional de seu marido levou-os de volta à sua cidade natal.

Desde a sua chegada no aeroporto de Argel, a Branca, a tristeza e a decepção apoderaram-se de você, ao ver que aquela cidade havia se tornado tão miserável e que seus habitantes encontravam-se tão desprovidos do essencial.

Quando você visitou o cemitério de Saint-Eugène, onde ficou em recolhimento junto aos túmulos abandonados, sobre os quais paira a recordação de seus pais tão queridos, você voltou a sentir o consolo da esperança.

Seus pensamentos elevaram-se ao infinito. O Além já a esclareceu sobre a existência do mundo invisível e lhe mostrou a realidade do mundo maravilhoso dos Espíritos, o único que é importante conhecer.

Durante seu passeio por Notre-Dame-d'Afrique, você recordou aqueles longos momentos de prece sob os arcos da basílica, diante da Virgem Negra, da qual você conserva a imagem fiel de sua primeira comunhão, celebrada com toda a alegria pela família.

Em seguida, você foi visitar a casa de seus pais. Assim que o carro parou diante da entrada, os vizinhos a rodearam e lágrimas correram pelo rosto de todos eles. É na felicidade das recordações, no calor da acolhida e da hospitalidade que eles lhe disseram: "Descanse, você está em casa."

Hoje, você revê confusamente uma parte do seu passado, daquela existência de sonhos à qual sua memória está ligada para sempre.

Quando entrou na espaçosa casa, em estilo marroquino, em Notre-Dame-d'Afrique, da varanda você reviu a magnífica baía de Argel, a cidade transbordante, cujas casas descem em cascata até o mar. Uma intensa luminosidade caía do céu azul e se refletia nas ondas, onde as fragrâncias se misturavam à felicidade diante da vida.

A lembrança de seu pai, Roméo, parecia-lhe concreta: no jardim, diante de seu cavalete, pintando um esboço desse sublime cenário, ele parecia inteiramente feliz.

Na casa, a presença de sua mãe, Juliette, parecia bastante forte.

Será que realmente a vi e ouvi, inclinada sobre os quatro filhos, irradiando alegria?

Parece que vejo de novo, na sala de estar, aquele esplêndido busto em mármore encontrado em Tipasa, e que data da época romana. Ele sempre me fascinou; hoje, está desaparecido. Que pena!

Continuando com a sua peregrinação, você chegou a Tipasa, uma das mais belas praias da Argélia onde magníficos vestígios da época romana desafiam os séculos, e você parou admirada diante do "Túmulo da Cristã", um domo imenso.

Sentada na areia dourada, onde o mar vinha depositar de novo outras peças de ouro, num profundo estado de meditação, você estendeu as mãos para o céu e suas preces chegaram a mim. Nesse cenário deslumbrante, a noite caiu. Visão grandiosa, beleza feérica! O sol mergulhou no horizonte, perdeu-se no mar.

Você se reviu, correndo ao longo das dunas, entre os vestígios de uma civilização antiga, brincando, ainda garota, nas antigas covas dos leões, seus pés nus na areia escaldante, os cabelos louros soltos ao vento.

Com seu rosto radiante, cheio de doçura, você levou alegria a todos que a cercavam.

Seus pais, Roméo e Juliette, seres raros, oferecem ajuda e compartilham sua felicidade com as pessoas humildes da sua terra. Sua casa é um porto de paz.

∞

Veneza, Viagem do Desespero

Senhor, não mereço que entres em minha morada, mas diz uma só palavra e meu filho será curado.

(Mateus, 8:8)

O ACIDENTE COM MINHA NETA. O ENCONTRO NO HOTEL DE VENEZA. MEU MESTRE ME DIZ: "ESSE HOMEM É UM MÉDIUM."

Tudo começou com uma peregrinação a Veneza, numa visita à igreja de Santa Luzia, padroeira dos casos desesperados de problemas de visão. Você tinha viajado levada pelo sofrimento causado pelo drama que tinha acabado de sofrer, o acidente com sua neta, Roseline.

Essa viagem foi uma etapa na cadeia de todas as coisas que enfim a conduziram ao conhecimento do mundo dos Espíritos.

Pois, para você, nada é fruto do acaso.

Sim, o homem de Veneza era um médium e estava ali para lhe oferecer *O Livro dos Espíritos*.

Pela primeira vez, compreendi confusamente que acabara de viver um instante bendito, um encontro extraordinário que pertence à ordem do maravilhoso. O Espírito de Allan Kardec estava entrando em minha alma, e meu reconhecimento para com Deus é infinito.

O Livro dos Espíritos revelou ser a fagulha que incendiou a minha fé na espiritualidade. Allan Kardec tornou-se o meu guia, o meu Mestre.

A ciência havia condenado a minha neta. Somente um Espírito poderoso teria podido salvá-la. Minhas preces foram ouvidas. A palavra de Cristo realizou-se: a fé pode mover montanhas.

Se isso aconteceu conosco, pode também acontecer com vocês e com todos aqueles doentes cujas famílias, extenuadas pelo sofrimento, erram de hospital em hospital, onde não encontram o humanismo, mas, em geral, a indiferença.

O poder de Deus, porém, é infinito.

Todos os que passaram por alguma provação dessa natureza conhecem a dor medonha que acompanha a angústia e a incerteza diante desse imenso perigo que é ver sofrer ou desaparecer entes que nos são queridos! Como tolerar o intolerável? Não existem palavras capazes de expressar o sofrimento que tantas vezes é preciso enfrentar. A memória não esquece jamais de todos os dramas que o destino nos inflige. A memória, aliás, também existe para nos fazer lembrar incansavelmente das nossas feridas.

Em Veneza, sempre gostei muito de meditar, nos momentos difíceis, em uma igreja cujo silêncio oferece-me um profundo recolhimento; ali, ao abrigo do mundo, rezo com um humilde fervor.

∞

Aparição de Allan Kardec

[...] descobre o que há de mais recôndito nas trevas e traz à luz as sombras espessas [...]

(Jó, 12:22)

Dezembro de 1984: os médicos declaram-se impotentes; câncer do seio. Diagnóstico: tumor canceroso.

Você precisa explicar o caso do seu câncer: nada acontece por acaso.

Era Natal e você tinha acabado de saber por eminentes professores que tinha um tumor canceroso.

Naquela atmosfera de festejos natalinos, onde seus filhos e netos estavam reunidos para passar as festas, apesar de sua serenidade, pairava uma dúvida.

Novamente, naquele dia, você me implorou para que a curasse. Suas preces ardentes foram ouvidas. Desci das esferas esplendorosas, e foi quando apareci para você...

A aparição de Allan Kardec! Passei alguns segundos antes de conseguir perceber...

Ó meu Mestre! Obrigada por esse momento bendito no qual me aparecestes, rematerializado, como um humano, no meu saguão de entrada, ali onde ninguém poderia ter entrado. Seu sorriso irradiou-se sobre mim e suas palavras estão gravadas para sempre no meu espírito. Nenhuma palavra humana pode traduzir o que senti.

Allan Kardec me disse:

> Seu câncer está curado.
> Para você, ergueu-se o véu sob o qual se oculta a verdade.
> Sua missão é para o mundo.

Sim, foi precisamente um milagre, uma aparição sobrenatural que me inundou de imensa felicidade.

Fiquei petrificada. Depois de três passos na direção da porta, desaparecestes, estando todas as portas fechadas, "como o Filho de Deus". Hoje ainda meu coração bate mais forte com essa emoção, e essa graça divina encheu-me de uma alegria inefável!

O milagre da aparição de Allan Kardec, morto há cento e trinta anos!

São João diz: *"Sim, é verdadeiramente como espírito fluídico que Jesus apareceu aos discípulos. Mas esse corpo não obedece às leis da matéria, Jesus entra e sai por todas as portas fechadas."* (João, 20:19,26)

Na minha meditação, nas minhas orações, agradeço a Deus Todo-Poderoso e a vós, meu guia divino, por me haverem concedido esse maravilhoso instante de vossa aparição.

Esse momento ainda é o mais belo de toda a minha vida. E meu reconhecimento não tem limites.

Depois da aparição de Allan Kardec e de haver recebido sua mensagem, senti-me de novo perfeitamente confiante de que minha cura tinha sido milagrosa. Médicos e professores compararam os resultados de diferentes exames e todos se renderam à evidência de que tinha ocorrido uma cura espontânea.

Allan Kardec diz:

> A causa física desse fenômeno de cura espontânea do seu câncer está além da competência científica que eles possuem. O saber que têm não pode explicá-la.

A revista *Le Généraliste*, de 22 de junho de 1993, comenta em artigo assinado por Michel Cyprien: *"Rose Gribel, uma mulher de hoje que revivifica* o espiritismo do século XIX ... comunicações com Allan Kardec, perturbadora semelhança de caligrafia reconhecida por grafólogos, quando escreve sob a inspiração do Mestre... Cura espontânea de um câncer constatado pelos médicos..."

∞
O Milagre se Realiza

> Como uma chama que nos guia até o mais profundo dos mistérios, o fogo sagrado se espalha e a alma, que é filha do céu, conduz e anuncia a aurora da grande luz.
>
> (Hermes)

A partir desse instante incomparável, foi-me oferecida a consagração dos dons sagrados de mediunidade que Deus me concedeu a graça de passar a ter.

Por meio da minha fé profunda e das minhas orações, vindo do espaço infinito, o grande Espírito Allan Kardec rematerializado estava diante de mim, na minha casa, como um mortal.

Tendo descido das esferas radiosas até o nosso mundo, sob sagrada influência, o grande Espírito entrou na minha alma, no meu coração, de maneira irrevogável.

Fiquei petrificada diante de seu intenso olhar, cheia de toda a graça divina que ele me transmitia como se fosse uma onda irradiando uma suprema felicidade.

Essa foi a súbita iluminação de todo o meu ser.

Ó Deus de misericórdia, como é grande a minha gratidão. Se estou curada, é porque minha cura também é milagrosa.

Minha vida inteira permanecerá para sempre dirigida pelo pensamento divino. Nada nem ninguém poderá desviar-me desse rumo.

Para cumprir a minha missão, foi-me dada a mediunidade, a chave entre os dois mundos. Para sempre colocar-me-ei ao seu serviço.

Rezo em agradecimento a Deus que, na Sua infinita bondade, permitiu que essa comunhão se desse. Oro e agradeço a meu Mestre, o grande Espírito Allan Kardec, para que me dê os fluidos necessários para me sustentar durante o cumprimento de minha missão.

Aceitei a abnegação, o devotamento, a humildade e a caridade.

"Minha vida transita entre os dois mundos."

∞

Êxtase no Infinito

> *Eu sou teu Espírito divino, e este é o livro da tua vida. Ele contém páginas cheias de existências passadas. E as páginas em branco de tuas vidas futuras. Um dia eu as abrirei à tua frente. Agora, tu me conheces. Chama-me e eu virei.*
>
> (Hermes, O Livro dos Mortos)

Um campo imenso me é aberto para os Espíritos do céu. Minha alma, guiada, lançada no espaço, visita as esferas celestes.

Fomos projetados entre as estrelas, deixando para trás, na imensidão, o mundo terrestre tão minúsculo, tão presunçoso.

Penetramos no infinito que então se desvelou. Apresentou-se então o extraordinário espetáculo do universo, visão feérica, um desafio inacreditável.

Irresistivelmente, minha alma foi aos poucos sendo mobilizada pelo movimento eterno dos planetas. A obra de Deus é sublime, os mistérios se revelam pouco a pouco, até o infinito.

Regressei à Terra com a alma arrebatada e reconhecida. Guardo perene recordação dessa noite negra, em que minha alma, cercada pelas estrelas, se eleva na plenitude.

Sim, fui projetada na velocidade de um sopro. Maravilhada pela beleza dos grandes espaços, tomada por uma sublime inspiração, mergulhada em êxtase, contemplei a harmonia dos astros.

Nessa visão, ouvi a voz do meu guia divino:

Assim como você, Hermes teve a mesma visão; ele foi projetado entre as estrelas.

Guiada por Osíris, a alma de Hermes foi transportada pelo céu estrelado. Essa visão contém a história do mundo e da alma eterna, que se propagou pelo povos e foi por todos aceita...

Guiada pelo meu Espírito, nessa visão, sua alma foi projetada no céu, entre as estrelas, e você tomou conhecimento do mundo dos Espíritos na luz eterna, de seu encaminhamento segundo sua elevação espiritual e de sua evolução rumo às esferas celestes.

Assistida nesse vôo pelos ares sem fim, onde a guiei para que você visse e ouvisse as majestosas belezas eternas dos espaços divinos onde você foi admitida, nesse mundo dos Espíritos livres, na harmonia das leis divinas, na sua ancestral sabedoria, você pode perceber uma ínfima parte de onde vivem nossas almas irmãs, de onde nasce e vem a fonte da vida eterna.

Você percorreu e assistiu muitos mistérios, que a transportaram ao êxtase.

Naquela manhã, na sua prodigiosa visão, enquanto seu corpo dormia, sua alma foi projetada à velocidade de um sopro até o céu estrelado que a envolvia por todos os lados, no fluxo bendito de um festival de luzes divinas, frenesi de estrelas, feixes coruscantes de centelhas douradas, na magnificência desse vasto império divino.

E lá, de repente, vejo três cubos prateados. Ouço o que diz o meu guia divino:

>Esses cubos são o alimento espiritual para o seu mundo.

No prodigioso movimento de descida, minha alma dilatou-se junto ao calor da morada divina. Guiada, reconduzi esses cubos, esse alimento formado pela graça divina.

Depois aparecem-me duas belas mãos que se colocam sobre minhas têmporas, e vejo o rosto sorridente do meu guia divino.

Allan Kardec me diz:

>Hoje, minhas aspirações vão mais longe: você pode e deve escrever e compor.

Abro os olhos ao sol rutilante, ainda inundada pela viagem astral que me foi dado viver.

Bem mais tarde, ao cair da noite, estou sentada, como de hábito, diante do retrato de meu Mestre. Rezo a Deus e a Allan Kardec, pedindo ajuda para que eu possa socorrer os que me solicitam.

Nessa noite, minha meditação dura mais que o normal. Sinto-me invadida por uma força de comunhão bastante intensa. Diante de mim, na escrivaninha, está colocado o caderno onde anoto as minhas visões: pego a caneta e meu olhar se encontra com o do meu Mestre.

Na penumbra daquele aposento, minha mão torna-se leve e começa a escrever... uma mensagem que meu Mestre acaba de me transmitir.

Escrevo sem interrupção e sem nenhuma rasura, guiada por uma força tal que ela me obriga a seguir a inclinação do caderno, como se de novo eu pairasse pelo espaço insondável, em que cada palavra se torna uma estrela.

Maravilhada, nunca tinha podido imaginar que poderia obedecer a uma tal necessidade. Enquanto escrevo, porém, ignoro totalmente o sentido das frases que escorrem da minha caneta. Escrevo, apesar de minha incompetência, usando um vocabulário que não é o meu, usando palavras que não compreendo pois as desconheço, e uma caligrafia que não é a minha.

Desde essa noite, transcrevo regularmente inúmeras mensagens que Allan Kardec tem-me ditado. Além das visões e do poder de cura, foi-me oferecido o privilégio supremo de escrever por inspiração mediúnica. É o Espírito que se manifesta em toda a plenitude da incorporação; pela transmissão do seu pensamento, o Espírito se comunica sem intermediário.

A colaboração se estende entre os dois mundos. O Grande Espírito vem para oferecer esse alimento espiritual que eu preciso anotar no papel. Essa é a minha missão. Enquanto leio as mensagens, descubro, entre surpresa e maravilhada, o que acabei de escrever, invadida por uma emoção que me é difícil descrever.

Leio e releio com todo o fervor do meu coração.

Fico extasiada pela extraordinária descoberta da semelhança de caligrafias, e o mais supreendente é que o Espírito de Allan Kardec reproduz a mesma letra que a de quando era vivo. O Espírito age unicamente sobre o meu pensamento e a minha mão é dirigida pela sua vontade.

Dons sagrados, essa foi a revelação que acabei de lhe transmitir na apoteose luminosa que irradiou da sua alma durante a inspiração.

O que é excepcional é a incorporação do Espírito na alma do médium: ele projeta seu pensamento no subconsciente e mostra a ação que sua vontade pode exercer sobre o imperceptível; essas manifestações nos permitem contatar os segredos mais íntimos da criação e da eterna renovação do universo.

∞
Colaboração Entre os Dois Mundos

Sim, eu falei sem compreender de maravilhas que me ultrapassam e que não concebo. E o Eterno disse: "Escuta-me e eu falarei contigo."
(Jó, 10: 1, 11, 16)

Essa visão maravilhosa é a revelação, a colaboração que se perpetua entre os dois mundos pela ajuda de Deus. Dos espaços divinos vem o grande Espírito Allan Kardec, que, com sua sagrada inspiração, guia minha alma para me revelar o imenso mistério da vida do espaço.

Nossa comunhão de alma e Espírito, entre os dois mundos, é perfeita.
Você teve de viver acontecimentos muito graves, aos quais assistiu, impotente mas sempre serena.
Sua visões projetaram sua alma nos espaços divinos e você pôde contemplar os esplendores do infinito, ouvir as harmonias da música celeste, ver a apoteose da intensa luz da aurora banhando o vasto império resplandecente, onde a noite vem trazer, nos céus sem fim, suas miríades de chuvas de estrelas, num fluxo interminável de faíscas luminosas que se refletem como num espelho no oceano da vida.
Naquela noite, sua alma guiada esteve no nosso mundo, em meio a essa chuva de estrelas. No seu profundo estado de reconhecimento, na meditação, suas preces e sua fé em Deus mostram-me toda a sua elevação de alma.

Essa foi a revelação do dom sagrado.
Uma força desconhecida acabava de me penetrar.
Sim, o grande Espírito do meu guia se manifesta através de meus pensamentos em consonância com a minha alma, para traduzir todo o poder da sua inspiração.
A influência que me transmite permanece soberana.
"Para os grandes Espíritos, a idéia é tudo, a forma não é nada. Entre

eles, sua linguagem é rápida como o pensamento. Os Espíritos dão pouca importância à pluralidade das ortografias, quando se trata sobretudo de um ensinamento grave e sério. O que é maravilhoso é que eles se exprimem indiferentemente em todas as línguas, e que compreendem todas! É o pensamento mesmo que se comunica sem intermediário, e isso aconteceu, em geral, apesar da ignorância do médium." (Allan Kardec, *O Livro dos Espíritos.*)

∞

Inspiração Sagrada

O anjo Gabriel me disse: "Daniel, eis-me aqui; vim para abrir a sua inteligência."
(Daniel, 9:21-22)

Que felicidade intensa! Em nossa total comunhão, seu olhar se ilumina, meu coração se comove com a emoção, seguro a respiração. O espaço me transporta como um raio de sol; no êxtase, minha alma se abre ao eco do sopro divino. Jorra a iluminação repentina e são-me transmitidas palavras que, com mão leve como uma pluma, escrevo num estado de frenesi que vai além de toda realidade.

Você deve explicar como o meu Espírito lhe transmite a inspiração.

Os grandes inspirados compreendem as sutilezas que Deus envia através de Seus grandes mensageiros, cuja identidade lhes foi transmitida num sopro, como eleitos que Deus escolheu por sua capacidade de percepção.

Muitas vezes, os grandes Espíritos vêm das grandes esferas divinas para trazer sua ajuda a seres de sua escolha. Mas se a pessoa escolhida não está pronta, ou está muito imbuída de si mesma para compreender e admitir, o Espírito vai-se embora. Por isso, precisamos de pessoas humildes, determinadas e perseverantes. Pois a disponibilidade de um grande Espírito na Terra é muito curta.

No momento em que se produz a comunicação entre o Espírito e a alma, temos a centelha que inicia o processo da inspiração na alma.

Ponha-se em meditação. É nas preces que você sente a minha presença, através dos sinais que chegam. No quadro que está à sua frente, você vê o meu rosto se tornar real, percebe o meu sorriso e as suas lágrimas escorrem. Nossa harmonia torna-se total e meu Espírito se incorpora na sua alma. Eu lhe transmito ao inconsciente a faísca que fará brotar a inspiração. Em estado de êxtase, você percebe o sopro do eco da minha voz e as frases chegam até você com a velocidade de um sopro.

Minha linguagem é a dos Espíritos. Por isso é que você tem dificuldade para seguir as minhas frases; é o meu pensamento que age sobre o seu cérebro e então você pode receber e organizar todos os longos capítulos. E a sua mão traduz... Além disso, procuro ser o mais simples possível para que você possa dar forma às frases que chegam a você.

Para você, hoje, é sobrenatural sentir a minha inspiração mas no começo isso foi muito perturbador. Seus esforços não foram em vão. Para mim, é uma imensa alegria, pois nossas afinidades convergiram para a mesma finalidade e nós seguimos adiante. É maravilhoso que eu tenha chegado a inspirá-la, a guiá-la, a dar-lhe apoio e a trazer-lhe os fluidos e as forças necessárias para aliviar e curar o próximo.

Na nossa harmonia, enquanto meu Espírito e a sua alma juntos se elevam até as esferas divinas em sublime sentimento de felicidade, aparecem as maravilhas da apoteose rutilante.

E nossas almas, no céu estrelado, elevam-se na luz rumo ao plano divino, onde você viu fatos, impotente mas sempre serena.

∞

Escritora Sagrada

O Espírito me levantou e levou até ele.
(Ezequiel, 3:14)

Escrevo o que me dita o Espírito da Verdade, e você deve escrever o que eu lhe dito.

Esse dom é um privilégio que não pertence a todas as pessoas...[1]

Seja perseverante, para que possamos comunicar mais coisas. Precisamos de você para transmitir nossas preocupações e os fatos importantes que vão acontecer e que você deve divulgar.

Meu Espírito não está adaptado à vida terrestre e minha estada aí é curta; além disso, você precisa se lembrar de muitas coisas num tempo muito rápido, para o bem do mundo. Eu lhe dei algo que você jamais poderia obter sem esta transmissão.

Eu sei que você às vezes tem dificuldade para escrever tudo o que eu lhe digo, mas a sua devoção não tem limites e a nossa comunhão é grande e sincera.

Na sua simplicidade, você é preciosa para nós. A fé que você tem em Deus é profunda.

Estou perto de você para ajudá-la e apoiá-la. Sobretudo, não fique inquieta; você é guiada. Você deve cumprir a sua missão, que, apesar de difícil, é nobre. Ela lhe dá grande felicidade, graças aos dons que nós lhe transmitimos. Estes escritos são a consumação de tudo isso.

---

1. As reticências substituem as palavras que continuam ilegíveis e que não consegui decifrar, depois de reler as mensagens ditadas por Allan Kardec.

Mensageira do Pensamento Divino

O Cristo disse: "... todo dom precioso e toda dádiva perfeita vem do alto e desce do Pai das Luzes."
(Epístola de São Tiago, 1:16-17)

Nós a escolhemos; sua missão é uma vontade do céu. Você foi guiada e ajudada para a popularização de seu livro. Nós sabemos das provações que você teve de suportar, mas tudo se passou como havia sido previsto. A filosofia espírita ascendeu ao mais elevado posto literário e você teve um grande apoio dos meios de comunicação para a difusão da doutrina espírita. Personalidades eminentes prestaram seu testemunho de reconhecimento.

Imbuída da sabedoria antiga, nada a deteve. Você permaneceu digna a nosso respeito, e foi muito ajudada pelos grandes Espíritos. Estamos felizes.

Esse é o motivo pelo qual escrevo um segundo livro.

Toda vez que fico recostada numa espreguiçadeira, no meu terraço, contemplo o grandioso espetáculo do céu e do mar. Diante dos olhos, tenho o arco perfeito da Baía dos Anjos. Os barcos passam e vêm atracar no cais, tanto indo como vindo da Córsega. Sinto uma profunda nostalgia; lá embaixo, além do horizonte, o mar rodeia a Córsega, país de meus antepassados.

Nesse terraço descanso, muitas vezes deitada ao cair da noite, entregue às suaves ondulações do cochilo, ouvindo o leve marulhar das ondas. Muitas vezes chegam-me as mensagens do Além quando estou nesse estado; as visões que me atingem a alma interpõem-se entre o céu e o mar e, às vezes, ouço o murmúrio do mundo visível e a voz invisível.

É no tórrido calor do verão de Nice que meu Mestre continua ditando-me suas mensagens inspiradas, que transcrevo em folhas grandes, mergulhada num estado em que sempre perco a noção do tempo, do espaço e da minha própria identidade.

A mensagem de Allan Kardec é clara:

Você sabe que desde o seu regresso à Terra seu destino já tinha sido previsto. Você é um grande Espírito e estava predestinada a retomar a chama do mundo dos Espíritos. Para elevar-se a Deus, teve de passar por muitas vicissitudes, que poucos seres tiveram de sofrer.

Depois de muitas passagens pela Terra, você volta para prestar ajuda toda vez que o mundo descamba em conflitos religiosos, egoístas, bárbaros.

É preciso que eu a inspire e revele as vidas que a instruíram e educaram. Você deve saber que nesta, como em vidas anteriores, como eleita do pensamento divino, é seu espírito que pertence à nossa filosofia do "destino".

Em 1984,... apareci rematerializado para você, na sua casa, e curei o seu câncer. Já então tudo estava previsto e você devia mergulhar... no seu destino como nossa chama.

Você percorreu o mundo, mensageira do pensamento divino.

Desde 1985 que eu a estou guiando: essa era a época em que o seu mundo seria profundamente abalado, e Deus a escolheu para fazer advertências aos homens... Uma vez mais, sua missão é para a salvação do mundo, através da concretização de suas faculdades, as quais lhe foram oferecidas e que já eram suas, em cada uma de suas passagens anteriores pela Terra.

Nossas vidas se cruzaram, nós prosseguimos.

Minha missão foi igualmente um ato da vontade divina. Eu trouxe ao mundo o conhecimento do mundo dos Espíritos, mediante a filosofia espírita, e ajudei você.

Sabíamos que o mundo seria atormentado e que terríveis desordens iriam acontecer. Era preciso que você estivesse pronta.

∞

Minha Vida Dupla, Dois Mundos

O passado está morto, o presente cabe a nós e o futuro a Deus pertence.

Há dez anos, você não estava pronta para uma divulgação das altas verdades, mas o seu caminho já estava traçado. No momento das provações, suaves consolos desciam sobre você e você era guiada através das dificuldades de sua tarefa.

Deus concedeu-me as faculdades da elevação e da mediunidade graças às quais posso me comunicar com Allan Kardec, mensageiro da verdade, que desce das esferas radiosas até a minha alma e me transmite os fluidos vivificantes. Sopros poderosos lançam minha alma às esferas luminosas, onde contemplo o espetáculo da vida universal.

Seu devotamento tem sido inigualável. Você é preciosa para nós na sua simplicidade. Muitas pessoas recorrem a você e você as tem consolado com o espiritismo que divulga através do seu exemplo vivo.

Também lhe transmito por telepatia algumas mensagens. Nossa comunhão de alma e Espírito é constante.

Hoje, minhas aspirações vão mais longe, você está apta.

Em nossa sagrada harmonia, transmito-lhe para que divulgue para o mundo revelações que você obteve no nosso mundo de beleza eterna, onde a sua alma bem-vinda é projetada, vê, capta e ouve o presente e o futuro.

Todas as tentativas feitas para me desviar da crença no Além e no mundo invisível foram em vão. A certeza penetrou em meu Espírito. Nenhum receio ou desânimo pode me atingir.

Minha fé e minha felicidade são alimentadas pelas manifestações cotidianas dos Espíritos. Sinto a presença freqüente de meus amigos invisíveis, eu os vejo, converso com eles; esses queridos Espíritos são os que nós já conhecemos e amamos na Terra e que foram a nossa alegria de viver; mas eu não posso fazer com que os outros sintam as fortes sensações que experimento.

Esse é o único meio de comunicação precisa entre os dois mundos, o visível e o invisível.

Essa é a minha vida dupla, dois mundos. Para mim é um dever sagrado propagar e colocar diante de todos o conhecimento das leis que vinculam o mundo terrestre ao do espaço invisível.

O espiritismo nos dá as provas da sobrevivência do Espírito; essa é a via pela qual as inspirações dos Espíritos superiores descem dos céus até as almas escolhidas. Suas comunicações são sublimes na sua profundidade, sabedoria e bondade.

A filosofia espiritual do grande mestre Allan Kardec trouxe para a humanidade uma obra inestimável: o reconhecimento de que todos os homens são "irmãos", independentemente de sua nacionalidade, raça ou religião.

Esta nova obra abrirá os olhos de muitas pessoas ao lhes mostrar o caminho, grande e sublime, que leva à perfeição.

O presente, o passado e o futuro se fundem e iluminam as profundezas mais íntimas. A aurora traz a luz. O espiritismo nos revela as provas da imortalidade da alma.

∞

A Virgem Fala Comigo

No domingo, dia 1º de maio de 1994, em companhia de meus amigos, é com alegria que vamos até a capela de Santa Maria de Rouen. Assim que chegamos, o eco de uma música litúrgica nos enche de felicidade. Ao penetrar nesse local sagrado, sinto uma forte atração pela estátua da Virgem Maria e, em estado de meditação, rezo... Quase em êxtase, o que me permite ter a dupla visão, perco toda noção de onde estou. Estou imobilizada diante do rosto da Virgem Maria, que se anima e me parece real, rodeado por um longo véu branco e transparente. Seus olhos me olham com doçura.

E ouço no meu subconsciente:

"Rose, fico feliz por você estar aqui. Apareço muitas vezes ao mundo. De você, exigimos que fale a verdade."

Os amigos que estavam comigo ficaram muito impressionados com a felicidade que emanava do meu rosto, e sem dizer palavra compreenderam o maravilhoso instante de graça divina que acabava de ser-me oferecido pela Virgem Maria.

Andrée Barre
1º de junho de 1994

Minha querida Rose,
Receba esta breve carta que tem a intenção de lhe dizer o quanto Bernard e eu ficamos maravilhados e também perturbados com um acontecimento incomum do qual fomos testemunhas.

Em 1º de maio de 1994, enquanto estávamos perto de você, em atitude de recolhimento diante da Virgem de Mont-Saint-Aignan, seu rosto de repente ficou sorridente, seu olhar imobilizou-se e suas mãos se abriram na direção da Virgem. Você parecia em êxtase, e isso durou um momento.

Surpresos com o seu comportamento, ficamos em silêncio e a observamos. Ao sair da capela, você imediatamente nos participou a mensagem divina recebida da Virgem: "Rose, fico feliz por você estar aqui. Apareço muitas vezes ao mundo. De você, exigimos que fale a verdade." Devo dizer que ficamos um pouco aturdidos com a sua revelação, e que continuamos pensando nisso ainda hoje.

Quanta honra para você, Rose, ser escolhida pela Virgem para transmitir essa mensagem divina. Suplicamos a Deus que a ajude e ampare nessa nova tarefa, que certamente não será fácil.

Mil vezes obrigada, por tudo o que você tem feito por nós...

∞

Revelação

Essa escrita celeste é o eco do grande Espírito; ela é espontânea e desprovida de toda influência humana.

O tempo passou desde sua prece fervorosa e humilde. Sua elevação até o divino, sua devoção, nada disso é fruto do acaso. Você percebeu a centelha que acende a fé na espiritualidade. Você leu *O Livro dos Espíritos*. Nossas almas se reencontraram depois de várias existências, durante as quais nossas vidas estavam entrelaçadas.

Muitas provações elevaram e fortaleceram a sua alma. Você tinha de galgar os degraus que a levariam ao mundo dos Espíritos. Você deixou de lado os interesses mundanos para se elevar cada vez mais.

Sua vida mudou completamente, pois seu caminho já estava traçado. Suas preces, suas súplicas chegaram a mim quando havia desespero no seu coração e na sua alma. Você estava sendo assistida.

Foi esse o preço que você teve de pagar para compreender o seu caminho na luz. Era preciso que você fosse impregnada por nossos fluidos salutares para que lhe pudéssemos transmitir nossas mensagens.

Essas comunicações eram revelações e era preciso que você entendesse...

Todo dia, as provas da existência do mundo dos Espíritos me proporcionam uma filosofia impregnada de consolo, serenidade e uma profunda paz.

Minhas comunicações com o meu guia divino são constantes. Sinto o seu apoio fluídico e a eficácia da sua inspiração.

É a colaboração que se perpetua entre os dois mundos, pela ajuda de Deus. O grande Espírito Allan Kardec vem dos espaços infinitos, na inspiração sagrada, para ajudar minha alma no nosso mundo, para me revelar o imenso mistério da vida do espaço.

∞

O Deslumbramento do Infinito

Allan Kardec me diz:

Agora é preciso que você eleve muito sua alma no céu para então encontrar os seres... que você deve ver.

"A alma é filha do céu e sua jornada é uma prova." (Hermes)

Mergulhada no êxtase, o céu deixou-me entrever seus esplendores.

Guiada, vi jardins idílicos onde seres do mundo dos Espíritos passeavam, vestidos com mantos em cor pastel. Estavam entre amigos e conversavam, irradiando uma suprema bem-aventurança. Ouvi a sua misteriosa voz do Além.

Vi uma amiga muito querida, vestida de branco, sorridente, feliz. Ela me disse: *"Rose, como estou bem, estou no Paraíso..."* Ela acabava de encontrar o Espírito da filha, e as duas estavam radiantes. Ela havia partido rumo à luz no mesmo instante da minha visão, e isso me proporcionou consolo e alegria.

Meus encontros com o mundo celeste levaram-me muito longe no espaço. Vi meu pai, assim como minhas irmãs e meu irmão, Espíritos de luz, felizes por estarem juntos e enfim reunidos, e seus rostos estavam radiantes. Senti uma felicidade ímpar ao vê-los, ao conversar com eles, ao mostrar-lhes meu livro. Estávamos rodeados por flores de uma beleza paradisíaca, inundados por uma alegria sobre-humana, que ultrapassa todas as felicidades.

O mundo celeste revelou-se a você em manifestações marcadas pelo selo divino, em que sua alma foi projetada no mundo invisível, onde todos os pensamentos terrestres desaparecem e onde surge, até o êxtase, o deslumbramento do infinito.

Na manhã de 1º de agosto de 1993, numa viagem astral, nossas almas se elevam nos espaços sem fim.

Aparece-me o rosto de uma moça, aureolado por linda massa de cabelos claros cacheados, impregnada de luz. Radiosa, ela se encaminha até um homem distinto, de cabelos grisalhos, cujo rosto não me é desconhecido. Eu os vejo quando se reencontram sentindo uma imensa felicidade, e quando partem depois na direção das esferas divinas.

Allan Kardec me diz:

> É um rei, um chefe de Estado, Espírito superior que acaba de deixar o seu mundo. Sua mãe veio recebê-lo.

Quando desperto, fico impregnada por essa visão e falo dela aos que me cercam. Mais tarde, fiquei sabendo pela televisão do falecimento do rei Balduíno, que tinha ocorrido no mesmo instante da minha visão.

Sempre tive muita admiração por esse grande rei, famoso por seu carisma, simplicidade e elevada espiritualidade.

∞

Desígnio de Deus

> *O homem deve partilhar da passagem de Deus pela Terra e reconhecê-la, pois o desígnio de Deus é para o mundo.*
>
> (Allan Kardec)

Hoje, o mundo dos Espíritos confia em você. Você é preciosa para nós, suas revelações trazem o sopro da esperança, que é e continuará sendo o farol da humanidade. Todo ser deve encarar os sofrimentos de sua vida para conseguir rever muitos pontos acumulados no seu subconsciente... e depois alcançar uma filosofia impregnada de elevação e fé em Deus e no maravilhoso mundo dos Espíritos puros.

Quer isso ocorra neste mundo ou em outros mundos, o homem deve chegar a compreender que o desígnio de Deus é para o mundo. Também este livro deve levá-lo a admitir que sua missão foi desejada por Deus e pelos grandes Espíritos, e que sua passagem pela Terra deve despertar várias almas para o conhecimento do maravilhoso mundo dos Espíritos, onde existe a fraternidade.

Todavia, quão longo é o caminho já percorrido desde o início de sua missão! Quanta felicidade você já trouxe a tantos lares pelas verdades que era preciso que você revelasse sobre o nosso mundo!

E mesmo que você não possa dizer todos os mistérios que lhe revelei, e que devem permanecer ocultos para as pessoas comuns... esses segredos são para o nosso mundo celeste, que é o seu mundo; nem tudo pode ser... É por telepatia que lhe transmito números — é o nosso código —, letras que você deve decifrar, que devem permanecer guardadas e que lhe revelam os segredos, em visões íntimas... o mundo não está pronto para compreender. Mas sua vida é preciosa para o nosso mundo divino.

As grandes verdades são reveladas tão somente àqueles que Deus escolheu. As revelações sagradas de Deus, que você transmite ao mundo, são verdadeiras.

Muitas vezes, enquanto durmo, o retrato do meu guia divino me aparece e seu rosto radiante está cercado de flores brancas.

Nessa manhã eu ouço:

> Você não pode revelar todos os mistérios do mundo celeste; esse é o nosso segredo.

Quando desperto, essa visão me mergulha em um estado de maravilhamento. Depois, novamente, cochilo, e grandes letras e números surgem e se impregnam em mim.

Várias vezes, meu Mestre me oferece a mesma visão, que me enche de felicidade. Vejo números que às vezes mudam, conforme a visão; 7, 5, 12, 3, 10, e letras...

Depois o rosto dele me aparece sorrindo, e nas mãos estou com uma taça de champanhe borbulhante. Ergo a taça ao céu e, feliz, digo: "Obrigada, meu Deus, obrigada meu Senhor, obrigada!"

Sei que esses números muitas vezes têm um significado simbólico. O número sete é o número perfeito, a chave de um segredo que não deve ser desvelado.

Ao despertar, a alma perde a noção das impressões recolhidas nesse estado de liberdade enquanto dura o transe. Depois que os sentidos recuperam por instantes seu funcionamento, novamente as trevas estendem seu véu, vem a noite, e se esvai toda sombra de recordação. Acordo num estado de perturbação que lentamente se dissipa.

O contraste entre a vida livre, luminosa, dos Espíritos, no espaço resplandecente de beleza, que me extasia, e as trevas em meio às quais devo tornar a descer na Terra, provoca em mim grandes comoções e infinitas alegrias...

∞

Sinfonia Celeste, Sublimação

As harmonias invisíveis tornam visíveis as que eclodem nos sons e dão à alma inteligente o belo, mostrando-o em algo que não seja ela.
(Plotino, *Sobre o Belo, 3*)

Naquela tarde, estendida na espreguiçadeira de lona, cochilando diante do mar, vejo o rosto do meu Mestre Allan Kardec desenhando-se à minha frente. Ele está rodeado de flores brancas, sorri para mim, parece-me real, vivo. Vejo pessoas passeando. Ouço uma música celeste muito suave. Rezo. Estou muito feliz.

Meu guia me diz:

Você vai assistir à Sinfonia 328, Oração.

Nesta viagem astral, graças ao atributo de suas faculdades, sua alma, momentaneamente liberta, eleva-se ao céu flamejante.

Enquanto seu corpo físico descansa e, insensível, dorme, sua alma guiada não está mais nesse mundo e está participando da vida celeste dos Espíritos. É a plenitude de estar nas esferas divinas, em outros planetas, em outros mundos, que irradiam luz.

Você tem a percepção de uma sinfonia harmoniosa deliciosamente interpretada por seres pequenos como querubins muito bonitos, de rosto angelical. Todos de *smoking* branco, eles tocam violino e alaúde. Você assiste, deslumbrada, a esse concerto da infinita orquestra do espaço.

É uma graça divina, é o véu que nós levantamos para você.

Obrigada, meu Deus, meu Guia, por esses instantes abençoados em que minha alma é recebida na fonte das divindades, nos festivais de música celeste, com seres que irradiam êxtase e beleza.

Contemplei os esplendores das esferas, a amplidão dos oráculos e alegrias infinitas, nas quais minha alma foi projetada.

Em outras viagens astrais, sempre guiada, pude nutrir-me na fonte de onde emanavam as vibrações mais sutis do pensamento dos Espíritos e perceber os sons melodiosos, as ondas de harmonia penetrando os espaços, e assistir a concertos de música celeste.

∞

Graça Oferecida

O povo que caminhava nas trevas viu uma grande luz.
(Isaías, 3:1)

No desenrolar da existência existem dias memoráveis que acontecem em momentos privilegiados. Esses dias podem mudar o curso do nosso destino, levando-nos a dar um salto prodigioso rumo ao nosso futuro. Nesse instante, tomados pelo que nos está acontecendo, raramente estamos conscientes da "Graça que nos está sendo oferecida".

É mais tarde que podemos compreender o encadeamento de causas e efeitos e sentir o caráter de pura necessidade daquilo que tínhamos pressentido naquele momento. É verdade que muitas vezes são provações que nos marcam ... Algumas alegrias, alguns encontros afortunados, também mudam o curso de uma vida e nos projetam numa dimensão de valores espirituais. Essas experiências permitem que nos abramos para os segredos dos mistérios que se tecem, que se tramam.

O espiritismo revela a realidade. O mundo espiritual nos aparece em toda a sua realidade: a alma deixa de ser uma abstração para tornar-se uma realidade etérea.

A filosofia espírita alarga o pensamento e abre novos horizontes a respeito da vida presente; ela nos revela que essa vida não é senão um elo no conjunto harmonioso e grandioso da obra do Criador, e ensina a solidariedade que une todos os seres desta grande cadeia, que se tornará a fraternidade universal.

"Para atingir a perfeição, é preciso elevar-se até o ser divino que está em cada um de nós. Cada qual contém em si mesmo um amigo sublime que você não conhece. Deus reside no interior de cada ser. Mas poucos sabem como encontrá-lo... O homem que busca em si mesmo sua felicidade e sua luz é uma coisa só com Deus." (Krishna)

∞
Viemos Para Que Você Profetize

As palavras que tu me deste, eu lhas transmiti... e eles verdadeiramente admitiram que... tu mas enviaste.
(São João, 17:7-8)

O Senhor desejou que a luz se fizesse para todo o mundo, revelando aos homens seu destino futuro na Terra, na luz.

Você explicará para o homem qual é seu destino, para que ele compreenda que existe o mundo do Além.

O Espírito divino lhe concedeu a mediunidade, e é ela que iluminará o seu caminho.

Viemos a você para que você profetize.

Eu escrevo o que o Espírito da Verdade dita, e você escreverá o que eu lhe ditar.

∞
Sua Missão É Para o Mundo

O profeta Daniel diz: "Então, enquanto eu, Daniel, considerava essa visão e tentava compreendê-la, eis que uma forma humana vem se colocar à minha frente e então ouço a voz de um homem."
(Torá, Daniel, 8, 9, 15, 26)

Deus, Todo-Poderoso, por sua percepção concedeu-lhe a Sua bênção. Você deve revelar que Deus lhe ofereceu todas as faculdades e todos os dons da mediunidade.

Poucos foram os outros seres que como você foram escolhidos e levados até o plano divino onde estão inscritos na luz os grandes acontecimentos do seu mundo. Você os divulgou pelo seu mundo: isso é raro e excepcional.

Nós lhe trazemos o nosso apoio tanto para as visões como para as curas que são as faculdades mais preciosas que Deus, na Sua grande misericórdia, lhe concedeu.

Ocorre o mesmo nas suas mensagens, escritas sob minha inspiração sagrada, ou por telepatia, e em suas comunicações *post-mortem*, onde você já conversa e se comunica com os seres do nosso mundo.

Sempre fico feliz por descer do mundo divino nessa grande harmonia de meu Espírito na sua alma. Para mim, é uma verdadeira felicidade transmitir a você nossas impressões, nossos ensinamentos e nossas revelações.

Sua missão tem sido exigente, mas revelou-se perfeita. Você travou conhecimento com nossos mistérios secretos e, no entanto, continuou sendo uma pessoa simples e não se desviou nem um milímetro. Sim, tudo se cumpriu. Continue vivendo entre os dois mundos, guiada e apoiada pelo meu Espírito. Só são puros aqueles que hoje concretizam nossas missões na sinceridade de nossos ensinamentos, pois o orgulho predomina.

Se nós lhe concedemos todos os seus dons de mediunidade para prosseguir na sua tarefa em prol do mundo dos Espíritos, foi porque sabíamos que você poderia cumpri-la com toda a sinceridade de alma e de coração. Para você, nada aconteceu por acaso.

Em outras vidas, você já havia sido escolhida para poder transmitir nossas advertências, nossas impressões, nossas instruções que Deus, por nosso intermédio, faz com que cheguem ao homem. Seu caminho ainda é longo, mas nós sabemos que a sua sinceridade de alma e coração é grande.

Assim, fique firme. Eu lhe digo: "missão cumprida" no amor pelo seu semelhante.

Você tem carregado com honra e felicidade a nossa bandeira do mundo dos Espíritos. E mesmo se em muitas ocasiões minha disponibilidade não se fez sempre evidente, as afinidades entre o meu Espírito e a sua alma, são e para sempre serão muito harmoniosas, para o prosseguimento da missão que, embora árdua, é nobre.

Nossas vidas como mensageiros de Deus prosseguem com coragem e perseverança, numa renovada felicidade sempre. Você sabe quanto é preciosa para nós na sua simplicidade!

∞

A Viagem Astral É Privilégio do Médium

> *Quando o Espírito se espalhar pelo mundo como uma aurora, meus filhos profetizarão... terão visões.*
> (*Difusão Espiritual*, Joel, II: 29)

Nós lhe demos a chama mais preciosa que existe. Esse dom precioso implica muitas vicissitudes e pede a ajuda de um grande Espírito superior.

Enquanto o seu corpo dorme, sua alma, livre, eleva-se até os esplendores do infinito, projetada à velocidade do pensamento, e vê a fonte das divindades, onde poucos privilegiados são admitidos.

O motivo de lhe darmos essas possibilidades, esse dom maravilhoso, essas visões que a transportam até o nosso mundo divino, é oferecer-lhe provas inquestionáveis de que é o mundo dos Espíritos que governa os acontecimentos da humanidade.

Você deve saber que a chama que lhe transmitimos iluminou o mundo. Ela sempre foi a chama do mundo divino dos Espíritos mensageiros de Deus que descem das esferas celestes até as almas predestinadas no seu mundo. Os profetas, como os médiuns, estão iluminando desde sempre os destinos do mundo com a sua vidência. Eles revelam ao homem, com sua visão do futuro, que Deus detém a chave de todos os mistérios e destinos. Os acontecimentos presentes e futuros são previstos pelos grandes Espíritos missionários de Deus.

André Dumas
Renascer 2000
Dammartin-en-Goële, 27 de janeiro de 1995

Querida senhora Gribel,

Como Presidente da União Científica Francófona para a Investigação Psíquica e o Estudo da Continuidade da Vida, e como diretor da revista Renascer 2000, venho felicitá-la por haver conseguido chamar a atenção da imprensa escrita e falada para o nome de Allan Kardec, graças ao seu primeiro livro.

Como você já sabe, a USFIPES e a minha revista são herdeiras diretas da obra e do movimento criado por esse grande precursor, e se esforçam por colocar de acordo esses princípios e as grandes conquistas científicas do século.

Devo dizer-lhe também o quanto foi um trabalho útil ter anotado com precisão as datas em que lhe foram anunciados, por meios mediúnicos, os mais marcantes acontecimentos históricos da atualidade.

Os fatos do "conhecimento paranormal do futuro" colocam em evidência aspectos da realidade que escapam às nossas limitadas concepções de tempo e espaço, e são testemunho da dimensão espiritual do homem e de seu relacionamento com o mundo invisível.

Obrigado pela sua contribuição para o indispensável despertar.

Monique Cara
3 de agosto de 1995

Minha querida Rose,
Conhecemo-nos há apenas dois anos mas, às vezes, tenho a impressão de sempre tê-la conhecido, tanto é que você parece perceber as "coisas" mais

secretas a meu respeito ou saber tudo da minha vida sem que eu jamais lhe tenha falado a respeito.

A primeira vez que você me surpreendeu foi no dia 13 de setembro de 1993. Você era a convidada de "Matin-Bonheur" para falar de seu primeiro livro Minha Vida no Mundo dos Espíritos. Naquela manhã, dia histórico da assinatura do acordo de paz entre palestinos e israelenses, você disse que "nada estava terminado e que o sangue ainda iria correr..." A julgar pela seqüência dos acontecimentos, infelizmente até os dias de hoje, comprovamos o quanto você tinha "visto" com precisão o que estava acontecendo.

Desde esse dia nos tornamos amigas e declaro que aprecio, em particular, suas qualidades de coração e sua capacidade de ouvir, sua simplicidade e generosidade — a força da sua fé, também — tão comunicativas.

Sua serenidade ajudou-me sobretudo a enfrentar uma determinada dificuldade particular, e reconheço que você soube avisar-me, várias vezes, o que estava por acontecer a respeito de acontecimentos importantes da minha vida pessoal.

Além disso, ao me falar com precisão de minhas vidas anteriores, você me esclareceu a respeito de certos aspectos de minha personalidade que eu não compreendia e que você poderia conhecer; por exemplo, a fobia de pulseiras que eu tenho.

Na realidade, minha querida Rose, a palavra mais justa que vem à minha mente para defini-la seria a de Pierre Bachelet, na sua linda canção: "Ela é de outro mundo..." Acredito, sim, que você é "do outro mundo".

Em todo caso, obrigada por você ser quem é. Beijos.

∞

Visões do Mundo: Viagem Astral Sobre Israel

No dia 13 de setembro de 1993, ao raiar do dia, guiada pelo meu Mestre em viagem astral, minha alma paira sobre uma imensa planície. Homens armados estão reunidos em torno de um matadouro. Mais longe, vejo carneiros[1] que acabam de ser degolados. Fazem-me sinal para que me afaste e, de repente, um grande lençol branco é esticado para dissimular o massacre. Contorno essa cortina e vejo novamente esses militares que discutem acaloradamente, enquanto continua a carnificina.

---

1. O matadouro representa cadáveres. A cortina puxada significa que o acordo em questão esconde a verdade e não será respeitado. O sangue continuará correndo. Nada está terminado.

Visão simbólica: cadáveres de carneiros significam "os mortos" em países muçulmanos.

Ouço o meu guia divino:

> É um massacre. O sangue vai continuar correndo em Israel. Deus disse "Sim!"
> É uma guerra religiosa.
> Nada está concluído em Israel.

Uma grande angústia me invade. Sinto vertigem. Preciso de muito tempo para recuperar o equilíbrio. Compreendo que meu guia me havia sustentado e transmitido fluidos para que eu conseguisse suportar o horror dessa visão. A terra de Israel me é querida desde a primeira das numerosas visitas que ali fiz.

Isso ocorreu na manhã do dia 13 de setembro de 1993, data em que os acordos entre Israel e a OLP, palestinos e israelenses, iriam ser assinados.

Nesse mesmo dia, eu tinha sido convidada pela France 2, no programa "Matin Bonheur", onde expliquei no ar, ao vivo, a visão que eu tinha acabado de ter sobre Israel, e que tanto me havia abalado.

∞

Bombardeio no Líbano

13 de maio de 1994. Numa visão astral, aparecem-me mensagens escritas, várias vezes repetidas, sobre uma folha branca, que não compreendo. Vejo, depois, crianças atravessando uma rua.

A seguir, minha alma está sobre uma cidade. Ouço nomes que não conheço. Bombas explodem. Vejo casas destruídas pela metade. Pessoas gritam e tentam se salvar, correndo em todas as direções.

No meio desse tormento, aparecem-me Espíritos que parecem desolados.

Sou bruscamente despertada pela porta do meu quarto que se abre. Preciso de muito tempo para recuperar o equilíbrio.

Meu Mestre me diz:

> Nenhum acordo escrito será respeitado. O sangue continuará correndo. Nada está terminado em Israel.

Em 2 de junho de 1994, acontece o bombardeio do Líbano pelos israelenses.

Em 23 de janeiro de 1995, duas bombas instaladas por dois palestinos, ao detonar com poucos instantes de intervalo, matam 19 pessoas e ferem outras 65. Israel está em estado de choque pelo massacre.

O Primeiro-Ministro Yitzhak Rabin declara: "O governo israelense decide fechar a Cisjordânia e a faixa de Gaza." E o presidente israelense, Ezer Weizmann, comunica, por sua vez, a suspensão das negociações.

Visão Simbólica

O Eterno diz: "Se alguém dentre vós é profeta, eu lhe aparecerei em visão."
(Números, 12:67)

Você é a nossa chama.

Hoje, suas visões vão lhe revelar fatos da mais alta importância, pois trata-se de visões que você capta no nosso mundo, no plano divino, onde estão inscritos na luz todos os acontecimentos importantes.

Para os meios de comunicação, divulgue as visões que você acaba de viver, que lhe dou com freqüência, como aos profetas, visões que são sinônimas de símbolos... Você evoluiu muito. É maravilhoso poder guiá-la.

O mundo dos Espíritos está satisfeito. Você despertou um grande número de consciências que, enfim, compreenderam que um outro mundo, o mundo dos Espíritos, vive acima do seu. Eles estão muito próximos...

∞

Túmulo de Abraão

No dia 12 de fevereiro de 1994, de manhã, numa visão, enquanto estava cochilando, aparece-me o rosto de Allan Kardec, sorrindo; depois ele se esvai suavemente.

Alguns instantes depois, uma outra visão sucede à primeira: vejo um leito recoberto por uma colcha branca. Sangue espalha-se sobre essa colcha até a beira da cama. Vejo a cabeça de um bezerro; de sua goela aberta escorre sangue, que inunda a cama...

Meu guia divino me explica:

Essa visão que você acaba de ter representa o Bezerro de Ouro. O sangue vai correr num lugar santo.

Quando volto a mim, estou transtornada. Sei que vai acontecer um drama. Digo o que vi para os que estão comigo.

No dia 25 de fevereiro de 1994, o sangue corre em Israel. Entre os numerosos fiéis presentes, um médico judeu matou 50 pessoas e feriu outras 100 no templo em que se encontram os túmulos de Abrãao e de Sara, em Hebron.

Essa visão tão importante do túmulo de Abrãao em Hebron, em Israel, eu lhe dei hoje, por símbolos.

As visões que nós te damos hoje freqüentemente têm um significado simbólico.

Terremoto no Japão

No dia 1º de julho de 1993, numa viagem astral, estou sobre uma ilha violentamente sacudida em todos os sentidos; depois tudo mergulha no escuro e uma grande parte das casas é destruída, assim como pontes e carros. Minha alma paira acima de uma cidade em chamas, em parte tomada por um incêndio que se propaga. Vejo que ondas gigantescas sobem do fundo do mar, alcançam vários metros e varrem tudo em sua passagem.

Ouço o meu guia:

> Esse tremor de terra será muito forte e ultrapassará 7,5...

Naquela manhã, quando despertei, levei um bom tempo até conseguir recuperar meu equilíbrio; tudo girava à minha volta. Minha alma acabava de viver um pesadelo. Sim, muitos dias antes que acontecesse o tremor de terra que devastou o Japão, eu já o havia vivido. Recebi telefonemas de todas as partes, com o coração apertado.

Entre outras pessoas, adverti a jornalista do canal de televisão France 2. "Uma tal amplitude é impossível", ela me disse.

Na segunda-feira, dia 11 de julho de 1993, um tremor de terra devastador, de 7,8 na escala Richter, abateu-se sobre o norte do arquipélago do Japão e sobre a costa da Coréia do Sul. Foi o mais forte terremoto que assolou o país nos últimos quinze anos. Entre mortos e desaparecidos, 240 pessoas.

Quando a redatora chefe da Antena 2, em 19 de julho de 1993, deu no programa "Les Quatre Vérités" a notícia do sismo de 11 de julho, ela confirmou que a intensidade da catástrofe tinha sido, não de 7,5, mas de 7,8 graus.

∞

Bombas em Roma

No decorrer do mesmo programa, anunciei igualmente que, numa visão em 10 de julho de 1993, minha alma havia estado sobre uma catedral em Roma, e que ouvi bombas explodindo e vi um automóvel explodir, além de mortos.

Meu guia divino me havia dito:

> Como tinha sido previsto, o sangue vai correr na Itália, os atentados vão continuar. Este é só o começo.

E conforme eu havia anunciado, em 28 de julho de 1993, Roma é alvo de bombas. A Basílica de São João de Latrão, mãe de todas as igrejas, e a igreja de São Jorge de Velabro, lugares das explosões, sofreram danos significativos. Na Cidade Eterna, numerosos foram os feridos.

Foram três atentados simultâneos. Em Milão, a explosão de um carro-bomba matou cinco pessoas e fez numerosos feridos.

∞
Suas Visões Revelam o Futuro

Seu livro será recebido como uma mensagem divina.

Quis mostrar-lhe a plenitude de suas faculdades, o dom sagrado que nós lhe transmitimos, durante nossa comunhão. Sua missão levará para muito além de nossas fronteiras as provas que lhe demos.
Que sua alma se livre de tudo o que a envolve para que você possa ouvir no seu subconsciente o que lhe vou transmitir.
Continue escrevendo para o mundo. Você deve transcrever todas as visões que lhe mostrei.
Essa fonte inesgotável fortificará a crença na existência de um mundo dos Espíritos. Suas visões revelam o futuro, insondável e perpétuo.
De nossa verdade, nas revelações que lhe vou fazer, pessoa alguma poderá duvidar. Você já trouxe e ofereceu a confirmação de acontecimentos por vir, previsíveis. Como nós os transmitimos a você, eles se revelaram exatos.
Você evoluiu; seu livro será recebido como a mensagem divina por um grande número de pessoas. Graças aos esforços cósmicos, sob a nossa influência você provará a nossa verdade. Algumas personalidades apelarão para a sua clarividência.
Pois iremos agir pelo seu intermédio. Saiba que nossas afinidades com o mundo são e serão a chave de vários mistérios.
E suas profecias trarão muitas revelações acerca do porvir, que somente pertence a Deus Todo-Poderoso.
As visões vividas sobre o futuro são advertências que o homem deveria compreender para evitar os dramas pressentidos.

∞
O Furacão Gordon

Em 22 de outubro de 1994, numa visão, de manhãzinha, minha alma plana acima de um mar calmo. De repente, uma vaga imensa, gigantesca, arrebenta sobre a Terra, cobrindo completamente uma cidade e destruindo tudo em sua passagem. As casas são arrastadas. Vejo-as afundando na escuridão; ouço gritos, trombas d'água transformam-se em torrentes; o vento em rajadas destrói cidades inteiras e arrasta tudo em sua marcha devastadora.

Allan Kardec me diz:

É um cataclismo que vai destruir vários países no Caribe e causar estragos significativos. Haverá numerosas mortes.

Conforme vivi e previ dias antes, no início de novembro de 1994, a tempestade tropical Gordon causou centenas de mortes no Haiti e arrasou a face atlântica da Flórida, alcançando até o México. Os prejuízos foram consideráveis.
"... O vidente acentua o fato de que seu poder não é autônomo; os flagelos se abatem segundo a vontade de Deus. Os mensageiros são apenas os executores dessa ordem, são eles que assinalam os eleitos para que sobre eles não recaia nenhum mal."

∞ Os Reféns da Air France

Esse drama já me havia sido anunciado numa visão de setembro de 1994. Depois, em 1º de dezembro de 1994, numa visão, minha alma foi projetada acima de um aeroporto, e então vi um avião chegar e pousar. Bem mais longe, vejo policiais armados que de repente correm na direção do avião e o invadem; ouço tiros.
Meu guia me diz:

Há reféns nesse avião que chegou de Argel. Houve mortes, e o sangue vai correr.

Assim que minha alma se reintegra no meu corpo, sei quais acontecimentos vão se dar e partilho essas informações com os que me cercam.
Em 24 de dezembro de 1994, quatro terroristas argelinos, durante 54 horas, dominam a tripulação de um Airbus da Air France e executam três passageiros no aeroporto de Argel. O avião pousa depois em Marselha. Os quatro membros do comando são mortos nessa operação, que conseguiu libertar com sucesso os demais 170 passageiros.

∞ Quatro Padres Assassinados na Argélia

No dia 27 de dezembro de 1994, numa visão, minha alma é projetada até a casa de meus pais, em Argel. Um rapaz encontra-se num aposento. Vejo que chega um outro rapaz armado. O medo me invade, e saio para a parte exterior, onde peço para irem em busca de socorro. Depois vejo policiais argelinos. Pergunto-me por quê.

Meu Mestre me diz:

> Eles vão matar quatro pessoas.

Em 28 de dezembro de 1994, quatro padres são mortos em Tizi-Ouzou por muçulmanos que estão vingando os quatro membros do comando que tinham sido abatidos no avião da Air France, em Marselha.

∞ Ayrton Senna

Em 25 de abril de 1994, ao raiar o dia, numa visão, minha alma paira sobre uma arquibancada ocupada por uma imensa multidão. Vejo na pista vários carros de corrida, alinhados, com os motores ligados. A corrida começa e os carros disparam a toda velocidade; ouço uma freada muito brusca de pneus; um carro desgovernado choca-se com a cerca, volta e capota. Carros e ambulâncias chegam e cercam o veículo acidentado, homens se precipitam e levam os pedaços avariados para caminhonetes.

No dia 1º de maio de 1994, enquanto cochilava à tarde, numa outra visão, estou novamente acima do mesmo circuito e vejo os pilotos ocupando seus lugares nos carros; estou muito perto de um deles quando ele entra em seu carro e fecha a porta do *cockpit*; mas seu capacete impede-me de o reconhecer. Sinto que ele está angustiado.

Allan Kardec, meu guia divino, me diz:

> Ele vai ocupar o seu lugar. É um Espírito puro. Ele vai morrer quando o carro derrapar, mas teve o pressentimento.

No domingo, 1º de maio de 1994, o piloto Ayrton Senna morreu ao volante de seu carro de F-1, e senti uma pena imensa por esse rapaz do Brasil.

∞ Bombas em Tóquio

Em 5 de março de 1995, numa visão, estou numa casa onde há muitas pessoas, de várias raças, e muita desordem.

Várias vezes seguidas, uma mulher asiática com uma doença na perna tenta falar comigo, mas eu não a compreendo. Essa mulher está com um vestido de casamento, branco. Ela ergue a ponta do vestido e vejo que lhe falta uma perna.

Uma outra visão sucede à primeira: em 14 de março de 1995, ao raiar o dia, encontro-me estendida num local onde tudo se torna sombrio. Não distingo mais nada e não sei mais onde estou; sinto-me muito mal; estou mergulhada numa matéria fluida transparente. Faço um imenso esforço para me arrancar dessa nebulosa branca muito difusa. Não consigo me despregar, fico asfixiada e sinto-me muito mal.

Uma mão me puxa e ajuda-me a sair. Um homem asiático está ali, me abraça, fala comigo calorosamente, mas eu não o compreendo.

> Quanto a essa visão que você teve, essa nebulosa difusa representa um acontecimento horrível.

No dia 20 de março de 1995, no metrô de Tóquio, um grave atentado assassino, com o gás sarin, organizado pela seita Aum, causou muitas mortes e intoxicou milhares de pessoas.

Sacalina

Na manhã de 6 de maio de 1995, em visão, estou num apartamento, rodeada de muita gente. A paredes e móveis começam a trepidar com força; tenho medo e peço a todos que desçam para a rua. Todas as casas estão destruídas. Vejo grandes fendas no solo. Pessoas correm, gritam e choram.

Ouço a voz do meu guia:

> É um tremor de terra que vai ocorrer numa ilha da Rússia.

No dia 28 de maio de 1995, com efeito, um terremoto sacudiu a ilha de Sacalina, na Rússia, deixando milhares de mortos, feridos e desaparecidos. As equipes de salvamento resgataram dos escombros trezentas pessoas vivas. A cidade foi devastada.

∞

Eleições na França

No dia 30 de março de 1995, numa visão, meu guia me anunciou o resultado das eleições presidenciais da República da França, que terão lugar no dia 7 de maio desse mesmo ano, indicando a exata porcentagem que cada partido irá obter:

Jacques Chirac será o vencedor no segundo turno, com 53% dos votos contra 47% de Jospin.

Sra. Bernardé
Paris, 30 de abril de 1995

Querida Rose,
Novamente, preciso demonstrar-lhe minha admiração por seu dom e pela exatidão de sua última predição a respeito da eleição do sr. Jacques Chirac.

Vonny
France 2
Paris, 1º de março de 1995

Conheci a senhora Rose Gribel há alguns anos. Desde então, ela se tornou uma amiga muito querida. Falamos freqüentemente ao telefone. Ela me anuncia suas profecias, suas predições. Suas visões são reais:
O tremor de terra no Japão (Kobe), no dia 17 de janeiro de 1994.
Dois dias antes da tormenta tropical "Gordon", ela prevê o cataclismo que vitimou centenas de pessoas.
Depois, a bomba que explodiu no mercado de Sarajevo.
Em 30 de outubro de 1993, a Somália.
Em março de 1994, na Ruanda, o horror, o genocídio.
Em 25 de fevereiro de 1994, Yanne Piat, deputada pelo Var, é assassinada.
No que diz respeito aos reféns da Air France que vinham de Argel, ela me deu a data exata e o desenrolar dos acontecimentos.
E ainda há muitos outros acontecimentos a citar:
A Tchetchênia, o massacre. As inundações na França.
Argélia: a escalada do integrismo. Já em 1990! E tantas mortes.
Final de janeiro de 1995: o massacre na prisão de Argel.
Sem esquecer, certamente, a Iugoslávia, da qual talvez falemos menos neste momento, mas que continua sendo bombardeada.
Dois dias antes do fato, ela me avisou da morte de Senna.
Sempre presente, caso haja necessidade.
Obrigada por você existir, querida Rose.

26 de junho de 1995

Há dois anos você me disse: "Édouard Balladur jamais será presidente da República." Então, ele estava no apogeu de sua carreira.
Confesso que acreditei no que você disse... mas... novamente você estava certa.

"Jacques Chirac ganhará com uma margem de 53% dos votos
"Lionel Jospin alcançará 47%
"Quanto a Jacques Delors, ele não se apresentará."
Você é muito forte.
Nenhum terremoto lhe passou despercebido: Rússia, Irã, Japão e norte da França.
Bravo, pequena Rose. Que este livro que lhe é tão caro seja um belo sucesso.
Com o meu abraço.

Sra. Aline Haubin
Nice, 16 de junho de 1995

Sra. Rose Gribel,
Conheci-a há alguns anos. Desde nosso primeiro contato, fiquei impressionada por essa aura magnífica que a caracteriza.
Ao ouvi-la, causaram-me impacto suas afirmações simples, evidentes e autênticas. Compreendi imediatamente que se tratava de uma profetisa contemporânea, constantemente à escuta, profundamente humanitária, com incontáveis predições exatas e precisas.
Desde esse instante, tive o desejo de ajudá-la na sua maravilhosa missão, tão sobre-humana!
Durante alguns meses, eu vinha todas as manhãs ajudá-la a responder às milhares de cartas que recebia e que sempre recebe do mundo inteiro, de pessoas que lhe pedem ajuda e proteção através do seu guia, Allan Kardec.
Algumas vezes, quando chegava em sua casa de manhã, eu a via pálida e extremamente abalada. Ela então me falava da visão terrível que tinha acabado de viver, e que a havia comovido fortemente.
Cito, ao acaso, algumas dessas visões que me vêm à mente, entre inúmeras outras:
A tempestade tropical Gordon;
Os reféns no vôo da Air France entre Argel e Paris.
E você me anunciou:
na mesma manhã desse fato, a morte do rei Balduíno,
depois, a cura do piloto de Fórmula 1, um austríaco acidentado no Grand Prix de Mônaco;
E você viveu:
o terremoto de Sacalina, na Rússia;
o ataque de gás sarin no Japão.
E me adiantou a exata porcentagem dos resultados nas eleições presidenciais de 1995...
Não posso senão agradecer ao Senhor por me haver permitido conhecer uma pessoa tão excepcional, tão disponível, tão generosa, tão simples e compassiva diante de tantas desgraças humanas.

Agradeço a Deus por me haver concedido a oportunidade de ter uma amiga tão preciosa. Que Deus a proteja e lhe dê as forças necessárias para o cumprimento de sua maravilhosa missão.

Sonia Chakhoff
Pesquisadora no CNRS
10 de junho de 1995

Querida Rose,
... Por acreditar profundamente em Deus, fiquei de imediato convencida de que você, Rose Gribel, não era uma "vidente", mas uma eleita a quem Deus, através de Allan Kardec, seu protetor e guia, deu a missão e o dom de ajudar, apoiar, proteger e também alertar o nosso mundo, em plena decadência, mediante profecias em vias de se realizar.
Essa missão parecia-me difícil, pois pululam hoje os videntes, os iluminados, pessoas que se prevalecem de Deus e que fazem isso explorando a credulidade das pessoas. Rose, você não promete nada, não afirma nada. Você reza, e essa meditação, que é a prece, parece-me que é ouvida, pois os resultados são indiscutíveis. Basta ler todos os testemunhos para compreender que você é realmente uma pessoa escolhida para essa delicada missão.
Os Bálcãs, a Rússia, Clinton, a Argélia, as catástrofes, os escândalos, etc. você previu tudo e, infelizmente, aconteceram todas essas coisas.
Se de novo estou dando o meu testemunho, é porque Rose continua provando a veracidade da sua missão, as predições continuam revelando-se exatas e, quanto às curas, elas são reconhecidas pelos enfermos desesperados, por suas famílias e pelos médicos.
Tudo isso Rose faz com absoluta simplicidade, esquecida do tempo, do cansaço, do esforço que é necessário, e persevera em sua missão de difundir a mensagem consoladora.
Desde que a conheci, todos os que me cercam se comportam adequadamente, e isso não pode ser devido senão às suas preces, às quais somo as minhas, pedindo a proteção de Deus.
Com toda a minha amizade.

∞

O Espiritismo em Lugar de Honra

O conhecimento de Deus preencherá os corações e iluminará o mundo. A Terra será preenchida com o conhecimento do Eterno, como o fundo do mar o é pelas águas que o recobrem.

(Ezequiel, 11:9)

É um grande favor do céu que me foi concedido, que devo a Allan Kardec, fundador da filosofia mais caridosa e moral, que une todas as raças numa grande fraternidade posta a serviço do mundo e se difunde com maravilhosa rapidez, como um rastro de luz.

Graças aos meios de comunicação de massa, o espiritismo está sendo colocado em lugar de honra. Cada vez que ocorrem programas de televisão ou conferências, a proteção do meu guia faz vibrar o meu ser transcendido num único pensamento.

> Em todos os programas, você sabe que estou ao seu lado e que o mundo dos Espíritos fica muito feliz. Você é a nossa chama. Obrigado e coragem! Sua serenidade é e será sempre a sua força. Você sempre estará rodeada por aqueles que a conhecem intimamente. Seja muito vigilante, cuide-se bem.

Fico feliz em poder dar meu testemunho e desejo prestar uma homenagem infinita a esse nobre amigo do espaço, cuja assistência tem sempre sido preciosa, toda vez que a imploro.

> Quanto os meios de comunicação nos prestaram ajuda em toda a nossa missão! Isso tem sido extraordinário; quer nos programas de televisão, ou de rádio, quer nos artigos de jornais e revistas, você tem recebido elogios verdadeiros, nenhuma crítica, e isso é muito raro. Também é maravilhoso para o Espiritismo, que por toda parte tem sido objeto de demonstrações de respeito.
> Tudo será feito do modo como deve ser. Siga o seu caminho. Estamos muito felizes! Obrigado pela sua determinação. Você conseguiu o que era impossível.

No decurso do ano, em numerosas viagens através da França e de países do estrangeiro, foi-me dado reconhecimento e recebi a homenagem de acolhidas sempre fraternas.

Diariamente, recebo de todos os continentes milhares de cartas que me agradecem as mensagens de amor, esperança e tranqüilização que vêm do meu primeiro livro, *Minha Vida no Mundo dos Espíritos,* que foi inspirado pelo meu guia divino, o grande Espírito Allan Kardec, portador do consolo e da esperança para os homens.

Esses comovedores testemunhos de conforto vêm de todas as partes, de todas as classes da sociedade; essa felicidade me alenta na minha árdua missão.

No meu apartamento, encontram-se vários retratos do meu mestre Allan Kardec. Um deles, imenso, no saguão de entrada, está constantemente ornado de flores e coberto de milhares de pequenas fotos de amigos conhecidos e desconhecidos, que as enviaram do mundo inteiro. Minhas longas preces, diante desse retrato, ajudam os que têm necessidade da minha proteção.

Em Nice, apesar do anonimato em que tento viver, hoje chegam para mim cartas e súplicas vindas dos quatro cantos do mundo. É impossível responder a todas. A propagação da minha missão é um dever sagrado: divulgar o espiritismo. Não obstante, faço o que posso para continuar fiel ao que me foi solicitado: "Viva para os outros."

Aparição do Meu Guia Divino

Você deve dizer que a etapa da Martinica e de Guadalupe foi um triunfo para você e para nós. Como sua passagem deixou traços indeléveis! Quantas pessoas se abriram para o caminho do espiritismo! Quantos testemunhos vieram confirmar sua fé sincera! Você lhes ofereceu consolo e esperança na vida celeste pela reencarnação.

Também desde o seu retorno, naquela mesma noite, todos os seus pensamentos se elevaram até mim, e diante do meu retrato você entrou em profunda meditação para me agradecer pela contribuição que lhe havíamos dado. Você me invocou com todo o fervor da sua alma e do seu coração, e suas preces sinceras chegaram até mim.

Desci das esferas divinas e você ouviu um estalo no teto.

Ergo os olhos acima do retrato de meu Mestre, num estado indescritível de alteração; aparece-me então na luz o rosto radiante de Allan Kardec, num invólucro etéreo leve, não com a aparência de mortal, mas como os grandes Espíritos nas esferas divinas. Por meio dessa aparição, meu guia divino fala de sua felicidade:

no prosseguimento da nossa colaboração para dar continuidade à obra sagrada que deve fazer brotar nos corações o amor de Deus, em Deus e por Deus.

∞

Missão Sagrada

Não vos afasteis de vossos semelhantes e então a luz surgirá como na aurora, a justiça caminhará à vossa frente e a glória do eterno vos acompanhará.
(Isaías, L, V, III: 4-8)

Sei que você dedica todo o seu coração à sua missão sagrada. Saiba também que o mundo dos Espíritos tem igual disposição para ajudá-la e infundir no mundo a elevação até Deus.

Este livro será uma obra espiritual que terá muito sucesso, e será lido e relido. "A vontade de Deus será enfim transmitida ao mundo." Os homens compreenderão que seu caminho deve passar pela homogeneidade das diversas raças e dos costumes, para alcançar sua elevação espiritual.

Como é sublime a filosofia do espiritismo! Como sua doutrina engrandece as idéias, alarga os pensamentos! A felicidade não é pessoal nem egoísta, está na harmonia do pensamento que une todas as raças numa mesma fraternidade. Está fundada na individualidade e na imortalidade da alma.

A vida futura é uma verdade. O véu foi levantado. O mundo espiritual aparece-nos em toda a sua realidade. São os próprios Espíritos que vêm nos descrever sua situação no maravilhoso mundo em que se encontram.

Das profundezas do céu, os Espíritos descem como estrelas sobre a Terra. São os Espíritos dos grandes gênios do espaço, enviados por Deus, que estão entre nós e nos comunicam seus ensinamentos. Somente os que possuem o dom da mediunidade podem percebê-los nos espaços acima de nós. São os grandes Espíritos de Deus que colaboram com os nossos trabalhos.

∞

A Vida Espiritual Marca a Existência do Homem

Você está em harmonia conosco. Saiba que o espiritismo é fundamental para todos os homens.

O homem ainda é indiferente. Mas hoje, diante de tantos desastres humanos, ele começa a ter medo e busca no Além um sinal...

Esta revelação vai ser feita graças ao que Deus vai lhe mostrar... no lugar aonde você voltará, excepcionalmente, para assistir, ver e predizer acontecimentos graves e previstos que você deve transmitir.

Você vai a outros mundos, a outros lugares. Sua alma deve passar por negros abismos. Você tem visão mas não vê, porque não está apta a ver essas ondas... Você viu coisas e locais sublimes nos ares sem fim, e verá ainda outros.

Sua tarefa está traçada para o bem e o belo. Nós a ajudamos, você está rodeada. Nós lhe trazemos as forças celestes necessárias, que lhe faltam. Você ajudou e consolou o seu próximo.

As forças do cosmos lhe são transmitidas pelo nosso poder, e você recebe os fluidos salutares e vivificantes para ajudar nas curas, por meu intermédio. Assim você pode curar e aliviar.

É graças à sua alma e ao seu coração generoso que nós agimos, para mostrar que Deus concede ajuda para que eu possa ajudá-la nessa missão, tantas vezes ingrata, que para você é uma tão grande honra.

Assim, damos a prova de que o Além existe. Nós podemos, na fé, obter curas... para as quais os cientistas são impotentes. Não podemos curar o corpo sem curar a alma com o amor e a afeição.

O cientista não entrega o coração à sua tarefa, mas pensa nos seus bens materiais. Deus lhe pedirá contas do que tiver feito da missão que lhe foi confiada, que é prestar ajuda ao seu semelhante, na Terra.

Pois Deus ama todos os Seus filhos.

Que ele fique sabendo que nada levará consigo e que, no mundo celeste, as riquezas não são as mesmas.

O homem destruiu, na Terra, com a inteligência que Deus lhe deu, tudo o que havia de bom e de belo. Ele se destruiu e destruiu o seu próprio irmão. Vindos do mundo dos Espíritos, de regresso à Terra, nós podemos ser filhos, pais ou irmãos.

Hoje, o homem tornou-se cruel e egoísta. Ele fecha a porta e deixa morrer, ao seu lado, pais, irmãos, filhos e amigos, sem lhes prestar socorro. Por isso, a "cólera de Deus" é imensa.

O homem materialista vai ter de sofrer e assistir ao seu próprio fim. Ao destruir o que Deus lhe deu de mais belo, a natureza, as fontes inesgotáveis, os animais, ele tornou a Terra um inferno.

O homem destruiu o que havia nele de melhor. Só Deus pode salvar o mundo, mas o mundo precisa voltar para Deus.

Não somos mais do que grãos de areia em um torrão de terra.

∞

A Cura Pela Oração

Deus a agraciou com o dom de curar.
Você vai ajudar doente... É preciso que você se abstraia completamente de si mesma. Isso é necessário. O dom de curar é uma das faculdades mais maravilhosas que Deus concedeu ao homem.

Abro os olhos para o céu azul, retomando a realidade deste dia. Sou consciente do dom que me foi oferecido e que tanto exige de mim. Sinto-me absolutamente confiante nessa força que me insufla o Além, fonte de fé e de vida.

"Senhor, dizei uma só palavra e meu filho será curado." (Mateus, 8:8)

Rezo a Deus e a meu Mestre para que me proporcionem os fluidos salutares e vivificantes para que eu possa, pelo pensamento, difundi-los a distância, na alma e no corpo do enfermo.

Freqüentemente, percebo em mim o sofrimento de alguém que está com algum mal. Medito por muito tempo, em casa, diante do retrato de Allan Kardec.

Quando o rosto do meu Mestre fica mais nítido, sei que posso esperar uma cura. Então, cheia de intensa alegria, posso anunciar: "A cura é possível."

Disponho as fotos das pessoas que apelaram a mim por proteção em volta da moldura que contém o retrato do meu guia divino, diante do qual se acumulam as flores que recebo em profusão. Depois, começo a rezar. Rezo durante muito tempo, até tarde da noite, diante do retrato de Allan Kardec.

Também gosto muito de meditar nas igrejas solitárias e silenciosas. Acendo velas para quem pediu a minha ajuda e oro.

Eventualmente, telefonam-me à noite, quando há uma urgência, um acidente grave. Imploro, rezo com fervor e devoção. Partilho da dor e da angústia das famílias. Peço que me ajudem com suas preces, pois sua fé é necessária.

Ó Deus! Se vós vos dignais servir-vos de mim, tudo indica que posso curar esse sofrimento, se essa for a Vossa vontade. Permiti ao grande Espírito, meu guia Allan Kardec, que me favoreça com seus fluidos vivificantes para que eu os transmita ao doente, se Deus assim o decidir. Mas sem vós eu não sou nada.

Mônaco, 12 de maio de 1994.

Quando ouço o retinir da campainha do telefone, sei no fundo de minha alma que um drama acaba de acontecer. Sinto-me mal, sufocada, impotente.

Fico sabendo que em Mônaco, durante os treinos para o Grand Prix, um carro sofreu um acidente, que o piloto austríaco Karl Wendlinger estava ferido, em estado desesperador e que o haviam transportado para Nice. Concentro-me durante um longo momento, com fervor extremo, e sinto que a cura é possível. Telefono para uma jornalista, a sra. Guglielmo, e para outra amiga, Christine Pannard, para pedir-lhes uma foto do piloto.

**Christine Pannard
Mônaco, 18 de junho de 1994**

Querida Rose,
Confirmo que na noite do acidente do jovem piloto austríaco Karl Wendlinger, ocorrido durante os treinos livres do Grand Prix de Mônaco em 12 de maio de 1994, você me telefonou por volta das 23 horas para que eu lhe transmitisse por fax uma foto tirada do programa oficial.
Ainda ouço o que você disse: "Meu Deus, eu posso salvá-lo, mas é preciso que uma foto dele chegue muito depressa até mim, antes que esse edema cerebral se torne muito sério ... ele está em coma profundo..."
Na manhã do dia seguinte, eu lhe telefonei por volta das 8h30 e você me disse: "Obrigada, obrigada meu Deus. Ele está sob a vossa proteção e eu vou poder salvá-lo..."
Alguns dias se passaram e os médicos não ousavam ainda divulgar o que havia, diante da gravidade de seu estado, muito alarmante.
Em 22 de maio de 1994, nosso piloto desperta do coma profundo. "Karl Wendlinger moveu a cabeça e abriu os olhos como uma pessoa que não consegue muito bem acordar..." (Nice-Matin, 22.5.95)
E, em 7 de junho de 94, na primeira página do Nice-Matin: "Além de todas as esperanças, o piloto milagrosamente curado pôde inclusive recuperar todas as suas faculdades, num prazo mais ou menos longo..."
Rose, eu sei que foi graças a você, através de Allan Kardec, que esse milagre aconteceu. É verdadeiramente um privilégio conhecer alguém tão maravilhoso como você. Suas faculdades são imensas...

∞
O Dom Mais Precioso

*Cristo disse: "Curai os enfermos,
ressuscitai os mortos."*
(Mateus, 10:8)

O dom de curar é o mais precioso dos dons que Deus lhe concedeu na Sua grande misericórdia.

É necessário que compreendam o dom poderoso que você possui, de aliviar, curar e devolver a saúde ao enfermo. Esse dom exige muito de você, e pede forças que, muitas vezes, lhe faltam, pois é necessário que você se doe enormemente.

Eu sei que suas preces e invocações, à noite, duram muito tempo. Você sente o sofrimento do doente através do seu corpo.

Sua alma, em estado de visão, alivia e cura. Isso para você é duro, pois você dá de si mesma para salvar os outros.

Pelo pensamento, você transmite ao doente — na alma e no corpo — os fluidos que eu lhe insuflo. Para tanto, é necessário que nossos pensamentos estejam unidos numa mesma vontade de curar.

Nós nos servimos igualmente do seu corpo, enquanto você dorme, para curar os que pedem a Deus, e nós levamos até essas pessoas a nossa ajuda e o nosso consolo. Sem o saber, você pôde salvar pessoas que nem mesmo conhece.

Imploro a Allan Kardec que me transmita as forças cósmicas e os fluidos vivificantes para realizar a minha tarefa. Nada, nem ninguém, pode me afastar disso.

"A fé pode mover montanhas e igualmente realizar curas."

Quando, depois de uma cura ou verdadeira melhora, as famílias me telefonam para se desmanchar em agradecimentos, respondo simplesmente: "Não é a mim que vocês devem agradecer, mas a Deus e a Allan Kardec. Eu sou apenas uma servidora."

David Dunlap
Doutor em ciências
Nice, 12 de setembro de 1994

...É com imenso prazer que atesto a incrível cura operada em mim pela sra. Gribel em agosto de 1994.

Depois de ter sofrido um derrame cerebral, que me causou uma perda considerável da memória e do equilíbrio, tive um grave distúrbio. Em estado de semiconsciência, compreendi imediatamente que se tratava de uma hemorragia cerebral.

Num último esforço, de maneira incompreensível, consegui chegar até a porta da sra. Gribel. Ainda hoje, eu acho que fui guiado por Deus.

Diante da gravidade do meu estado, ela telefonou para um amigo, médico, que me atendeu e concluiu que eu havia sofrido um derrame cerebral. Ela me aconselhou que eu fosse hospitalizado.

A sra. Gribel me pediu que lhe remetesse uma foto de identidade, dizendo que iria se ocupar do meu caso e que ela precisaria de 48 horas.

Isso tudo aconteceu em 30.08.1994. Quarenta e oito horas depois, em 02.09.94, como ela me havia anunciado, "milagre!" Eu havia recuperado a memória e pude retomar minhas atividades.

Agradeço de todo o coração à sra. Gribel pela sua dedicação às milhares de pessoas às quais ela leva a proteção de Allan Kardec. Com toda a minha gratidão e admiração. Esta carta pode ser publicada.

Huguette Caminiti
Toulon, 11 de agosto de 1994

Tenho 61 anos e sofro de câncer no colo do útero. Já sei disso há dois anos. Consultei vários médicos que me dizem a mesma coisa, com poucas diferenças...
Eu sei que você é um canal pelo qual o Espírito de Allan Kardec se manifesta. Ele a escolheu. E que canal maravilhoso! Sua fé é imensa. Eu lhe suplico, ajude-me também...
E que seja feita a vontade divina...

16 de setembro de 1994

... No final de agosto, eu fui vê-la. A senhora me havia interrompido um câncer no colo do útero. Lembrar-me-ei para sempre do instante em que a senhora me disse, colocando sua mão sobre a minha: um milhão de espinhos se abatem sobre o meu coração. A emoção mais pura... É inexprimível essa sensação que desde então me invade. Penso freqüentemente na senhora, sem motivo, sempre como uma lembrança de algo que terei esquecido. Penso que é o Amor, além de nossas sensações terrestres.
Fico feliz pelo fato de a senhora existir, e no fundo de minha alma sinto uma inefável felicidade.
De todo o meu coração, desejo que a senhora seja feliz em sua vida na Terra. Nós lhe somos devedores. A senhora é uma eleita. O Espírito de Allan Kardec sopra muito forte através da sua pessoa...

Não sobrecarregarei o leitor citando os incontáveis casos e exemplos que, sempre, revelam o dom extraordinário que o Além me concedeu. No final deste livro, encontram-se alguns testemunhos de pessoas que me expressaram por escrito sua gratidão pela ajuda para obter uma cura, que sempre concordo realizar com a ajuda e o apoio de meu guia, no espírito da caridade ao qual permaneço infinitamente fiel...

∞

A Morte e Seu Mistério

A filosofia de Pitágoras ensina que, quando a alma se liberta dos laços que a mantêm unida ao corpo, quando sobrevém a morte, o corpo volta à Terra, ao passo que o Espírito e a alma, indissoluvelmente ligados, se elevam ao mundo dos Espíritos para uma permanência mais ou menos longa...

O homem não deve tremer diante da morte. No império celeste, você não conhecerá nem dores, nem fome, nem sede. É o reino divino que supera todas as felicidades.

Como pode a pessoa duvidar do Senhor, que criou o vasto reino dos mundos? Na imensidão, nada está submetido ao império do acaso.

"Espíritos, vocês acabam de ingressar no mundo celeste. Não têm mais sobre os olhos o véu que os impede de ver os esplendores da vida futura; daqui em diante, podem contemplar novas maravilhas, enquanto nós ainda estamos mergulhados nas trevas."

A morte muitas vezes vem como um sono; a separação do invólucro carnal acontece sem esforço, sem dor e esse sono final é muito curto. A alma já se vê rodeada por seres amados falecidos, que a ajudam a desapegar-se dos laços que a retêm ao corpo, tênues como um fio, e muitas vezes a vida corporal ainda não está inteiramente extinta e a alma, impaciente, já se retira, como uma borboleta que sai de sua crisálida e se dirige para a imensidão.

O Espírito se contenta com o torpor que lhe é agradável. Diante desse encanto, abandona-se com uma espécie de volúpia, sem se dar conta de que deixou o mundo terrestre. O moribundo vê como que num sonho seus pais e amigos, que o cercam e choram sua partida.

Lentamente, nesse instante de lucidez e sonolência, pouco a pouco, suas idéias se tornam mais claras; as trevas se dissipam. A luz fica mais brilhante; então o Espírito compreende que está no mundo celeste, sua verdadeira pátria.

Ele vê os Espíritos familiares que já estão lá há muito tempo, que esperam pelo seu despertar. Os pais e amigos queridos vêm diante do Espírito para felicitá-lo como se estivesse de regresso de uma viagem, e seu afeto continua o mesmo. O amor que os une é para eles a fonte vital de uma felicidade sublime.

Deus Todo-Poderoso, nós imploramos a Vossa misericordiosa indulgência em favor daqueles que acabam de retornar do exílio; que seu regresso possa ser o de filhos pródigos.

Vossa justiça é imutável, mas vosso amor é imenso.

∞

A Vida Após a Morte

Vossa verdadeira pátria não está neste mundo, está no reino celeste.

O que você escreveu sobre os Espíritos que lhe aparecem está bom, mas você deve acrescentar que isso é real mesmo quando você está dormindo no momento do seu aparecimento, pois isso é natural.

O Espírito veio vê-la, como esse rapaz, o sobrinho de Danièle, depois de uma doença longa, dolorosa, inexorável. Você tanto implorou pela minha proteção, para abreviar os sofrimentos dele, que ele partiu em paz, sereno. É por gratidão que ele lhe apareceu no momento de sua morte, mais jovem, radiante e acompanhado de seu avô; você os viu partir juntos rumo às esferas luminosas.

Danièle C.
Nice, 31 de maio de 1994

Minha querida Rose,
... Durante um congresso em Vichy, só no sábado fiquei sabendo que meu afilhado e sobrinho tinha falecido na manhã da quinta-feira.
Na terça-feira, quando voltei, Rose me telefonou e disse, sem conhecer o rapaz nem saber a hora em que ele tinha falecido: "Eu o vi na quinta-feira de manhã extinguir-se suavemente e partir para a luz, feliz, com um senhor de cabelos grisalhos." Era o meu falecido pai que tinha tido uma relação muito estreita com seu neto. Tudo isso me abalou profundamente, pois era verdade, tanto a hora exata quanto a relação entre eles.
Rose, obrigada por tudo o que você faz...

∞

Aparição do Espírito de Pierre Keuroglian, Grande Repórter da AFP

Vejo sem medo o túmulo das trevas eternas,
pois sei que o corpo encontra aí uma prisão, mas
a alma encontra aí as suas asas!

(Victor Hugo)

Um fato muito marcante para você... o aparecimento do Espírito antes da morte.
Na manhã do dia 29 de agosto de 1994, enquanto você estava dormindo, apareceu-lhe um homem muito bonito, vestido elegantemente com roupas de cor escura e uma gravata verde. O rosto dele inclinava-se para o seu, chegando bem perto, enquanto a olhava e exibia um sorriso radioso. Fez um gesto e, com sua mão, tocou-a.
Nesse instante, você teve um sobressalto e acordou, pressentindo que efetivamente havia um ser ali. Como não via ninguém por perto, você se deitou e novamente uma suave sonolência invadiu-a. Nesse cochilo, essa mesma pessoa apareceu-lhe novamente.
Como foi grande o seu entendimento, a sua felicidade!
Você entendeu que se tratava de um Espírito conhecido que vinha lhe trazer sua gratidão, que lhe aparecia para que você o reconhecesse. Era um Espírito puro que estava de passagem pela Terra, para uma missão que Deus lhe havia confiado e da qual desincumbiu-se com o máximo êxito —, e à qual se dedicou, pois Deus escolhe aqueles a quem confia suas missões.

Mais tarde, a mulher dele informou-a de sua morte. Tratava-se de Pierre Keuroglian. O Espírito dele veio até você; ele havia deixado o corpo um instante antes de partir para vir vê-la.

Você havia rezado muito, pedindo a mim e a Deus que a ajudássemos a abreviar os sofrimentos dele. Mas você sabia que o karma dele estava decretado e que ele iria partir, e ele também estava ciente disso. Suas preces, suas longas invocações, o ajudaram. Você viu quando ele desapareceu na direção da luz infinita, com o pai ao seu lado, e os dois partiram radiantes depois de lhe haverem sorrido uma última vez.

Tenho muita afeição por ele. Essa aparição ficou gravada em mim para sempre. Foi um momento maravilhoso.

Sra. Keuroglian
Advogada
2 de março de 1995

Meu marido estava muito doente nessa época, e viria a falecer em 29 de agosto de 1994.

Nesse dia, Rose Gribel confirmou-me enfaticamente detalhes de uma visão relacionada com o meu marido, que lhe apareceu ao nascer do dia, para informá-la de sua passagem para o outro mundo.

Esses fatos corroboram a capacidade que certas pessoas têm de se comunicar com o Além.

É igualmente um testemunho da perenidade da Vida, assim como da imortalidade da alma o que Rose Gribel me proporcionou.

∞

Materialização do Espírito

A aparição do Espírito no momento da morte demonstra que a vida continua no além-túmulo, com total naturalidade; ela é uma ponte lançada entre os dois mundos.

As aparições e materializações sempre impressionam. Nas manifestações, o Espírito que aparece age em meio a fluidos universais. Entre as provas de sua sobrevivência, não existe nada de mais forte do que seu reaparecimento sob forma humana, aquela que teve durante a vida terrestre. Para reconstituir essa forma humana e dar-lhe uma realidade temporária, para "se materializar", o Espírito vai impregnar-se de fluidos essenciais universais, acrescidos do fluido vital do médium. O fluido vital indispensável à aparição é exclusividade do médium.

Com as suas faculdades, você vê aparecer mãos, rostos e corpos fluídicos que têm todas as características da vida e movimentos palpáveis; mãos que a tocam, que mostram e deslocam objetos, ligeiros ruídos que se fazem ouvir; os rostos animam-se e falam, os corpos se deslocam, circulam, depois subitamente se desvanecem, passando do estado palpável ao fluídico, nos espaços luminosos depois de uma efêmera duração.

"Os que vêem os Espíritos, vêem-nos com os olhos? Eles assim acreditam, mas, na realidade, é a alma que vê, e o que prova isso é que podem vê-los de olhos fechados. Sim, aqueles nos quais a alma se destaca da matéria; e então é a alma ou o Espírito que vê." (Allan Kardec, O Livro dos Médiuns.*)*

∞

Consolação

> *O Eterno é um Deus justo. Felizes os que esperam nele.*
> (Isaías, 30:18)

Você traz aquilo que o mundo quer ouvir, aquilo que há séculos vem aguardando, a reencarnação, as vidas sucessivas e a comunicação com os Espíritos que são seres como os humanos, mas com um corpo fluídico, que vivem acima de vocês, na harmonia das leis de Deus e numa condição sempre renovada de felicidade.

Você tem consciência disso, pois são os Espíritos que falam com você de todas as peripécias da sua vida corporal e da felicidade que sentiram ao se reencontrar com seus pais falecidos, ainda continuando ligados aos seus entes amados na Terra.

À medida que a alma vai se extinguindo, e os sofrimentos e as vicissitudes se desfazem, o Espírito parte na direção da luz. O céu se abre para ele, e ele então reencontra os esplendores que havia abandonado para se reencarnar na Terra.

Esse é o consolo que o homem tem com as comunicações *post-mortem*. Hoje em dia, começa-se a compreender que o mundo dos Espíritos existe, e que a vida lá depende das riquezas espirituais que ele terá adquirido.

---

* Publicado pela Editora Pensamento, São Paulo, 1973.

Comunicação dos Espíritos

Jesus disse: "Virei a todo aquele que chamar por mim..."

Muitas vezes, você é procurada por inúmeras pessoas que vão em busca do seu endereço, valendo-se de todos os meios. É assim que elas puderam entrar em contato com você. Freqüentemente, foi longo o percurso que percorreram até encontrá-la. Alguns vieram da Nigéria, de Bangkok, e outros da Austrália, da Martinica, de Guadalupe, da Argentina... Chegaram até a atravessar o globo, tanto para pedir-lhe ajuda ou proteção como para vir comunicar-se com seus defuntos queridos, em geral filhos e pais.

Desejam e esperam com imensa impaciência pelo momento da comunicação com seu querido falecido, e pelo que ele irá transmitir-lhes através de você.

Depois de colocar à minha frente a foto de Allan Kardec, rezo e peço-lhe que me envie os bons Espíritos familiares para me ajudar e dar-me a luz necessária para que eu consiga distinguir a verdade.

O Espírito que aparece manifesta-se no seu corpo fluídico, com a aparência que tinha quando vivo e que seus familiares poderiam reconhecer, caso se tornasse visível a eles.

Reconheçam os que, em nossas comunicações, vêm conversar: nossos pais, amigos, e todos aqueles que vocês amaram na Terra e que acreditavam irremediavelmente perdidos.

Esses que vocês chamam de mortos estão mais vivos do que vocês, pois podem ver o que vocês não vêem e ouvir o que vocês não ouvem.

Sim, é com a alma que você os percebe, e não com os olhos.

Os Espíritos ficam satisfeitos em dar detalhes e explicar o momento de sua morte, que para eles foi um instante muito curto. Essa é a mensagem que eles transmitem a seus pais. Nos espaços celestes, estão radiantes. Explicam as peripécias de sua vida corporal e o quanto é grande sua afeição; estão felizes no Além. Dão conselhos e respondem às perguntas que os parentes queridos lhes fazem.

Dessa maneira, as pessoas que estão em comunhão, por seu intermédio, com os seres queridos, não podem duvidar dos sentimentos que animam esses Espíritos, pois reconhecem sua benévola influência e todo o amor de seus amados desaparecidos.

Muitas vezes, o Espírito que você vê lhe dá sinais de sua felicidade na luz e mostra objetos aos quais esteve ligado enquanto viveu.

Foi o caso da jovem Sandrine. O diálogo estabeleceu-se imediatamente, e foi muito comovedor. Ela lhe disse de toda a ternura que sentia pelos pais. Para fazer-se reconhecer, ela materializou e mostrou em plena luz um adereço, uma correntinha com uma medalha que para ela era muito querida; assim, expressou a alegria de ver o pai e lhe trouxe o presente que ele lhe havia dado. Ela mostra-lhe as flores com as quais enfeitava o cabelo, como ela lhe diz.

O pai, estupefato, mostra-me a correntinha de sua filha, que guardava no bolso da camisa. Os pais ficaram petrificados com a veracidade desse detalhe.

Ficaram muitíssimo comovidos com a manifestação da filha e com a alegria que ela demonstrava.

Durante outra comunicação, com o pai falecido de uma amiga, instaurou-se um diálogo, pois vi um Espírito na luz; sua mão exibia um relógio de bolso, que ele acabara de materializar; sua filha, estupefata, lembrava-se dessa jóia.

As manifestações dos Espíritos trazem às suas famílias a convicção da existência de seus entes queridos no Além. É uma grande alegria para seus familiares que, comovidos a ponto de chorar, compreendem que esse foi um inolvidável momento de comunicação com o Espírito querido que tanto amam. E é sempre muito emocionante para mim vê-los partir felizes e tranqüilizados.

O Espírito fala do passado e do presente, mas o futuro permanece sempre um mistério que só a Deus pertence. O véu é lançado.

Claudine Lécuyer
Advogada do Tribunal em Nice
2 de março de 1995

Conheci a senhora Gribel por intermédio de um amigo de meu marido, ambos jornalistas.
Logo simpatizamos uma com a outra.
Um dia, ela se abstrai repentinamente da conversa que mantínhamos e me diz que tinha acabado de entrar em contato com o meu pai, falecido em 1971.
Como me mostrei um tanto cética quanto à realidade da comunicação de Rose Gribel, ela me disse imediatamente: "Seu pai me mostra um cronômetro de bolso." Esse detalhe me convenceu, pois desde minha infância meu pai tinha um cronômetro musical que dava as horas e meias-horas. Eu gostava muito da musiquinha desse cronômetro, e quando meu pai queria chamar-me para perto dele, nunca deixava de colocá-lo em funcionamento. A partir desse instante, fiquei mais atenta à comunicação, por intermédio de Rose Gribel, com meu pai, o que, evidentemente, me perturbou em vista da precisão dos fatos por ele evocados e do impacto emocional que adveio disso.

Sr. e sra. J.-P. Soler
Le Puget-sur-Argens, 4 de outubro de 1993

Senhora Gribel,
Que alegria, no sábado, quando tivemos notícia da nossa filha Sandrine. A senhora é maravilhosa, e é formidável ter a esperança de dias melhores. Saímos de sua casa reconfortados pelas animadoras palavras de nossa filha, por sua alegria de viver, tendo a avó ao seu lado. Não existem palavras que possam dizê-lo, não sabíamos o que falar, tudo na nossa cabeça virou de

pernas para o ar, e sobretudo com meu marido, que tanto tinha querido falar do seu Amor, mas ficamos um tanto bloqueados.

É maravilhoso, e ficaremos para sempre marcados pelo momento em que a senhora viu a nossa filha. Numa das mãos, ela lhe mostrava uma correntinha com uma medalha que, dizia, seu pai colocara ao redor de seu pescoço quando de seu falecimento.

Senhora Gribel, não sabemos como dizer-lhe obrigado, pois essa é uma palavra muito fraca para expressar todos os nossos sentimentos. Senhora Gribel, sua missão é extraordinária e nós lhe desejamos muita coragem...

∞

Manifestação do Espírito

> *O Espírito sopra onde quer, e tu ouves a sua voz, mas não sabes de onde ele vem, nem para onde vai.*
>
> (São João, 3:8)

Os Espíritos aparecem-nos no seu corpo fluídico. Quanto mais são elevados espiritualmente como bons Espíritos, maior é sua radiosidade. É no recolhimento que pedimos a Deus Todo-Poderoso que nos envie bons Espíritos para nos ajudar.

O médium que tem a faculdade de ouvir e ver os Espíritos, também pode conversar com eles, como um intérprete incumbido de transmitir os ensinamentos dos Espíritos que dão ao homem uma concepção maior da vida do universo.

Ele precisa estar consciente do mandato que lhe está sendo confiado e da gravidade do ato que realiza, e dar-se a luz necessária para distinguir a verdade. Devemos agradecer os bons Espíritos que tiveram a boa vontade de se comunicar conosco, os intermediários compulsórios.

São as vozes dos amigos do céu que se fazem ouvir, que trazem as provas de sua existência e vêm revelar-me sua presença. Comunico aos que os amam na Terra as mensagens desses entes que lhes foram queridos e dos quais a morte os separou momentaneamente.

A linguagem de pais a seus filhos não se pode compreender equivocamente! O Espírito muitas vezes dá indicações perturbadoras a respeito de fatos de tal modo detalhados que até os mais incrédulos se convencem.

Os Espíritos se apresentam com o nome que usavam enquanto viveram na Terra. Eles constituem o mundo celeste da mesma forma como nós, durante nossa vida, constituímos o mundo terrestre.

Para o pai, a mãe, o amigo que está à minha frente e me ouve, a dúvida deixa de existir quando o Espírito evoca fatos precisos, desconhecidos, que a própria pessoa ignorava.

Muitas vezes, o falecido contribui, por meio de indicações, para a solução de seus negócios na Terra. Ele ajuda a família com conselhos e intervenções no que precisa ser feito.

Dá detalhes precisos e íntimos de sua vida, de bens que deixou, e mostra objetos e jóias pessoais às quais era ligado quando vivo, materializando-os para que se tornem visíveis.

O Espírito, em íntima comunhão, pede-me que indique à sua família o local onde estão guardados documentos importantes, testamentos, jóias...

Então, essas coisas são encontradas nos locais designados.

Sarah Valentine
Antibes, 10 de maio de 1993

Querida senhora Gribel,
Fico muito feliz em lhe dizer que, graças à senhora e à ajuda do seu guia, Allan Kardec, pude sair da dramática situação em que me encontrava.
Durante a longa enfermidade de meu marido, eu estava muito preocupada com o meu futuro. Na realidade, os filhos de um primeiro casamento dele, a partir do momento em que ele havia falecido, estavam me ameaçando mandar embora sem nada. No entanto, eu sabia que meu marido tinha deixado por escrito seus últimos desejos.
Depois, a senhora me telefonou, indicando o local onde tinha visto papéis importantes para mim, num móvel onde eu já os havia procurado mais de uma vez. E lá realmente encontrei uma carta, exatamente onde a senhora me disse que a havia visto. Era uma cópia do original que estava com o tabelião.
Fiquei impressionada com a sua clarividência e sou-lhe profundamente reconhecida. Obrigada por tudo o que a senhora me proporcionou, pois, desde então, os filhos de meu falecido marido obedeceram à vontade do pai e nosso relacionamento melhorou muito. Novamente obrigada pela ajuda que a senhora me deu...

∞

Comunicações D'Além Túmulo

Conversar com eles, visitá-los, examiná-los.
Que felicidade inaudita!
(Segundo Sócrates)

Sua missão lhe foi confiada para oferecer provas da efetiva existência do mundo dos Espíritos.

Os Espíritos falaram com você, seu rostos sorridentes e serenos lhe apareceram como um raio de sol que reconforta e ameniza tantas tristezas...

Você sabe, pelas comunicações *post-mortem*, traduzir adequadamente o que nós lhe ditamos e explicar bem como uma pessoa que perdeu um ente querido vem vê-la para se comunicar com seu ente querido.

Na comunicação, o Espírito, no seu corpo sutil, se emancipa pouco a pouco; ele recobra o uso de suas faculdades.

Sim, as letras aparecem para você e você as transmite; são iniciais. Você as descreve. Você ouve e traduz tudo o que ele vai lhe dizer.

Você deve explicar os fatos comprobatórios que teve durante a comunicação com os seres do Além, pois são uma realidade.

Eles apareceram para você e lhe descreveram suas peripécias, sua situação, as recordações de fatos reais... A influência dos Espíritos protetores sobre o curso da vida.

O Espírito me fala de sua vida na Terra, de suas alegrias e tristezas, de seus afetos, do que constituiu sua felicidade, do amor daqueles que o cercaram.

De vez em quando, ele se lembra de seus sofrimentos na Terra, da doença que provocou a sua morte. Não se recorda de sua partida, da passagem entre os dois mundos; essa é a mensagem que transmite aos familiares.

As comunicações com os entes queridos falecidos oferecem um doce consolo. Os Espíritos mostram sua alegria e não só provam que existem como ainda que estão menos separados de nós do que se continuassem como seres vivos, em algum país distante.

O Espírito se manifesta sempre com alegria, e para ele é uma satisfação profunda saber que não foi esquecido. Ele pode aparecer às vezes em sonhos. É uma graça levar aos que ele ama o consolo de que sempre está vivo e radiante em Espírito.

Ele responde, por meu intermédio, às perguntas que seus familiares lhe fazem. Fica feliz em poder se explicar. Agradece a seus parentes e às pessoas próximas que tiveram o desejo de ter notícias dele.

Eu os vejo e descrevo em diversos momentos de suas vidas. Não são os meus olhos que os vêem, mas a minha alma, e eu os ouço em sua linguagem de Espíritos.

As pessoas compreendem que seus parentes mortos vieram vê-las, aparecendo para mim como verdadeiros seres humanos, com seu corpo sutil. A família pode ouvir pequenos estalidos, sinais que são meios de avisar de sua presença aqueles a quem amam.

Por meu intermédio, eles dão conselhos e respondem às perguntas de seus familiares a respeito de bens materiais que deixaram, e às vezes indicam a localização de documentos confidenciais ou de testamentos. Materializam objetos e jóias que lhes pertenceram e aos quais eram afeiçoados.

Alguns, em suas suas comunicações, dão conselhos de absoluta precisão.

A mãe havia deixado nosso mundo já há alguns meses. A filha queria entrar em íntima comunhão com ela, e imediatamente a percebi mais jovem, radiante, muito perto de nós, feliz de conversar longamente com a filha querida e de ter notícias de seus netos e da família. O Espírito vê e ouve o que a filha pergunta. Depois de lhe haver dado conselhos sobre intervenções em atitudes particulares de sua vida, que transmito à filha, o Espírito materializa uma jóia e mostra-me a mão; vejo um broche maravilhoso ornado por uma pedra colorida. O Espírito diz quanto gostaria que a filha a usasse.

Transmito esse desejo à jovem, que me diz: "Faz agora seis meses que esse broche, uma recordação muito querida de minha adorada mãe, desapareceu; nós o procuramos por toda parte." O Espírito, tendo ouvido isso, disse-me: "O que digo é a verdade. O broche continua na casa, sem dúvida, no fundo de uma gaveta de um móvel..." Depois de lhe ter dito o quanto ficava feliz com essa comunicação, ele desapareceu do mesmo modo como tinha vindo...

A jovem, estupefata e transtornada, telefonou-me dois dias depois para me avisar que, efetivamente, tinha encontrado o broche no local indicado pela mãe.

Essas provas são recebidas com uma forte emoção pelo consulente, que fica confortado, reconhecido e às vezes abalado a ponto de chorar com a veracidade dos fatos revelados. Renasce para ele a esperança, pois sabe que o Espírito estará perto dele sempre que tiver necessidade de seu apoio. Os parentes obtêm a consoladora certeza de que o Espírito querido agora está mais feliz, e também ficam convencidos de que um dia reunir-se-ão a ele para desfrutar juntos de um mundo melhor.

∞

Comunicações *Post-Mortem*

Essa esperança, nós a possuímos como uma âncora para a alma, segura e sólida.
(Hebreus, 6:19)

Sua serenidade, simplicidade e perspicácia são grandes, e as revelações do nosso mundo, exatas. Você, para nós, é preciosa por revelá-las ao seu mundo terrestre.

Durante as consultas, vêm os Espíritos familiares dos seus consulentes. Para os Espíritos, é uma verdadeira felicidade trazer provas palpáveis e sinceras de sua existência e do que foi a vida deles. É a realidade que aparece, pois são os seres de além-túmulo que vêm descrever sua situação.

Eles lhe transmitem as peripécias de sua nova vida e mostram seu destino inevitável, reservado segundo seus méritos.

É sempre radiantes que eles vêm explicar sua vida livre como Espíritos.

Quantas pessoas vêm consultá-la por motivos de ordem pessoal, mesmo incrédulas, e partem depois abaladas e realmente convencidas.

Elas se tornam espíritas. Os testemunhos muito numerosos que você recebe atestam essa transformação.

Sra. Simone Toupe
Paris, 28 de março de 1994

Querida senhora Gribel,
Renovo por meio desta os meus votos sinceros de agradecimento por me haver concedido o privilégio de me receber, com a finalidade de esclarecer as razões profundas que motivaram o voluntário desaparecimento do meu querido sobrinho, que deu cabo da própria vida aos 29 anos.
Em vista de suas revelações, fico muito admirada de seus dons excepcionais como médium, ainda mais diante dos numerosos detalhes a respeito da personalidade dele, que a senhora me comunicou, e que não permitem mais que se lance qualquer dúvida sobre a veracidade de suas palavras.
Para mim e para a família dele é um verdadeiro consolo, pois tínhamos grande necessidade de luz para nos ajudar a viver menos dolorosamente, com menos ansiedade pelo futuro da alma do rapaz, que então encontrou sua serenidade aos pés do nosso Criador.
Presto minhas homenagens, senhora Gribel, aos seus incontestáveis sentimentos de humanidade e de grande bondade.

Marie-Louise Courtoison
Toulon, 22 de março de 1994

Bem modesta contribuição como forma de agradecimento pelos esforços que lhe são necessários para entrar em comunicação com o meu filho Christian, falecido há cinco anos.
Esse reencontro abalou-me profundamente, sobretudo porque eu não esperava por isso de modo algum. E quando meu filho falou de seus objetos pessoais, que lhe mostrava, e me deu os conselhos que eu lhe pedia, comentando fatos que me havia confiado e que estava muito feliz lá no alto, tudo isso reconfortou-me...

Paulette Dupuis
Nice, 14 de junho de 1995

Meu pai, falecido há vinte anos, entrou em contato com a senhora, e a senhora me transmitiu vários detalhes íntimos e precisos. Fiquei muito admirada e surpresa com as revelações e com os fatos insuspeitos que somente eu poderia saber e, sobretudo, com a mensagem de agradecimento para mim e minha irmã por o termos atendido e cercado de todo o nosso amor durante sua doença tão dolorosa.

SRA. GAFFIER, NICE

Um dia, a mãe da senhora Gaffier me disse: "Senhora Gribel, sempre quis saber como a minha pobre mãe morreu."

Imediatamente as iniciais de sua mãe me apareceram e vi à beira d'água uma mulher caminhando pela areia. Depois vejo-a afundando na água e desaparecendo no mar.

A mãe da senhora Gaffier exclamou: "Como é que a senhora pôde ver esse drama? Realmente, minha mãe desapareceu em Camargue. Há muito tempo que seu desaparecimento permanece um mistério, pois nunca conseguimos encontrar seu corpo. Mas agora eu compreendo, senhora Gribel, e lhe agradeço pela sua clarividência. É inimaginável."

∞

Os Espíritos Falam Comigo

> *Digo que o túmulo, que sobre os mortos se fecha, abre o firmamento, e que aquilo que aqui embaixo consideramos o fim é, de fato, o começo.*
> (V. Hugo, *Contemplations*)

Você sabe que estou sempre ao seu lado, para guiá-la. Nossa afinidade é e permanecerá uma felicidade sem fim.

Não se esqueça de que as comunicações com os Espíritos familiares dos consulentes são para eles uma verdadeira felicidade. As palavras que transmitem são traduzidas com grande sabedoria.

Eles sempre ficam satisfeitos em poder se explicar, mas o momento supremo foi um instante muito breve. Eles estão cercados pelos seres que amam e que os precederam.

Depois de se fazerem reconhecer, eles se explicam sobre o que foi sua vida na Terra, seu caminho, sua situação.

Na realidade, o Espírito permanece o que ele era durante a vida. As necessidades se extinguem; os desejos, as paixões são do Espírito e o seguem...

Freqüentemente, em meio a ruídos delicados, o Espírito se manifesta. Ele me dá as iniciais de seu nome, indica sua profissão e entra em muitos detalhes de sua vida. Suas aptidões e conhecimentos influem às vezes de maneira perceptível nos fatos que têm verdadeira importância... A comunhão eloqüente, pura e inteligente com o Espírito elevado torna-se mais eficiente, mais consciente em seu amor e grandeza...

Ouço e transmito os avisos e solicitações dos Espíritos. Diante de sua forma de falar, e de determinadas particularidades da fisionomia, as famílias reconhecem facilmente seus parentes. Os Espíritos conservam todos os sentimentos que tiveram quando de sua existência terrestre, suas forças e fraquezas. Permanecem para sempre ligados ao que amaram e ficam felizes em se reaproximar.

É maravilhoso poder contar com a presença e o apoio dos Espíritos familiares. Essa revelação torna a pessoa mais forte diante das provações da vida. Ajuda a compreender que a morte não deve ser temida.

Assim se confirma, de mil formas estranhas, variadas e insuspeitas, a comunhão entre o visível e o invisível, a colaboração entre homem e Espíritos. E, com isso, percebemos que a vida é eterna. Todas as almas agem e colaboram, tanto fora do corpo carnal como por meio dele. A vida tem aspectos diferentes, mas não tem fim. O homem não terá mais medo da morte e bendirá Deus e a vida eterna.

É uma felicidade para as pessoas pensar e saber que a vida não acaba. Sua filosofia de vida se transforma. Elas voltam a me procurar...

O mundo misterioso dos Espíritos nos ensina a conhecer seus ensinamentos, o passado e o futuro se esclarecem nas profundezas celestes.

Dr. Dumas
Bayonne, 23 de janeiro de 1995

Querida Rose,
Eis algumas palavras sobre o nosso encontro...
Inicialmente, sua acolhida tão calorosa me pôs logo à vontade, com a sensação de estar com verdadeiros amigos desde esse primeiro contato...
Depois, a comunicação direta que se estabeleceu com o meu falecido avô, apontando-me dois objetos pessoais a que ele era particularmente apegado, um dos quais está sempre comigo. Depois desses comovedores elementos, o diálogo com ele transcorreu naturalmente, confirmando as grandes orientações de minha vida e, sobretudo, a realidade evidente (que efetivamente sempre conheci!) do mundo espiritual e do divino. Tento, portanto, levar em conta a vida espiritual, a vida (e a morte), especialmente em meu trabalho como médico, para melhor ajudar os outros e também extrair do divino e do mundo espiritual a força necessária para, a cada dia, me aproximar um pouco mais da vida divina.

Querida Rose, estas poucas palavras são o testemunho da minha afeição.

Claudine Vigneron
Paris, 26 de maio de 1994

... Eu não poderia igualmente esquecer a grande felicidade que senti quando minha mãezinha, falecida há vinte anos, falou comigo através de você. Quantos fatos da minha infância, quantos detalhes e emoções

rememoradas... Essa comunicação com a minha mãe foi extraordinária e inacreditável!

Graças a você, pude reencontrá-la vinte anos depois, e esse foi o momento mais forte da minha vida.

Nelly Magnolfi
Aurillac, 3 de março de 1994

Fiquei particularmente emocionada por encontrá-la. Por seu intermédio, a comunicação entre mim e meu filho me trouxe uma indescritível emoção.

Na realidade, sofri imensamente quando meu filho, com 21 anos na época, deixou-me depois de um acidente.

Para mim, foi catastrófico, e eu não conseguia aceitar que meu filho tivesse partido só sem que eu estivesse a seu lado para minorar seus sofrimentos. No fundo de mim, repetiam-se as indagações: como ele morreu? terá sofrido? ele sentiu que ia morrer?

... Por intermédio da senhora Gribel, Jean-Michel deu-me todos os detalhes do acidente, confirmando-me que não havia sofrido e que estava muito feliz naquele mundo maravilhoso de luz.

Todos os detalhes que foram dados acerca de sua vida e de sua morte foram exatos, e agradeço profundamente à senhora Gribel por haver respondido às perguntas que eu fazia e por me ter tranqüilizado. Através de suas palavras, recuperei todo o afeto que meu filho estava me proporcionando e sei que ele está muito perto de mim, quase o tempo todo, sempre que sente que preciso de seu apoio.

Eu nunca uso a palavra "morte". Considero-a inadequada, pois o que nos aguarda é uma vida nova. Disso estou certa...

Simone Blancafort
Mougins, 3 de março de 1994

... Foi com prazer que pude encontrá-la na quarta-feira, dia 3 de março de 1994.

Agradeço-lhe infinitamente por ter tido a bondade de fazer-me entrar em contato com meus netos, ambos mortos quando estavam com 20 anos.

Fiquei particularmente surpresa com os detalhes exatos e precisos que a senhora me deu e que efetivamente correspondem à personalidade dos dois...

Srta. Drappier
Audun-le-Roman, 5 de abril de 1994

Admiro a sua coragem por essa missão, a um tempo árdua e maravilhosa, que a senhora cumpre com tanta sinceridade, humildade e amor.

Na sua companhia, vivi um momento forte e inolvidável. Esse dia permanecerá gravado no meu coração para sempre. Que felicidade em meio a tanto desespero!

Sinto-me intensamente privilegiada, mas não compreendo. Por fim já sei que minha mãe não me abandona, tantas foram as vezes em que lhe pedi isso.

Obrigada a Deus e ao seu grande Mestre. Jamais poderei agradecer-lhe suficientemente pelo bem-estar e pelo consolo que a senhora me ofereceu. A senhora me falou de mamãe com tanta verdade, usando a mesma linguagem que ela. É verdadeiramente perturbador ouvir tantas verdades, particularmente as letras do alfabeto do nome de mamãe, da vovó e dos meus irmãos.

Eu não conseguia ficar tranqüila. Havia exatamente um ano que eu tinha perdido a minha querida mamãe, e tornar a encontrá-la com toda aquela serenidade encheu-me de imensa felicidade.

Foram de amor as lágrimas, e espero que mamãe tenha compreendido...
Compreendi muitas coisas em pouco tempo e sinto-me outra.

Andrée Barre
Paris, 2 de junho de 1994

Você fez-me entrar em contato com meu pai, falecido em janeiro de 1967, quando eu menos esperava por isso. É inútil lembrá-la de como fiquei comovida e maravilhada.

Você não conheceu a minha família nem a mim, pois aquela era a nossa primeira entrevista e, em meio à nossa conversa, você me disse que meu pai estava à nossa frente. Estupefata, ouvi-a dando todos os detalhes do seu corpo, da sua vida, da sua morte, sem o mínimo erro; depois travou-se um diálogo entre ele e eu. Eu não acreditava nos meus olhos, como Bernard, meu marido, que estava presente, de tal modo tudo era tão preciso. Só depois de vários dias é que pudemos nos dar conta do que havia acontecido e voltar ao assunto.

Graças a você, tenho hoje a prova de que meu pai está sempre perto de toda a família e de mim, que ele está feliz e nos protege...

Marie-Renée Azabal
Douarnenez, 13 de julho de 1995

... depois do falecimento de meu filho, quando li o seu livro, tive muita vontade de conhecê-la. Fui recebida pela senhora com muita cordialidade e tanto eu quanto meu marido ficamos bastante reconfortados. Tivemos a sen-

sação de ter nosso Jean-Luc ali, conosco, um momento que não esqueceremos jamais. A senhora soube muito bem como fazer "renascer" um pouco o Jean-Luc que tanta falta nos faz. Renovamos todos os nossos votos de agradecimentos.

∞

Minha Alma no Mundo dos Espíritos

Eu vos disse todas essas coisas para que minha alegria esteja convosco e para que a vossa alegria seja perfeita.
(João, 15:11)

É difícil para o comum dos mortais conceber que a sua vida seja rodeada por Espíritos. Quer nesse mundo, quer no mundo celeste, eles aparecem a você como mortais com seu corpo sutil.

Para você, é maravilhoso vê-los, ouvi-los, conversar com eles. São os seus amigos do espaço, aqueles que você conheceu e os que você ajudou e apoiou em suas adversidades terrenas. Hoje, são seres do além-túmulo que aparecem a você felizes, radiosos na luz divina.

Os estalidos que você ouve são do meu Espírito dando-lhe sinais da minha presença. Venho para transmitir ao seu subconsciente a minha sagrada inspiração, para que essa importante mensagem proporcione a confirmação da sinceridade dos Espíritos...

Eles se sentem muito felizes por virem transmitir a você uma mensagem destinada às famílias, fazendo-as compreender que vivem radiantes e serenos no nosso mundo, onde muitas vezes você é chamada a vir, nessa prática celeste, para viver momentos intensos com os grandes Espíritos, neste mundo maravilhoso dos Espíritos libertos.

Sua vida está entre os dois mundos.

Quer seja nas esferas das divindades, onde você vê, na luz, acontecimentos que ainda se darão, quer entre os Grandes Espíritos mensageiros, sempre guiada por mim, você já é uma das nossas nos espaços sem fim, onde vivem nossas almas irmãs na luz.

Sua alma vive a vida celeste dos Espíritos.

Depois, na Terra, eles vêm visitá-la, geralmente no momento em que partem da existência terrestre. A você aparecem radiosos e serenos. Isso é um sinal do seu reconhecimento.

Depois, você tem as comunicações de além-túmulo com os amigos do espaço. Por seu intermédio, eles falam com seus entes queridos.

No entanto, sua vida terrestre é, para você, uma felicidade de viver na alegria e na simplicidade de coração para com todos os que a rodeiam.

Com sua alma, você viu a vida supraterrestre; com seu corpo, você viu a vida terrestre. Essa é a sua vida dupla, dois mundos, e só a morte constitui a separação.

Mediunidade, Chave do Mistério

Falamos daquilo que sabemos e damos testemunho daquilo que vimos; não obstante, vocês não acatam absolutamente o nosso testemunho.
(João, 3:11-12)

A mediunidade lhe foi concedida com uma finalidade bastante precisa. Ela a coloca em contato com seres de além-túmulo.

Em outras eras, em todas as religiões, os videntes foram indispensáveis para o bem da humanidade.

É preciso elevar-se até o divino que detém a chave de todos os mistérios, mas é necessário ter na Terra missionários que revelem os segredos do Além.

Suas faculdades como médium são como um sol que ilumina o mundo e consola inúmeras tristezas. Esse dom sagrado a conduz e eleva acima dos bens terrenos.

Ó Senhor! Sem vós eu nada sou! Vossa ajuda para mim é preciosa, para trazer provas ao mundo terrestre.

Você deve estar atenta aos dois mundos. Incontáveis pessoas têm necessidade de você, portanto é preciso que você esteja disponível.

Sua participação em nossas missões é muitas vezes uma provação. Você tem uma vida ativa, mas mesmo assim está sempre disponível todos os dias. Seu devotamento é enorme. Para você, são necessários muito discernimento e recolhimento.

Nossa comunhão de alma é grande em todas as nossas afinidades, na mira dos esplendores celestes que você entreviu, guiada e apoiada.

Você viu determinados segredos, mas verá outros mistérios, outras visões, que a abalarão, acontecimentos já previstos.

Mas as provas estão na sua Terra.

Os destinos do mundo já estão escritos. Em suas visões, você assiste com dias e meses de antecedência fatos importantes e sérios.

Você recebe comunicações das entidades celestes, transmitindo-as ao mundo dos vivos.

Meu guia me dirige na prática celeste e me incumbe de, através da minha mediunidade, fazer ouvir o eco dos apelos divinos que encaminhem o homem até a fé.

Nada é mais belo que levar e revelar ao homem as verdades transmitidas pelas mensagens...

Imploro com fervor ao meu Mestre Allan Kardec, detentor dos segredos do espaço. É com infinita sensação de reconhecimento que agradeço por ele ter aceito a ingrata missão de me guiar, assistir e proteger, tanto nas minhas alegrias como nas minhas dificuldades.

Continue contente e feliz na simplicidade de seu coração. Você dá felicidade aos que vêm vê-la. Suas revelações impressionam. Continue rodeada por essas pessoas; isso é preciso para a sua missão.

"O grande Espírito, quando é de natureza elevada, escolhe o médium que vai guiar. Respeita sua personalidade, a sua liberdade, e não age senão com delicadeza e com persuasão para o cumprimento da sua missão."

∞

Profecias Realizadas

Allan Kardec começou a anunciar acontecimentos importantes a partir de 1986. A partir do momento em que soube que as minhas visões, geralmente proféticas, se realizavam, decidi não só partilhá-las com os meus conhecidos como também com outras personalidades, e ainda consigná-las por escrito. Pois, embora guarde delas uma recordação intacta, era preciso conservar um documento durável.

Este livro contém, em ordem temática, as visões proféticas que tive de 1986 a 1993; as mais importantes, que me pareciam ser necessário conservar e que já se realizaram, estão anotadas no meu primeiro livro.

∞

O Mundo Inteiro Vibra Sob o Pensamento de Deus

O anúncio do reino de Deus atravessa todas as profecias como um grande sopro de esperança.

Na harmonia de nossas almas, criou-se a íntima convicção de que o Além nos proporcionou ligações sagradas. Pela misericórdia divina, na sua infinita bondade, vamos rumo aos mesmos mundos, com as mesmas aspirações, na direção do mesmo objetivo.

Com a sua mediunidade, você pode traduzir nossos pensamentos e aspirações... o bem que podemos revelar à humanidade na obra que queremos transmitir.

Se Deus lhe concedeu e mostrou as visões com tanta precisão, é porque estavam previstas tal como na época dos profetas. Deus dá seus avisos ao homem por intermédio de médiuns, que revelam ao mundo as verdades transmitidas.

Todas as suas visões lhe foram dadas com um objetivo preciso. Os graves acontecimentos, as guerras, as catástrofes, naturais ou não, você as viu, assistiu, projetadas no próprio local onde se desenrolavam, nas circunstâncias onde se produziriam dias e meses depois.

"O médium sempre fala no presente, no contexto histórico de sua missão, que se desenrola nos dramas e períodos da grande epopéia humana, com suas múltiplas peripécias."

O mais extraordinário é que o meu Mestre guia minha alma até o plano divino, fala comigo, explica-me o local e me anuncia como os acontecimentos vão se dar.

Deus se fará ouvir na exata medida do que o homem compreende, voltando a obedecer às Suas leis sagradas.

Quando, meses antes do fato, nós a guiamos até o lugar onde sua alma foi projetada acima da Casa Branca, ainda enquanto o mundo inteiro o ignorava, você assistiu à entrevista de Reagan e Gorbachev.

Como eu lhe havia dito com três anos de antecedência, o Muro de Berlim caiu, a Europa inteira está unificada, graves acontecimentos se deram e ainda vão se dar na Europa e na Rússia.

No mundo inteiro, povos foram dizimados pelo jugo de homens cruéis e egoístas, que causaram a fome e destruíram com o fogo.

A Terra viu muito sangue espalhado por homens atrozes. Os homens se mataram uns aos outros na tormenta que sacudiu os Bálcãs, preconizada por um homem poderoso e intrigante que semeou o terror.

A indiferença do mundo livre baseia-se no egoísmo. Eles fecham os olhos para não ver o sofrimento humano nas trevas da noite escura, nem os ecos dos gritos de desespero... Os vivos invejarão os mortos.

A América foi sacudida por inúmeras catástrofes.

A unificação da Europa é circunscrita e a Rússia já está presente em todas as partes.

Quantos escândalos abafados.

Você deve dizer que uma grande parte das profecias para o mundo, que lhe foram reveladas por mim, já está acontecendo, e que o resto acontecerá.

Em 16 de abril de 1986, meu guia Allan Kardec me havia predito:

Essa catástrofe de Tchernobyl ultrapassará de muito as fronteiras da Rússia e provocará inúmeras desordens ecológicas, além de mais de dois milhões de cânceres na Europa.

No dia 8 de junho de 1994, durante uma entrevista, o deputado Dominique Baudis anunciou, no Canal França 2, que o Parlamento Europeu havia declarado o recenseamento de dois milhões de casos de câncer na Europa, em conseqüência da radiação que se espalhou devido à catástrofe de Tchernobyl, na Ucrânia.

Nada mais tem valor moral.

A Assembléia da ONU não fez nada para restabelecer a paz. Os interesses dominam e estão implícitos em todos esses genocídios. A prova está aí. Os assassinos sempre estão presentes.

Já quadricularam e repartiram uma parte do mundo, à revelia de todas as legislações e de todos os valores morais, praticando abusos subliminares.

Deus enviou catástrofes, cataclismos naturais e epidemias para deter o massacre dos homens.

No Oriente dilacerado, os filhos de Maomé e os de Fátima matar-se-ão uns aos outros.

Na Argélia, dominam os religiosos. Isso não é bom para a França.

Um ditador sangüinário causará a infelicidade e a carnificina de toda a África negra, no fogo e nas epidemias.

Os povos sofrem de fome, outros morrem. Os europeus fugiram. O mundo tem medo.

Um conflito religioso desencadeado envolve a África até a Ásia, no fogo.

A guerra explodiu nos Bálcãs, na ex-Iugoslávia e nos países limítrofes.

É um genocídio diante dos olhos do mundo e de políticos indiferentes ao sofrimento das populações.

Nada está encerrado, dos Urais até o extremo da África.

O materialista viu seu nível de vida baixar.

A poluição se estende e provoca cataclismos que sacodem o mundo.

O presidente Bill Clinton: pelos votos o povo o destituiu, pois não trouxe nada de bom.

O homem se encaminha para o desastre, as leis humanas estão desnaturadas e nada mais tem importância além do desejo de aterrorizar os semelhantes.

Muitos povos serão subjugados até que Deus minore com Sua mão seus sofrimentos, quando então retornará o sol às almas dos que voltam a encontrar a fé em Deus.

Em 23 de junho de 1990, numa visão, surgiu um homem que parecia o meu marido. Ele abre um grande mapa-múndi sobre uma superfície cinzenta. Será ferro?

Graves acontecimentos ocorreram no Oriente, no Golfo. Países foram invadidos, e alguns deles redivididos...

Nada está acertado em definitivo nessa parte do Golfo. Ocorrerão revoluções. O sangue correu e vai correr depois da queda do tirano, e ainda depois do calvário do povo curdo.

O mesmo em relação a todos os movimentos que sacudiram todos os países do Leste ...

Meu guia me diz:

Estas profecias contêm verdades obtidas na fonte das divindades, e que se revelam ao seu mundo.

Bem antes que tudo isso acontecesse,
ou apenas com poucos dias de antecedência, em visão astral,
vivi o tufão nas Filipinas;
vi o ataque aéreo dos Estados Unidos contra a Líbia, assim como os atentados em Paris;
e o falecimento de Michel Seurat.

Vi a explosão da plataforma de petróleo no mar do Norte;
predisse o massacre de Meca;
vi e predisse os acontecimentos na Argélia;
vi o tremor de terra na Armênia;
vivi a Guerra do Golfo contra o Iraque;
vivi a eleição e a morte de Sakharov;
vi os acontecimentos na Romênia;
vi a grave revolução na China;
vivi o furacão Hugo sobre Guadalupe;
predisse o fim de Noriega no Panamá;
vi a morte de Rajiv Gandhi, chefe de Estado;
vivi a libertação da Rússia;
vivi o desmoronamento da tribuna de Furiani, na Córsega;
vivi o assassinato de Mohammed Boudiaf;
e vivi diretamente, ou em estado premonitório, o genocídio da Bósnia e de Sarajevo...

Mas, igualmente, minha alma, guiada pelo meu Mestre, pôde perceber outras esferas, outros planetas, e outros mundos felizes e radiosos de luz.

> Pois os que têm a felicidade de ser os intermediários entre os dois mundos são privilegiados; têm uma graça misericordiosa pelo dom sagrado que os vincula a nós, para transmitir e revelar ao mundo as verdades.

∞

Allan Kardec me Revela Minhas Vidas Anteriores

Allan Kardec, fundador do espiritismo, foi um homem universal que nos legou uma filosofia divina universal, que está gravada em seu túmulo e que se resume da seguinte maneira:

"NASCER, MORRER, RENASCER DE NOVO E PROGREDIR SEM CESSAR, ESSA É A LEI. SEM CARIDADE NÃO HÁ SALVAÇÃO."

> Vim de esferas radiosas até a sua alma, e a escolhi para ser a minha mensageira, para revelar ao homem a realidade, as provas da existência do mundo maravilhoso dos Espíritos...
> É a alma que desperta, em transe, num mundo... e revela o segredo.
> É a metamorfose, o retorno de suas vidas anteriores, o espelho de suas vidas

passadas e dos mundos, com os diferentes atributos de beleza que assinalaram os instantes felizes que lhe revelamos. Você pôde assistir a cenas com atitudes que caracterizaram uma época que pertence ao passado.

Você tem um invólucro terrestre e uma personalidade que são diferentes em cada passagem pelos lugares nos quais você evolui, em companhia de seres que conhece. Esse é todo o mistério.

É um regresso a uma de suas vidas, na qual o espírito atravessa séculos e todos os pensamentos. Todos os acontecimentos estão gravados em você e se refletem como imagens num espelho. É o véu misterioso. É a evolução espiritual de sua alma eterna.

É o mistério do renascimento que nós lhe desvendamos por completo. Como as profundezas do Céu difundem os raios do sol ou das estrelas, a vida se esclarece na luz da Verdade. É a sucessão das existências e dos tempos passados.

Eu lhe transmiti suas vidas anteriores, nas épocas em que você as viveu, séculos atrás, no seu mundo.

Você precisou de dez anos para compreender os segredos guardados do nosso mundo. Lá estavam os mistérios que era preciso que você conhecesse.

Mas, hoje, chegou o momento; você está pronta para saber o que você foi nos tempos passados em que você viveu, levando uma vida de labuta em prol do seu mundo... com o apanágio de personalidades que a cercaram na época em que Deus desceu a Moisés, e quando, mais tarde, os profetas promulgaram as Sagradas Escrituras. Nessa época remota, você estava entre os grandes. Eu lhe disse quem você representou... e você está prestes a saber e compreender que não é por acaso que está na Terra hoje.

Esses seres fecundaram grandes obras, escritas no seu tempo, traduzindo imagens e inspirações variadas que vinham revelar essa época.

Numa visão, meu guia divino aparece e fala:

Numa visão, você viu o profeta Ezequiel, vestido com um longo manto de burel, sorrindo para você. Vários profetas o rodeavam. Você ouviu o nome dele.

Em outra visão, você viu muito perto de você o rosto de um homem jovem. Ele estava em pé, diante de uma janela, muito bonito, sorrindo, vestido de cinza.

Você ouviu bem nitidamente: "Daniel, o profeta." Depois ele desapareceu.

Sim, eles vieram para se dar a conhecer.

Nessa época, nossas vidas se cruzaram e nós prosseguimos.

Era preciso que você conhecesse a evolução e o percurso do seu Espírito em diferentes épocas da cultura. Tantos séculos depois, eles vieram até você, pois nos ajudaram na nossa missão, aquela que você deve revelar ao mundo. Você os viu, mas não os reconheceu. Eles tiveram de falar com você e se identificar nominalmente.

Era importante que você tivesse ajuda. Sua tarefa é árdua, mas imensamente necessária para o mundo celeste dos Espíritos.

Freqüentemente, nossos caminhos se cruzaram com os de pessoas com quem convivemos.

O tempo passa mas, lembre-se, você teve de tornar a percorrer o tempo e os séculos. Para você, suas visões são revelações.

Você hesitou quando, ao despertar, revelou algo que achava que não passava de um conto. Nesse dia, você não compreendeu a importância da informação nem o que ela representava. Depois ficou sabendo quem foi aquela criatura esplêndida que marcou os séculos. Você deve saber também que ela marcou uma de suas vidas.

Essa maravilhosa viagem astral foi planejada. Você compreendeu que se tratava de um retorno a uma de suas vidas anteriores, muito distante, e que estava gravada no tempo e nos mundos.

Você ouviu:

"Nefertiti, esse retrato é inestimável!"

Você viu uma mulher de majestosa beleza, vestida como na sua época. Ao lado dela havia uma amiga que você reconheceu, e ela carregava um retrato de Nefertiti.

Esse retrato maravilhoso a representava em todo o seu esplendor, e era feito de mosaicos cujas cores eram aureoladas de azul.

Nefertiti e o Faraó participaram da introdução, no Egito, da religião do Deus único, o monoteísmo, cuja divindade era o Sol Aton.

Esse era o mistério que era preciso que você soubesse, pois a sua missão é da vontade de Deus.

Esse reino que você viu, em cujo seio você viveu, muito perto dela, teve a sua participação para a eclosão da religião monoteísta.

Mas, você sabe, estamos sempre no presente e no infinito.

Através de suas visões, retratamos e descrevemos suas vidas terrestres, que marcaram épocas bem precisas da evolução do mundo e das religiões.

Você teve a revelação suprema dos mistérios de suas reencarnações. Suas faculdades nada mais são que um raio do Espírito divino...

A sucessão de existências está sempre inscrita no nosso espírito, na luz divina. É a alma que se educa através de nossas vidas terrestres, de maneira constante.

É a evolução da raça humana.

Os grandes segredos não foram revelados senão para os que sabem compreendê-los, pois o homem não enxerga além do fim do seu caminho.

Krishna disse a seus discípulos:

"Vocês e eu tivemos vários nascimentos. Os meus eu os conheço, mas vocês não conhecem os seus. Embora, pela minha natureza, eu não seja mais obrigado a renascer e morrer, todas as vezes em que a verdade declina no mundo, sucumbindo diante da injustiça e da perversidade, torno-me visível e, assim, volto de tempos em tempos para assegurar a salvação. Eu lhes revelei o grande segredo; vocês percebem a sua finalidade, a massa não vê mais do que o fim do caminho."

∞

Conhecimento de Vidas Anteriores

Meu corpo nasceu ontem, meu pensamento é velho como a humanidade e remonta à origem do mundo.
(Pensamento Budista)

Quando o homem morre, o Espírito reencontra todos os que conheceu na Terra, e todas as suas vidas anteriores se desenrolam em sua memória, como num espelho.

Quando o homem regressa à Terra, sua alma perde momentaneamente a lembrança de suas existências anteriores, como se um véu as cobrisse.

O esquecimento das existências anteriores é uma dádiva de Deus que, na sua bondade, deseja poupar o homem de recordações o mais das vezes penosas. A cada nova existência, o homem é aquilo que faz de si mesmo. Para ele, é um novo ponto de partida.

As existências futuras não podem, em caso algum, ser-lhe reveladas pois elas dependem unicamente da maneira como o homem realiza e cumpre sua existência presente.

As existências anteriores podem ser-lhe reveladas por via mediúnica, mas só em certas circunstâncias e pela vontade de Deus e dos Espíritos superiores, com uma finalidade útil e de maneira inesperada e espontânea, sempre com a intenção de instruir a pessoa sobre as vidas que a elevaram espiritualmente.

"Você pode conhecer as existências passadas! Deus algumas vezes permite que elas sejam reveladas ... se for para a sua instrução, e então serão verdadeiras. Nesse caso, a revelação sempre acontece de maneira espontânea e totalmente imprevista." (Allan Kardec, *O Livro dos Médiuns*.)

∞

Revelação das Vidas Anteriores

Para você erguemos o véu sob o qual se esconde a verdade.

Se nós lhe demos a possibilidade de revelar as vidas anteriores, é na qualidade de um privilégio que Deus concede parcimoniosamente a seres dignos e sinceros.

Toda pessoa teve vidas terrestres que a elevaram, em contextos diferentes de costumes, lugar, classe, afinidades com as pessoas próximas, e que desconhece na vida presente, e que fatalmente a encaminham a regressar à Terra, para outras vidas de elevação espiritual.

Essas são existências que Deus permite que sejam reveladas, em condições de surpresa, para a instrução de quem as recebe.

É de forma espontânea que, em momentos de afinidade com a pessoa, sob a minha influência, você ouvirá no seu subconsciente o nome do país, do século, em que ela viveu numa de suas existências passadas, em diferentes contextos de vida.

Você vê a metamorfose da pessoa que está à sua frente e deve revelar-lhe o que ela foi numa de suas vidas anteriores. Você a vê reconstituindo-se em todos os seus detalhes, com imagens de seu passado, formas diferentes de beleza, de esplendor, com as atitudes, a linguagem, os atributos que a caracterizaram nos momentos felizes ou difíceis, em circunstâncias e locais precisos, da época em que ela viveu.

Aí está a felicidade de nos reencontrar, depois de tantas vidas, com pessoas que foram nossas conhecidas.

VIDAS ANTERIORES DE DOMINIQUE E DE SUA MULHER, EVELYNE

Para seus filhos, você deve voltar em 1993; alguns dias após ter tido a satisfação de ver publicado o seu primeiro livro, houve a felicidade do casamento de seu filho caçula, Dominique, com Evelyne. Foram instantes inesquecíveis. Depois, a vinda de Claudia, sua netinha, que foi um instante maravilhoso e de intenso contentamento.

Sim, Allan Kardec já me havia falado das vidas anteriores de Dominique, meu filho caçula, e eu já sabia que ele era um Espírito puro. Eu o tinha visto vivendo numa floresta, cercado por animais.

No dia em que, convidada à casa de seus filhos, você voltou no tempo, o deles, eu lhe disse que eles já tinham vivido há mais de 200 anos no Novo Mundo, no Arizona... Você os viu vestidos como naquela época, Evelyne com vestido longo e escuro, rodeada de crianças, a quem ensinava as regras da vida. Seu filho era mais jovem, mas você o viu muito perto dela.
O maravilhoso é reencontrarem-se século após século.

REGRESSO À VIDA ANTERIOR DE UMA GRANDE PERSONALIDADE LITERÁRIA

Ao amanhecer, aparece-me em visão o rosto sorridente do meu Mestre.
Depois, minha alma é transportada até um imenso palácio, muito antigo. Vejo um homem descer majestosamente uma grande escada feita de mármore branco. Está vestido com uma túnica e uma longa capa branca; na mão leva uma arma que lembra um sabre.
Allan Kardec me diz:

É um príncipe japonês. Samurai.

E vejo escrito em letras bem grandes:

Honra e redenção.

O homem se vira na minha direção, sorri para mim e eu reconheço M.L.

**Sr. Roger Martin
Ex-diretor de banco
Buenos Aires, Argentina**

*Mui querida Rose,
O tempo passa muito depressa. Estamos de volta a Buenos Aires.*

Pensamos muito em você, na missão que você realiza, há tantos anos próxima dos que esperam receber seu consolo e esperança. De vez em quando, gostamos de recordar algumas das manifestações graças às quais você aproxima dos humanos alguns dos mistérios, para eles inacessíveis sem a sua intermediação. Em particular, e no que me concerne, lembro-me da imagem que você descreveu de uma de minhas vidas anteriores.

Verdadeiro regresso através dos séculos a um passado da época bíblica, nele você me descreveu o personagem de "mercador de dinheiro", esse "outro eu", que trabalhava às margens do Nilo, um dos mais velhos ofícios do mundo, que hoje em dia designamos com o nome de banqueiro, rodeado de ouro e pedras. Essa imagem está freqüentemente presente no meu espírito, graças à rica e precisa descrição que você me fez dela. Para mim, tem um impacto muito forte.

É evocando essa lembrança inefável e comovedora de uma de nossas numerosas conversas que encerro esta carta ...

**Alicia Martin
12 de março de 1995**

*Querida Rose,
Ao ler a carta que meu marido lhe endereça, não resisto à tentação de acrescentar-lhe algumas linhas.*

Como ele aborda o tema das vidas anteriores, eu também tenho a lembrança dessa espécie de retrospectiva, que um dia você me confiou. Para mim foi agradável ouvi-la descrever a minha própria imagem, a de uma índia da tribo Guarani, em que eu teria um rosto anguloso e cabelos de ébano, remando numa das agitadas corredeiras da região sul dos Andes. Esse momentâneo retorno às origens, que vivi graças a você, foi muito intenso.

Fiz questão de me aliar ao meu marido nesse depoimento sobre o que são lembranças sempre agradáveis de nossas longas conversas.

Com minhas afetuosas recordações... e no aguardo do prazer de vê-la em breve.

VIDAS ANTERIORES DO
SR. ÉVARISTE M., DE GUADALUPE

Em janeiro de 1994, quando de minha passagem por Guadalupe, depois do almoço, estou sentada diante de Évariste. No silêncio, ouço no meu subconsciente o murmúrio do nome de uma ilha, Sri Lanka.

É o meu guia falando que Évariste viveu com seus pais no Sri Lanka, país do qual eu jamais havia ouvido falar.

Novamente eu o vejo em outra vida, mais jovem, vestido segundo o costume japonês, cercado por crianças, e ouço o meu guia me dizendo: "Ele nasceu e viveu no Japão, em Hiroshima." Também ouvi "Nagasaki; sua vida acabou num incêndio."

**Évariste M.
Guadalupe**

Minha querida Rose,

Em janeiro de 1994, quando você esteve em Guadalupe, subitamente recebeu uma comunicação. Eu a vi erguer a mão à orelha para ouvir, interrompendo a nossa conversa. Depois de alguns segundos, você me perguntou o que era Sri Lanka. Diante da minha resposta, você me afirmou que eu era originário desse país, pelo lado paterno (realmente, minha avó paterna era proveniente do sul da Índia).

No século XVIII, "em outra vida, nasci e vivi no Japão, em Hiroshima. É por isso que, desde o desastre da bomba atômica, minha alma sofre a dor dos seres desse país".

Posso confirmar para você que, no correr da primeira quinzena de agosto de 1945, no momento do desastre da bomba atômica, meus pais me encontraram em coma, no início da tarde, estado que durou vários dias, durante os quais fiquei hospitalizado. Sem nenhuma explicação de ordem médica.

Você também me informou que, no decorrer de uma vida anterior, eu fui um sábio japonês que me ocupava da educação de crianças e que havia perecido num incêndio que destruiu a casa, mas as crianças foram salvas. E também me perguntou se Hiroshima ou Nagasaki não despertavam em mim nenhuma recordação.

Era por isso que, durante anos seguidos, eu sonhava que estava no meio de ruínas e que andava até me esgotar sem jamais conseguir sair dali. Via algumas vezes, em sonho também, textos orientais escritos que nunca consegui decifrar.

Querida Rose, eu lhe agradeço por todas essas revelações.

Jacques e Danielle Marguet
Brignoles

Eu gostaria de lhe expressar toda a nossa admiração por seus dons excepcionais, fora do comum.
Lembramo-nos com emoção de um dia do mês de agosto, no qual estávamos no terraço. De repente, você não estava mais presente; tinha se tornado totalmente ausente, imersa em meditação. Estava regressando a nossas vidas anteriores, sentindo as nossas angústias, as emoções de então, com detalhes perturbadores. Um amigo que estava presente revelou que havia sido nosso filho; você o viu se afogando com detalhes bastante precisos. Nós dois temos arraigado no mais fundo do nosso ser um imenso pavor da água, e também amor por esse homem que nos surpreende. Você nos ajudou a nos reencontrar e a nos compreender.
O diálogo que você entabulou com meu pai foi tão convincente quanto preciso, abordando uma porção de fatos que você não teria como saber.
Obrigada, querida Rose, por estar aí; obrigada por existir, por ajudar os outros a suportar suas provações. Você está sempre presente no momento dos golpes duros, e nós a amamos.

Paul Steiger
Assessor jurídico
Nice

Permita-me escrever-lhe algumas palavras com a intenção de registrar as revelações que você me fez sobre minhas vidas anteriores.
Ignoro se isso terá alguma influência sobre o presente ou sobre o futuro, mas, nesse ínterim, pude discernir no meu comportamento as possibilidades de uma semelhança perturbadora.
Durante uma visita, você me disse que havia tido a visão de uma vida anterior.
Tratava-se de um país do norte da África, perto de Tamanrasset.
Você descreveu um palácio como o que existe lá, muito perto de um oásis.
Inicialmente, descreveu-me a visão de um harém com suas mulheres, belas e suaves, que pareciam todas aguardar com calma.
Em toda parte, você via a opulência e a riqueza, o bom gosto e a força.
Você riu ao me ver lá e pareceu-lhe muito natural saber-me à frente dessa fortuna toda, comandando todas as pessoas que me cercavam. Homem de poder, com várias mulheres!
Será esse ainda o reflexo de minha vida presente?
Se admitirmos que o tempo passa e tudo se consome, evidentemente restam alguns traços... perturbadores.
Agora tudo isso está anotado e não fugirá da memória.

VIDAS ANTERIORES DE MINHA NETA GRACE

Numa visão, vejo o grande salão de um castelo cujas colunas são revestidas de cetim rosa e branco, quadros magníficos, alguns dos quais muito antigos, objetos muito belos, vasos esplêndidos com suntuosos buquês de flores.

Numa escada majestosa, uma linda garotinha de cabelos louros e cacheados vira-se na minha direção, sorri para mim e depois me faz um sinal com a mão, dizendo: "Sou do século XIII e vivi no país de Gales."

Meu guia me diz:

> Sua netinha é a reencarnação dessa criança.

Hoje, eu compreendo essa visão. Essa criança me lembra o rosto de minha netinha, que acaba de completar 8 anos.

∞

Outros Mundos...

> *Cristo disse: "Meu reino não é deste mundo."*
> (João, 36-37)

Os mundos são salões onde as pessoas se reúnem, de preferência por causa das afinidades que existem entre elas. Alguns mundos são mais avançados que outros.

Muitas vezes, o Espírito de uma criança que nasce entre vocês pode vir de um outro mundo em que os costumes eram diferentes. Esse ser que vem para junto de vocês, com seus hábitos, entusiasmos, paixões, preferências, muito contrários aos seus, se encarna entre vocês no momento do nascimento, pela vontade de Deus.

Todos os seres vêm se misturar, todos os pensamentos, todos os caracteres, todas as variedades são geradas nesse vasto oceano da vida, numa multidão de outros mundos aos quais se elevam todos os humanos. E vocês mesmos, quando morrerem, serão como crianças junto a seus pais.

Nos mundos avançados estão os Espíritos superiores. O Espírito pode se reencarnar tanto no nosso mundo como em outros planetas, cuja existência se desenrola em condições de mais harmonia que no nosso globo, e nos quais não são admitidos senão os Espíritos que atingiram certo grau de elevação e perfeição.

A vida nesses globos avançados é uma recompensa. Os seres estão livres das provas e vicissitudes da vida na Terra, e não estão mais sujeitos nem a moléstias nem a enfermidades. Os homens vivem em paz. Eles se elevam pelo trabalho e pela inteligência. Não existe nem egoísmo nem orgulho. Nesses globos superiores, reina a fraternidade, e eles são verdadeiros paraísos onde os Espíritos puros transmitem o fluido universal.

Existem mundos apropriados aos diferentes graus de avanço dos Espíritos. Quanto menos avançado é o Espírito, mais o invólucro corporal que o reveste é pesado. À medida que ele se purifica, passa para os mundos superiores. A Terra é um dos mundos mais atrasados.

A Terra ainda é um dos últimos globos onde os seres são apegados à matéria. Essa é a razão pela qual o mal a domina. Sendo a Terra um mundo inferior, o homem deve evoluir e se elevar na direção das leis de Deus Todo-Poderoso.

Os Espíritos puros vão na direção dos mundos inferiores para levar até lá os germes do progresso, o consolo e a esperança, e soerguer a coragem dos seres abatidos pelas provações da vida.

Às vezes, o Espírito superior se encarna para realizar sua missão com mais eficácia, guiado por Espíritos que lhe transmitem o fluido universal. O sol é um ponto de radiação.

O Espírito permanece unido por laços afetivos a seus familiares. Seus sentimentos não são extintos pela reencarnação; ao contrário, são fortalecidos. Assim se formam grandes famílias espirituais no seio das quais cada Espírito irradia suas próprias qualidades e se penetra de eflúvios serenos, que emanam do seu contexto.

Depois de um lapso de tempo mais ou menos longo, no decorrer do qual o Espírito permanece nas esferas de luz, pode acontecer a encarnação, na Terra ou em outros planetas, mas sempre com um corpo humano. A nova existência pode ser progressiva ou estacionária, mas ela jamais retrograda.

Quando os Espíritos progrediram num mundo, eles o deixam para reencarnar em outro globo mais avançado, prosseguindo com seu avanço e melhora, através de novos conhecimentos, até que, quando a reencarnação se torna inútil, depois de atingido o cume do progresso, eles desfrutam da suprema felicidade. Recebidos no seio do pensamento do Todo-Poderoso, tornam-se Seus mensageiros para a transmissão de ensinamentos ao mundo.

∞

...Outros Planetas

Jesus disse: "Existem muitas moradas na casa de meu pai."
(João, 14:2-3)

Recordarei para sempre a importância e a beleza das visões astrais que me foram oferecidas:

— em 23 de janeiro de 1995, ao raiar o dia, minha alma paira muito alto no céu. Ao longe, no firmamento negro, brota uma chuva de luzes brilhantes, de cores maravilhosas, que descem sobre a Terra. Depois, estou sobre um terreno baldio, onde vejo uma cratera. Seres vestidos de uniforme cinza brilhante e munidos de instrumentos escavam esse local.

Em outra visão, deixando de lado minhas faculdades, sou projetada na direção de outros planetas. Vejo seres diferentes de nós, menores, vestindo cores luminosas. Estão sobre grandes rochedos de frente para o mar; outros passeiam, enquanto as crianças brincam na areia. Os raios do sol, de forte intensidade, se refletem no mar, brilhando na sua beleza.

Em outra viagem astral, minha alma paira sobre um planeta. Aparecem-me seres muito maiores e muito mais bonitos do que nós, vestindo trajes de material brilhante e ligeiramente escuro. Na linha do horizonte, vejo jardins paradisíacos e cidades exuberantes.

À medida que o sol desce, o céu de um vermelho vivo se fecha, astro após astro, até o mais brilhante fulgor, que então me ofusca e se esparge pelo mar, desvanecendo-se pouco a pouco diante de meus olhos.

∞

Visão da Atlântida

*O homem não pode ir contra
os desígnios de Deus.*

Perceba a amplitude de uma tal revelação.
O mistério continua intacto.
Em viagem astral, sua alma paira sobre uma imensa cidade dissimulada sob o solo, embaixo de uma cúpula de vidro azulada.

Você pôde ver essa cidade, Atlântida, pôde ver seus laboratórios, tão avançados, tão competitivos, mas a vida dela se resumia nisso. Homens e mulheres — maiores que os de hoje em dia — realizavam os mesmos trabalhos.

A inteligência deles tinha sido posta a serviço de um saber suprassônico e supraterrestre, para poderem se comunicar com seres de outros planetas.

Sim, eles podiam viajar pelo espaço. Essa era a sua razão de ser, o seu objetivo; não eram mais homens de Deus. Tinham se tornado verdadeiros robôs humanos ...Mas tudo desapareceu para sempre. Deus aplicou a justiça divina e deu cabo desse reino que se encerrou com a definitiva destruição de Atlântida pelas águas.

O homem quis ir além de Deus, contrariando Suas leis.

A Atlântida foi aniquilada para sempre sob as águas. O continente foi dividido...

Isso aconteceu na região do Caribe, na península dos Açores, perto das Bermudas. Foi um abalo que se propagou até os Urais; nesse abalo, uma parte das terras do globo foi engolida em alguns segundos, para todo sempre, pelas águas.

A Atlântida tem representado ao longo dos séculos um fascinante mistério para todos os povos.

O próprio Platão nos deixou escritos inacabados sobre uma cidade engolida pelas águas, um mundo perdido para sempre. Desse império desaparecido resta o mistério que continuará inacessível a toda criatura.

∞

O Edifício da Alma

> *É certo que os vivos nascem dos mortos e que as almas dos mortos tornam a renascer.*
> (Fedro)

Da mesma forma como a morte do corpo é uma espécie de renascimento para o Espírito, a reencarnação é uma espécie de morte, ou melhor, de exílio nas trevas. O Espírito deixa o mundo celeste onde está feliz, para ingressar no mundo do corpo, como o homem deixa o mundo do corpo para ingressar no mundo maravilhoso dos Espíritos. O Espírito sabe que se reencarnará, como o homem sabe que morrerá.

No momento da encarnação, o Espírito vai acompanhado de seus amigos. São os Espíritos que estão nas esferas celestes, onde reina a afetividade e que, em geral, seguem-no pela vida.

Mas, a partir do instante da concepção, a tribulação começa a se apoderar do Espírito, advertido de que chegou o momento de ingressar numa nova existência. Essa tribulação se mantém até o instante mesmo do nascimento. À medida que vai se aproximando o momento do nascimento, as suas idéias se apagam, assim como a memória do passado, do qual ele deixa de ter consciência. É uma espécie de angústia extrema para o Espírito, como no caso do agonizante... O Espírito se encarna definitivamente no corpo no instante em que a criança vê a luz e emite seu primeiro grito.

∞

A Reencarnação de Minha Mãe

> *Platão diz: "Não tenteis compreender o homem do nascimento à morte, mas sim da morte ao nascimento."*

Nas visões astrais, minha mãe, falecida há 40 anos, aparece sempre nos momentos difíceis ou felizes da minha vida, irradiando alegria e contentamento nos espaços celestes.

Bem mais tarde, numa viagem astral, pela primeira vez eu a vejo vestida de preto. Está muito angustiada e chora. Ela me diz: "Vou partir, é o fim. Acabo de reservar um lugar."

Hoje, Allan Kardec me explica:

Você compreendeu o sofrimento do Espírito de sua mãe que, realmente, tinha acabado de fazer a escolha de uma concepção, de assumir um envoltório terrestre, uma personalidade, um país, e essa angústia vai durar os nove meses, que é o tempo necessário para que seu Espírito se encarne no momento do nascimento.
Depois de nove meses, o Espírito de sua mãe deixou o nosso mundo celeste para se reencarnar na Itália.

"Observamos que São João (I: 13) nega abertamente a parte dos pais no nascimento da alma, quando diz: 'Aquele que não nasceu do sangue, nem da vontade da carne, nem da vontade do homem, mas da vontade de Deus.'
"A reencarnação é um ato voluntário do Espírito e não uma conseqüência exclusiva das relações carnais de seus pais.
"Jesus disse a Nicodemos: 'Renascimento espiritual...'
"'O que nasce da carne é carne. O que nasce do Espírito é Espírito. Não vos admireis com o que eu disse, deveis nascer de novo.'" (João, 3:5-8)

A ALMA ENTRA NO CORPO DA CRIANÇA NO MOMENTO DE SEU NASCIMENTO

Esta passagem é o princípio da pré-existência do Espírito:
Assim falou Jesus a Nicodemos, no silêncio da noite profunda em Jerusalém:
"O Espírito sopra onde quer, e ouves a sua voz, mas não sabes de onde ele vem, nem para onde vai; aconteceu o mesmo para todo homem que nasceu do Espírito." (São João, 3-8)
O Espírito se encarna no momento do nascimento. Freqüentemente, ele vai de novo ao encontro de sua família.

É preciso que o mundo compreenda:
Por seu livre-arbítrio, o Espírito escolhe no momento da concepção seu envoltório terrestre, o país, a raça e a personalidade, e se encarna no momento do nascimento. Deus criou as leis que regem os mundos.
O Criador deu ao homem seu livre-arbítrio, mas ele tem sua consciência para dirigi-lo. É ele o responsável pelas tribulações dessa vida que ele escolheu.
Mas o karma não é uma palavra vã, ele existe e depende do encaminhamento que vai conduzir o homem rumo à missão ou às provas, no momento de sua reencarnação, de sua passagem pela Terra. O Criador lhe dá as possibilidades, mas a fatalidade é conseqüência dos feitos do homem.
É por isso que o Espírito escolhe por si mesmo as provas às quais se submete voluntariamente, assim como todas as vicissitudes da vida terrestre. Sua alma, de passagem pela Terra, compreende seu destino e quer progredir sem cessar.
O livre-arbítrio se desenvolve no Espírito, ao mesmo tempo que as idéias. Deus

diz: "Vocês podem pretender a suprema felicidade, conquanto tenham adquirido os conhecimentos que lhes faltam e cumprido o que se propuseram realizar. Trabalhem, portanto, para a própria evolução. Eis o objetivo: vocês o atingirão quando seguirem as leis que imprimi nas suas consciências."

A encarnação, em princípio, não é imposta ao Espírito como uma punição. Ela é necessária à realização das obras de Deus, e todos devem submeter-se a ela. Somente aqueles que trilham a senda do bem avançam mais depressa rumo à consecução de seu objetivo, e então o atingem em condições menos penosas.

Não é Deus quem inflige as vicissitudes da vida como provações. Deus não criou o mal; os tormentos, os embustes, os acontecimentos são todos conseqüências da escolha feita pelo Espírito. Pode depender do homem modificar-lhes o curso.

Deus é soberano, justo e bom, e concede ao Espírito tantas existências quantas forem necessárias para atingir a perfeição. O Espírito não pode alcançá-la em uma só encarnação. Cada existência é um passo adiante na via da evolução.

Os Espíritos não permanecem eternamente no mesmo nível. Todos progridem ao passar por diferentes graus de hierarquia da inteligência.

Por isso é que as existências terrestres são necessárias aos Espíritos inferiores. Elas não são mais obrigatórias aos Espíritos que progrediram na elevação espiritual.

A cada encarnação, os Espíritos vêem o passo que deram rumo à maior pureza, assim como o que lhes falta percorrer para alcançar seu objetivo. Vocês devem trilhar o caminho mais curto, que é o do bem.

Quando chega a hora da morte, em que o homem se submete à inexorável lei da fatalidade, quando chega o momento, o homem não pode furtar-se a ele. Não pode escapar ao termo fixado para o fim da sua vida, assim como do tipo de morte que deve interromper sua existência.

O aperfeiçoamento do Espírito é fruto do seu trabalho. Não podendo, numa só existência corporal, adquirir todas as qualidades morais e intelectuais que devem encaminhá-lo à consecução de suas metas, ele as atinge mediante uma sucessão de existências, e em cada uma delas dá alguns passos adiante no caminho da própria evolução.

Em sucessivas encarnações, o Espírito se despoja de suas impurezas e se aperfeiçoa. Por meio de seus esforços, chega ao fim de suas existências corporais. Pertence então à categoria dos Espíritos puros, ou mensageiros, e então goza da vida completa em Deus e de uma bem-aventurança imaculada pela eternidade afora.

Como os homens estão em expiação na Terra, Deus, na qualidade de bom pai, não os deixou desprovidos de guias. Cada qual tem um Espírito protetor ou anjo da guarda, que vela por ele, e se esforça segundo seu próprio poder para conduzi-lo pelo bom caminho. Existem também os Espíritos em missão na Terra, Espíritos superiores, encarnados em diversas épocas, junto àqueles, para iluminar o caminho e levar a humanidade adiante.

No mundo celeste, há por toda parte esplendores, harmonias e sensações. A suprema felicidade existe para os Espíritos superiores. Eles a alcançam depois de haver progredido por se elevarem espiritualmente, a fim de ir repousar num mundo melhor, junto a seres privilegiados.

Nos primeiros séculos, o termo reencarnação existia na Bíblia, mas foi expurgado, eliminado.

"O Evangelho de João fala como ele via nos milagres da cura muitas parábolas vivas da libertação espiritual que sempre, para ele, é a passagem da morte à vida, das trevas para a luz." (João, 1:4-9; 3:19-21; 9: 5; 1:5-7)

Todos esses detalhes velados hoje se esclarecem por meio da luz viva da doutrina espírita.

"*Jesus disse a Nicodemos: 'Renascimento Espiritual.'*

"*E Jesus disse: 'Em verdade, em verdade vos digo, pessoa alguma verá o reino de Deus a menos que nasça de novo.'*

"'*Mas se vós não credes em mim quando vos falo das coisas da Terra, como ireis crer em mim quando eu vos falar das coisas do céu?'*" (São João, 11:3-8)

"*Para o pensamento hindu, e para o pensamento grego, o mundo é um eterno recomeço. A roda da vida gira como a roda das estações; civilizações nascem e morrem.*

"*Platão diz: 'O Espírito evolui, e não regride jamais; a alma não perde nenhuma de suas aquisições. Ela progride e nunca regride. Jamais perde sua individualidade. Não leva consigo nenhum de seus bens materiais.'*

"*Segundo Sócrates, os homens que viveram na Terra se encontram após a morte e se reconhecem. O espiritismo... nos mostra continuamente os relacionamentos que eles tiveram, de tal sorte que a morte não é uma cessação da vida...*"

∞

Encaminhamento da Alma Eterna

> *Jesus diz: "Deixai vir a mim as criancinhas. Delas é o reino dos céus."*
> (Marcos, 10:13-16)

Eu a escolhi por sagrado impulso, pois você estava pronta para receber o que iria ser sua missão para o mundo. Você iria descobrir, na nossa intensa comunicação, com a misericordiosa graça do divino, a revolução de sua vida, que se encaminhou para o nosso mundo, na divindade, quando você não era senão uma mulher humilde que tinha passado por várias vicissitudes na sua vida terrestre.

Você teve de sofrer e de ver, durante toda a sua vida terrestre, pesadelos e situações trágicas que poucos outros padeceram. Mas você sempre permaneceu digna. No mais profundo desespero, sua fé em Deus se manteve inabalável, embora você não fosse praticante.

O que você viveu ao longo dos séculos, em suas vidas anteriores, não é mais do que o reflexo da sucessão de feitos que a conduziram à elevação espiritual a Deus, em uma abnegação sempre renovada que a eleva, hoje, até nossa harmonia entre os dois mundos.

Esse privilégio dos espaços divinos onde eu a guiei não é fruto do acaso.

Sua verdadeira dor, a morte de seu filho adorado, Gilbert, quando ele tinha dez meses, na época em que você acabara de completar 21...

Sim, por seu filho Gilbert você hoje compreende melhor porque lhe mostrei aquele terrível acidente de Zeebrugge, que tanto a fez sofrer.

Mas retomemos o fio do tempo; saiba que aquele que foi seu filho já foi um Espírito puro, muito avançado espiritualmente. Por seu livre-arbítrio, ele havia feito a escolha de um complemento de existência por um tempo determinado. Se a vida terrestre dele foi abreviada, essa foi uma prova que você teve de suportar, em nome da sua elevação.

Você deve compreender que o Espírito de seu filho se reencarnou no corpo dessa criança que morreu no acidente de Zeebrugge. A fatalidade e sua morte são feitos do homem. Era preciso que você compreendesse o encaminhamento da alma eterna. Ela persegue a missão que escolheu.

A vida da criança pode ser para o Espírito, reencarnado nela, o complemento de uma existência interrompida antes do tempo planejado, ou uma provação para os pais.

O espiritismo nos ensina que a criança não é absolutamente um Espírito de criação recente, mas um Espírito freqüentemente bastante elevado. Para a criança, a vida do Espírito exige numerosas vidas corporais. A cada existência, sua passagem pela Terra é mais ou menos curta; cada existência terrestre é para ele uma chance de progresso...

Mas a criança que morre recomeça uma nova existência.

Jesus disse: *"Como cada qual é recompensado segundo suas obras, dizei que em outra existência eles poderão cumprir o que não puderam fazer nesta, que foi abreviada."*

∞

No Alvorecer de uma Vida

A alma é filha do céu e sua viagem é uma prova.
(Hermes)

No alvorecer de uma outra vida, o mistério continua guardado no fundo de suas almas.

Depois que a vida trouxe toda a evolução que lhe foi possível, as inspirações mais celestes se dirigem para a alma ou o Espírito, que não são senão um só, e contribuem em conjunto para nossos destinos passados, presentes e futuros.

Assim se constrói os edifícios da alma, presente hoje assim como no passado e no futuro. Seu pensamento muda.

Mas o Espírito é e continuará sendo, mesmo nas diferentes culturas, fiel à elevação a Deus, no amor que trouxe aos que o cercaram, que lhe foram queridos, durante o encaminhamento de seus destinos passados, presentes e indeléveis.

Mais além dos embustes, das tormentas, a luz ilumina as almas puras e familiares. A felicidade de reunir-se aos seres que amou, para o Espírito que traz sua contribuição, é a divinização.

Os Espíritos puros trazem sua contribuição como estrelas para o mundo ao implorar a Deus pelo retorno, através da concepção de uma nova vida que, para a alma, é o começo de uma felicidade sem fim.
O amor é eterno e a felicidade se molda na eternidade.

∞

O Êxtase da Inspiração

Samuel disse: *"Outrora, quando alguém ia consultar Deus, dizia-se 'Vá ao vidente'. Pois aqueles que hoje chamamos de profetas, antigamente eram chamados de videntes."* (Samuel, 9:9)

Platão disse: *"O vidente, o poeta e o profeta, para receber a inspiração, devem entrar num estado superior, no qual seu horizonte intelectual é ampliado e iluminado por uma luz mais elevada.*

"Não são os videntes, os profetas ou os poetas que falam, mas sim Deus, que fala neles."

Não é simples encontrar as palavras justas para exprimir em termos claros certas visões que nos colocam em estado de êxtase, êxtase no qual todos os pensamentos terrestres se dissipam para serem substituídos por um sentimento mais aprimorado. Não podemos explicar para o mundo as imagens do mundo celeste que nos passam diante dos olhos.

Há muitos séculos, os profetas, videntes e médiuns têm sido privilegiados, pois se comunicam com os Espíritos. Esses seres, que foram "escolhidos", têm a faculdade de se elevar acima das coisas naturais e de entrever a radiação da perfeição suprema.

Os grandes gênios também são mensageiros do pensamento divino e são guiados pelos grandes Espíritos que os iluminam e os inspiram com os desígnios que Deus transmite ao mundo.

Sua missão é deliberada para o bem da humanidade.

É no silêncio das florestas, nas extensões de areia, no estado de prece e recolhimento, que o Espírito aparece ao homem. No cintilar das estrelas, no céu azul do Oriente, nos vales e montanhas, cria-se o edifício de todas as religiões e civilizações.

Em retiro no fundo de uma caverna em Moab, Maomé, fundador do Islã, escreve os versículos do Corão, conforme os vai ditando o anjo Gabriel, no monte Hirá. Preso de uma movimentação febril, em transe, Maomé cobre de letras pergaminhos que ele joga de lado. Ao serem reunidos e coordenados, esses pergaminhos esparsos contêm o Corão!

O próprio Cristo interroga o Pensamento Supremo e escreve a resposta na areia, a horas certas, como no caso da mulher adúltera.

Muitos gênios e profetas conheceram a identidade dos grandes Espíritos missionários de Deus que os guiaram e ajudaram, através dos tempos e dos mundos.

Os acontecimentos da história estão previstos e foram preditos. Só Deus detém a chave dos mistérios. Os grandes Espíritos com sua voz inscreveram nas almas puras, na harmonia entre os dois mundos, a comunhão secreta.

Sua alma guiada se encaminha às esferas celestes de beleza eterna, nos espaços infinitos, nos quais, sendo recebida, ela vê a fonte inextinguível de onde escorre a vida eterna, para depois trazer de volta ao homem as revelações do mundo divino, onde o Espírito contempla, em sua majestosa grandeza, o vasto império do mundo e das leis.

∞
A Inspiração dos Grandes Espíritos

A inspiração é uma sugestão dos Espíritos que nos revela o futuro e as coisas ocultas.
(Pitágoras)

Obras foram construídas, santuários erguidos. Os profetas difundiram, através do tempo, suas visões e mensagens durante sua passagem pelo nosso mundo. Inspirados pelos Espíritos superiores que os guiavam, marcaram os séculos e deixaram a marca de sua vidência e de seu gênio. Trouxeram seus ensinamentos, os quais estarão impressos para sempre na nossa história.

Em todos os tempos, os homens de gênio sempre admitiram terem sido inspirados pelos Espíritos, freqüentemente com sua entidade.

A cada página, a Bíblia nos oferece, desde o início dos tempos, a impressão deixada pelos enviados de Deus. Os Espíritos, no curso da nossa história, guiaram as almas quanto aos destinos do universo.

Eles foram enviados para aperfeiçoar e transmitir seu saber, com a intenção de levar os homens a perceber os ensinamentos divinos, o futuro, o porvir, no pensamento constantemente elevado para o belo, capaz de perceber a realização de obras sagradas, e na contemplação das grandes edificações dos cultos e dos acontecimentos.

"Os profetas, por meio de suas revelações e de sua inspiração, são uma sugestão dos Espíritos que nos revelam o porvir e as coisas ocultas." (Pitágoras)

Os grandes inspirados, os enviados, os gênios, os sábios, os poetas, voluntariamente ou não, conscientemente ou não, estão em contato com o Além. Fontes imutáveis de inspiração assistem-nos e colaboram com suas obras.

Seus nomes estão gravados por toda a eternidade, em sua glória, em suas obras, em suas grandes descobertas. Guiados e sustentados pelo Além, eles transmitiram seu saber, e suas almas estavam em harmonia com os Espíritos enviados por Deus para aperfeiçoar os destinos na contemplação de uma filosofia.

"Pitágoras nos falou de Psique:
"Psique é a alma humana. E que prodigiosa história de evolução da alma, cujo reino gigantesco não é nada menos que o universo...
"O Espírito de Deus único se manifesta eternamente no mundo. A verdade é o Espírito de Deus... é luz. Apenas os sábios, os videntes e os profetas a vêem... Tal como o ímã que atrai o ferro, da mesma forma nós, através de nossos pensamentos, de nossas preces, atraímos a inspiração divina."

∞

Os Grandes Inspirados

Deus moldou o mundo e a vida eterna.

Primeiro, sob a inspiração de Deus, Moisés se propôs a conduzir os homens ao conhecimento e ensinar-lhes os meios de viver em conformidade com eles.

Você sabe que sempre foi com muito afeto que recebi suas súplicas dirigidas a mim. Nossas aspirações se elevam acima das tormentas. Eu a inspiro e elevo na fé em Deus. Tudo o que eu lhe transmito por meio de ditados se destina ao mundo. Nossa missão é muito preciosa: proporcionar provas para os meios de comunicação de massa. Sua tarefa é imensa. Mas nós estamos numa mesma e total harmonia.

É uma delícia poder guiá-la. Nossas vidas se cruzaram e nós prosseguimos na nossa missão. Nossas almas, nesta nossa colaboração, devem aliviar incontáveis tristezas e divulgar a visão de um mundo melhor.

Muitos gênios foram guiados por Espíritos superiores em sua inspiração, desde que o mundo existe. Muitos séculos se passaram, muitas obras foram edificadas. Alguns homens construíram e outros destruíram, aniquilando monumentos, riquezas esplêndidas criadas por gênios que eram seres universais.

Mas desses esplendores sempre restam fragmentos que permitem um retorno no tempo...acontecimentos gravados nas pedras indestrutíveis e eternas, que oferecem as provas de um passado que remonta à origem da humanidade.

Conforme sua evolução e seus destinos, o homem tem marcado cada época de sua civilização. As leis fundamentais de Deus foram desviadas de Sua verdadeira vontade por seres de todas as espécies, através dos séculos.

Sábios, gênios, precursores sob influência e inspiração do Além, deixaram suas marcas nobres, do bem.

Esse é o mistério que cerca o homem a partir de nossa era.

As pedras milenares nos revelam, de maneira muito comovente, a fé eterna dos homens, suas civilizações, suas belas obras, seus valores artísticos.

Sob inspiração, grandes Espíritos criaram obras de gênio, esplendores que ultrapassam todas as dimensões humanas, em todas essas civilizações misteriosas e trágicas que de repente encontramos soterradas desde a noite dos tempos.

O homem de gênio reconhecido deve figurar num grande livro sagrado da história do mundo, onde seu nome estará gravado para sempre.

Meu guia divino, Allan Kardec, me diz:

> Você deve dizer que o homem da Antigüidade trabalhava com os braços e o coração. Ele não nascia para ter bens próprios, mas para elevar-se espiritualmente. As Leis de Deus são eternas.

∞

Os Escritos

> Moisés não escreveu a história da criação do mundo para aumentar a soma dos conhecimentos científicos. Ao inspirar os escritores sagrados, Deus quis apenas revelar-nos as verdades de ordem sobrenatural, pois elas superam o alcance do espírito do homem.

Esses escritos, gravados nas pedras, revelam apenas uma ínfima parcela da eternidade dos tempos e dos homens, desde a origem eterna, que não é nem princípio nem fim para o mundo dos Espíritos, no qual o tempo não conta jamais.

A transmissão se faz acima dos seres, pelo Divino, no vasto império dos Espíritos precursores, onde os ensinamentos do mundo foram transcritos em leis.

Na infindável tormenta, devemos abraçar e acumular as riquezas do pensamento, toda a filosofia da nossa história.

O Espírito de Deus aparecerá a Moisés no Monte Sinai e se fará reconhecer diante de muitos seres para iluminar o caminho deles com os raios da luz divina ou o eco de sua voz.

Com os profetas, foi o começo da nossa história, da Bíblia, que transformará o mundo e marcará os séculos com vozes vindas das esferas do Além, para esclarecer à luz dos tempos a palavra sagrada de Deus. Ela é a base fundamental. Os mandamentos divinos abrem uma nova era na universalidade de nossas almas.

A partir deles se constituíram as religiões dos povos. Sopros poderosos encaminharam legiões de homens que perceberam o firmamento do infinito.

O Mundo É Eterno

As palavras que eu vos digo, não as digo de mim;
mas o Pai que habita em mim faz as suas obras...
(João, 14:10)

Este mundo é eterno, mas não é o único. Existem outros planetas e mundos que são regidos pelas Leis fundamentais do Divino. Deus conduziu e moldou a eternidade dos globos terrestres e supraterrestres, nossa alma e nosso Espírito, desde a origem. Mas o tempo não existe — nem o começo, nem o fim.

Mas onde está Ele, já que o tempo não existe e nem o fim? Esse é o mistério que Deus Todo-Poderoso detém.

Nós somos seus filhos. Todos conhecemos as leis que os sopros da divindade elevaram nos espaços e nos corações; elas são o edifício do mundo que gira como os planetas, há séculos.

O Espírito de Deus desceu ao mundo. Apareceu a Moisés, aos profetas. Os Espíritos se revelaram por toda parte nos Escritos que encontramos em todos os cultos e nos lugares santos.

Depois Deus enviou seu Filho para transmitir ao homem sua palavra de amor e verdade para apaziguar o mundo. O Espírito Santo, o Cristo, falou de Deus diante dos homens.

As curas e os milagres aconteceram pela imensa caridade e pelo imenso amor de Cristo. A Bíblia não nos conta senão uma parcela ínfima. Os Espíritos dos Santos falaram do mártir Cristo e de Sua ressurreição. O próprio Cristo disse ao homem incrédulo: *"Meu reino não é deste mundo."*

As Leis de Deus são eternas. Diante das incertezas do homem, nos desertos, no silêncio das florestas, no rumor das vagas, na solidão, na meditação, no recolhimento, na fé profunda, Deus criou o edifício das Leis celestes de todas as religiões.

Para alcançar a perfeição, é preciso elevar-se ao ser divino que existe em cada um de nós.

∞

Os Profetas

Jesus disse aos fariseus: "Em verdade,
vos digo: antes que Abraão existisse, eu já existia."
(João, 11:58)

Refazendo o curso da história na Bíblia, destacamos o nome dos "profetas", que, inspirados, fizeram a história e os livros sagrados. Eles esclareceram o mundo a respeito de muitos mistérios bem guardados e se revelaram como belas flores que aparecem no mundo.

Os Espíritos transmitiram ao homem o sentido oculto dos destinos; à alma, o germe de todos os tempos que cresceu através dos séculos. Filósofos, poetas e historiadores marcaram os tempos pelas palavras sagradas que trocaram com os Espíritos.

Havia tanto fervor em sua comunhão com a palavra divina que ela foi entendida pelo homem no esplendor do infinito, que a luz brilha nas almas tranqüilas que se converteram em mensageiras do nosso tempo.

Na noite negra da tristeza, num mundo adormecido, eles levavam a tocha. Suas palavras e seus escritos reaqueceram muitos corações para o Divino. O nome daqueles que falaram da eternidade do Espírito figura nos textos sagrados.

É nos caminhos crivados de provas e adversidades, no decurso de guerras que aniquilaram legiões de homens, é no sangue, no desespero e nas lágrimas, que as criaturas imploram pelo divino. Suas preces e sua fé lhes trazem renovação ao reencontrarem a paz.

∞

Profetas e Profetisas

Eu vi, e eis o que diz o Senhor: "Colocarei minhas palavras em sua boca."
(Deut., 18: I, 8)

Desde os tempos mais longínquos, sempre existiu o contato entre os seres vivos e os mortos. Desde a época do Egito, dos Vedas na Índia, dos mistérios gregos e dos documentos de todos os povos, escritos em pedra e em monumentos, encontramos a crença universal nas manifestações dos Espíritos.

A mulher, tal como o homem, sempre recebeu as faculdades da mediunidade. Dessa forma, houve profetas e profetisas e as mais célebres foram Maria, irmã de Moisés, Débora, Ana, mãe de Samuel, e Judite...

Na Grécia, à margem dos rios, ouvindo o murmúrio das ondas, Pitágoras ensina aos seus discípulos os mistérios divinos e, por intermédio de Teocléia adormecida, conversa com os Espíritos invisíveis. A Antiguidade soube reconhecer a alma feminina, cujas faculdades desabrocham nos mistérios sagrados.

Na Gália, em torno de um altar de pedra, sob a abóbada dos carvalhos, à beira-mar, ouvindo o rumor das ondas, nas ilhas secretas, nos templos...a comunhão dos seres com os Espíritos era praticada.

Por toda parte o homem interroga a morte e o Espírito lhe responde.

No Egito e na Grécia, as sacerdotisas recebiam um ensinamento que as tornava seres sagrados, gênios que se alimentavam nas fontes do invisível. É às suas sensações sublimes e adivinhações misteriosas que se devem a força e a extraordinária grandeza das raças grega, egípcia e celta.

Na Antigüidade, videntes célebres, dotados de poderes maravilhosos recebiam seus dons do céu.

A Igreja romana deleitava-se em encarcerá-las e torturá-las, acusando-as de bruxaria. A condenação de Joana d' Arc continua impressa na nossa memória ... Durante catorze séculos, a Igreja romana executou mais de meio milhão de homens e mulheres sob o pretexto de serem feiticeiros.

A Igreja romana nunca compreendeu a mulher. Os prelados e padres, vivendo em celibato, nunca apreciaram o encanto e o poder da mulher, que se revela em seu papel sublime... esse ser delicado nas quais vêem um perigo.

A mulher, no entanto, em sua grande sensibilidade, é capaz de traduzir os pensamentos e os sofrimentos dos seres, por meio de seus dons e faculdades, e de exprimir os ensinamentos divinos dos Espíritos.

E continuam acontecendo, ao longo dos séculos, as conspirações eclesiásticas; as grandes invasões, a decadência. A Igreja romana, inquieta diante das comunicações com o além-túmulo, proibirá os seus fiéis de qualquer tipo de contato com os Espíritos, reservando-se exclusivamente o direito de interpretar suas manifestações. Um véu acaba de cair sobre os mistérios sagrados; os grandes Espíritos partem em debandada para outros céus.

A Igreja romana substituiu o termo "Espírito" pelas palavras "Diabo" e "Demônio". As instruções dos Espíritos conduzirão os cristãos ao suplício.

Os escritos dizem: "A profecia não era senão o dom de explicar aos fiéis os mistérios da Religião." (Maistre de Sacy, *Commentaires de Saint Paul*, I, 3; 22-29).

A Igreja, durante dezenove séculos, aniquilou o espírito humano com seu dogmatismo sacrílego.

∞

Chama Espiritual de Todas as Doutrinas

São inúmeras as maravilhas da natureza, mas a maior delas é o homem.

(Platão)

Ó Senhor! Que Vossa inspiração me transmita, sob o seu ditado, Vossas sagradas palavras. Com o Vosso imenso poder, os fluidos me conduzem ao êxtase, que me eleva numa felicidade sem fim.

Vossas palavras me transportam a uma atmosfera divina que me impressiona e perturba com sua repentina iluminação. O pensamento celeste chega até mim como em um firmamento, e todo o meu ser fica impregnado de devoção e de reconhecimento.

Vós me haveis traçado o caminho celeste dos Espíritos para que minha alma possa se realimentar, sempre guiada por vós, meu Mestre. Sinto a sua presença íntima por meio dos estalidos que se fazem geralmente ouvir, e que me revelam o seu apoio na minha missão, que é a de dar ao homem a esperança de que o mundo dos Espíritos efetivamente existe, e transmitir suas instruções por meio destes escritos, que são de além-túmulo.

É com infinita alegria e bem-aventurança sobre-humana que transcrevo todas as mensagens.

Os filósofos Sócrates e Platão foram os precursores de Cristo com as suas doutrinas, em sua divina moral evangélica cristã, que deve fazer brotar de todos os corações humanos a caridade e o amor pelo próximo, pois as verdades são eternas.

A beleza e a sensibilidade surpreendem os Espíritos que detêm os segredos e abrem as portas da vida eterna.

Grandes revelações dominam a história. A cada capítulo da Bíblia, encontramos os profetas, grandes ou humildes, cumprindo sua missão, e constatamos a mediunidade em todas as formas e em todos os graus.

A humanidade avança sempre guiada pelo facho de luz das tochas acesas nas alturas da história.

Platão diz: *"Honra primeiro a tua alma. A alma é, depois de Deus, o que o homem tem de mais divino, e que o toca mais de perto..."*

Platão nasceu em 429 a.C., em Atenas. Cresceu aos pés da Acrópole.

"Outrora, na minha juventude, experimentava tudo o que os jovens experimentam. Tinha o projeto de, tão logo pudesse dispor de mim mesmo, abordar principalmente a política...

"Ao ver os homens que lidavam com a política, e quanto mais considerava as leis e os costumes, mais parecia-me difícil administrar corretamente as questões do Estado.

"Além disso, a legislação e a moralidade estavam corrompidas a um tal ponto que eu, a princípio cheio de ardor para trabalhar pelo bem público, considerei essa situação e vi como tudo andava para trás; acabei por ficar completamente atordoado...

"No entanto, não deixei de esperar por uma melhora nos acontecimentos do regime político...Finalmente, compreendi que todos os Estados atuais são mal governados pois sua legislação está numa condição praticamente incurável, sem enérgicos preparativos coligados a circunstâncias favoráveis.

"Fui por isso irresistivelmente conduzido a louvar a verdadeira filosofia e a proclamar que só ao clarão da luz é que se pode reconhecer onde está a justiça na vida pública e na vida privada. Portanto, os males não cessarão para os humanos antes que a raça dos puros e autênticos filósofos chegue ao poder ou que os chefes, por alguma graça divina, comecem verdadeiramente a filosofar."

Os geniais esforços de Platão não passaram de sonho...

Mas é preciso também integrar à síntese universal o misticismo e o racionalismo de Pitágoras na história.

"Platão... Um Espírito puro extraviado na Terra." (Goethe)

O Êxtase do Gênio

Os homens de gênio, que foram as tochas da humanidade, saíram do mundo dos Espíritos como aí entraram, deixando os nossos mundos.

As grandes obras nasceram do pensamento divino.

Os Espíritos colaboram com os vivos e transmitem-lhes sua inspiração, que brotou de suas almas e fez o pensamento perpétuo.

Em estado de êxtase e inspiração, pensadores ilustres ofereceram ao mundo obras célebres. Os grandes Espíritos infundiram-nas de um grande poder, capaz de encaminhar seus pensamentos até as regiões sublimes, onde os gênios se deleitam.

A alma dessas criaturas alça vôo em instantes de plenitude, nos quais surge a harmonia da veia criativa.

Todos os grandes gênios conhecem os mistérios e exprimem as inspirações e vibrações sublimes em todos os domínios da arte, da poesia, do pensamento; é lá que a alma, para receber a inspiração, deve entrar em estado de êxtase.

Os homens de gênio, voluntariamente ou não, estão em contato com o Além. Os Espíritos invisíveis os assistem e colaboram em suas obras.

Suas almas sentem a força do Espírito. Essa é a colaboração do mundo invisível, que vem insuflar no homem as mais sublimes sugestões divinas, as obras mais grandiosas. Entre as incontáveis estrelas que brilham nas noites negras, eles iluminaram o mundo e, por sua vez, levaram a tocha acesa em sua glória eterna.

Virgílio foi um profeta, graças ao seu *Écloga Messiânica de Polion*. Ninguém expressou melhor a dor paterna do gênio do que Virgílio em *A Eneida*.

Dante, perambulando em exílio, esse ilustre gênio, esse médium incomparável, chamava a manhã de "a hora divina", aquela na qual se exprimem as inspirações da noite. Era logo após o despertar que ele compunha suas célebres obras.

Rafael Sanzio admitiu que suas mais belas obras lhe haviam sido inspiradas e mostradas em visões.

Michelângelo vivia em estado de furor sagrado e se entregava a um trabalho incansável, sem intervalo, em estado de frenética exaltação, inspirado por seu gênio.

Victor Hugo foi um médium. Esse Espírito poderoso, voluntariamente ou não, era guiado pelo Além que fecundava-lhe o gênio. O Espírito que o inspirava ampliava o seu pensamento.

Henrich Heine escreveu, no prefácio de sua tragédia: "*Escrevi* William Radcliff *em Berlim, a partir do final de 1821, enquanto o sol iluminava com seus raios tristes os tetos cobertos de neve. Escrevi sem interrupção e sem rasuras. Enquanto escrevia, parecia-me ouvir o tempo todo, acima de minha cabeça, um rufar de asas. Na realidade, essa tragédia é inteiramente espírita e se desenrola sob a influência do mundo terrestre e do mundo dos Espíritos.*"

Muitos outros autores célebres foram médiuns sem o saber. Hoffmann, Guy de Maupassant, Paul Adam — esses grandes escritores do nosso tempo reconheceram-no e expressaram-no em suas obras. Em graus variados, participaram dessa comunhão entre almas e Espíritos superiores.

∞
Os Príncipes da Harmonia

> *É preciso compreender claramente que os seres humanos não têm nenhuma possibilidade de reter na memória algo além das ínfimas passagens de inspiração que queremos transmitir à humanidade.*
> (Allan Kardec)

> *"A hora divina": o dia é dos homens e a noite pertence a Deus.*
> (Dante)

Muitos escritores, poetas e artistas, esquadrinhando a profusão de estrelas na noite escura, criaram obras imortais por inspiração de Espíritos poderosos e elevados.

Num inefável estado de êxtase, entre almas irmãs que lhes desvelam suas visões, eles extraíram do oceano de música celeste as obras sagradas... misteriosa aliança do céu com a terra.

Esses grandes artistas nos deixaram obras eternas. Eles reconhecerão que foram médiuns poderosos. Eles sabiam que estavam sendo guiados em seus acordes sublimes. Suas mãos alçavam vôo para conseguir traçar aquelas notas em vertiginosa velocidade.

Durante o sono, as almas superiores se encaminham para esferas sublimes e mergulham nas sutis radiações do Pensamento Divino. Elas percebem as vibrações harmoniosas. Em estado de transe, os pensamentos inspirados fluem do Além e a alma percebe o eco longínquo dos concertos sinfônicos do espaço.

De suas fontes invisíveis, as harmonias sublimes vinham fecundar os gênios.

Esses príncipes da harmonia estavam diretamente sob a influência celeste. Quando acordavam, compunham suas mais belas obras. Todas elas estão entremeadas de esplêndidas vozes do espaço.

O Cristo disse: *"Em verdade, em verdade vos digo: aquele que crê em mim também fará as obras que eu faço..."* (João, 14:12)

São Francisco de Assis mergulhou no êxtase por ter ouvido o eco longínquo dos concertos da música infinita do espaço.

Esses grandes gênios — Brahms, Richard Strauss — estavam conscientes de serem inspirados pelos Espíritos do Todo-Poderoso. Suas obras contêm esse selo.

Beethoven se expressou da seguinte maneira quando falou de onde vinha a concepção de suas obras-primas: *"Sinto-me forçado a devorar as ondas de harmonia que chegam da fornalha da inspiração... Logo retomo a inspiração* com ardor; arrebatado, multiplico então todas as modulações e, no momento em que triunfo, é uma sinfonia.

"Digo que Deus e os Espíritos estão perto de mim na minha arte... Comunico-me com os Espíritos, sem temor. A música é a única porta espiritual para as esferas superiores da inteligência."

Ele dizia também: "Tive um êxtase!"

Chopin tinha visões que em geral o aterrorizavam. Suas mais belas obras, como a *Marcha Fúnebre* e os *Noturnos* foram escritas à noite. A música e a letra de *Parsifal* e de *Lohengrin*, de Wagner, estão impregnadas de espiritualidade.

∞

A Mediunidade É um Dom Precioso

Filho do homem, quando ouvires a palavra de minha boca, irás adverti-los no meu nome.
(Ezequiel, 3:17)

A mediunidade é vasta e grande na felicidade que proporciona e proporcionará a muitas pessoas no mundo.

Você sabe muito bem o quanto você é solicitada por suas visões, mensagens, vidências e, sobretudo, pelas suas curas. A saúde é o mais precioso dos bens para todos os seres. A felicidade não pode existir senão com o vigor, a saúde da alma e do corpo.

Mas saiba que existem seres por quem você nada pode fazer. Eles não têm uma fé sincera. Acham que tudo lhes é devido.

Para nós, o caminho é duro e a vida é bem movimentada. Temos muitas coisas para fazer e sobre o que escrever.

Esteja disponível para nós. Evite todas as tentações fúteis, na nossa comunhão. Escolha tudo muito bem. Estou ao seu lado para guiá-la.

Quanto ao nosso livro, não fique inquieta. Ele se fará dentro da nossa harmonia. Tente compreender que você é das nossas.

As comunicações, as visões, as curas, os testemunhos todos devem ser citados no texto, pois constituem o fundamento e a base do livro.

A mediunidade é infinita, desde a mais sublime até a mais vulgar; mas ter um grande Espírito como guia é um privilégio bastante raro.

∞

Harmonia Entre os Dois Mundos

E eu o ouvi e ele ma transmitiu.

O que você vai escrever à medida que eu lhe for ditando é para o mundo. Além disso, esta deve ser também uma verdadeira obra-prima. Que sua alma e seu coração se soltem de tudo o que a cerca. Esteja à escuta daquilo que lhe vou ditar. Que o sopro da minha inspiração, que as minhas palavras possam fazer-se ouvir no seu subconsciente pelos fluidos que eu lhe transmito. É o meu Espírito que fará brotar o seu pensamento, dentro da sintonia entre sua alma e o meu Espírito.

É a revelação da colaboração constante entre os dois mundos. Os Espíritos oferecem sua contribuição vindo dos espaços divinos até a alma que, à medida que eles ditam, vai transcrevendo as aspirações e revelações que percebe — tudo o que você recebeu, viu e ouviu no nosso mundo, no qual você é recebida, o que é um privilégio — o mundo dos Espíritos. Você irá difundir as verdades, as predições, no seu mundo terrestre. Esses escritos são essa contribuição.

Ó meu guia! Deixai-me manifestar minha reverência!
Nesta nossa sagrada comunhão, que minha voz se una aos acordes sutis do infinito para ir nas ondas maravilhosas até a esfera radiosa na qual, perto de vós, vivem as almas puras, nossas irmãs, nos espaços da luz celeste.

∞

Comunhão Sagrada

Porque vos foi dado conhecer os mistérios do Reino dos Céus, mas àqueles outros isso não foi concedido.
(Mat., 13:10-11)

Nossa comunhão é bela, e nossa harmonia, sincera. Continue, você está no bom caminho.

Você deve continuar falando da religião que declina, e eu também lhe transmitirei algumas mensagens...

A comunicação com os mortos é o pivô do Espiritismo. Você tem incontáveis testemunhas; isso é maravilhoso.

Além disso, as vidas anteriores têm muito interesse para os meios de comunicação de massa.

Sob o influxo da inspiração, ruídos de ecos distantes trazem até mim sopros divinos. Minha alma percebe a força do grande Espírito; essa é a interferência, a colaboração do mundo celeste que vem me instruir e insuflar-me as mais sublimes inspirações.

Eu transmito outros mistérios do mundo dos Espíritos ao seu subconsciente, pois tenho inúmeras mensagens para lhe ditar que devem ser retransmitidas ao mundo.

O mundo dos Espíritos quer que você transmita as nossas mensagens e verdades. É maravilhoso como você vai levar ao mundo outras revelações ainda, que você deve difundir e propagar.

Sua auréola é grande, na simplicidade do seu coração. Muitas vezes, você teve de percorrer caminhos ingratos; mas nada a detém na obra que lhe foi confiada.

Meu guia não cessa de me dar provas de sua solicitude, estendendo-me sua proteção e assistência. Essa é a minha missão. Eu não sou mais do que uma serva.

∞

Aparições no Momento Supremo

"Persiga a obra da libertação de sua alma fazendo uma escolha judiciosa, e reflita sobre todas as coisas, de modo a assegurar o triunfo do que há de melhor em você: o Espírito. Então, quando chegar o momento de abandonar o seu corpo mortal, se elevará até o éter e, deixando de ser mortal, você estará se revestindo da forma de um deus imortal."

(Pitágoras)

∞

Os Espíritos Instruem o Homem

O homem interroga a morte e o Espírito lhe responde.

Os Espíritos vêm instruir o homem. Mas cada homem é e continuará sendo um Espírito. Durante sua curta passagem pela Terra, ele assumiu um envoltório carnal. Ele vive mais ou menos tempo.

Cada um tem sua missão na Terra e leva nas mãos a chave do seu próprio destino, que vai conduzi-lo e fazê-lo viver em luta constante... pela obtenção da felicidade através de alegrias e contrariedades. A pessoa deverá submeter-se a muitas vicissitudes, a combates movidos pelos homens.

Só a fé em Deus a sustentará, ajudará e elevará espiritualmente. Muitas pessoas procuram a liberdade. Devem, portanto, afastar-se de tudo o que contenha muito poder e ambição. Devem desconfiar dos falsos profetas, que pregam apenas para arrastá-las até um ponto no qual passarão a ser dominadas ...

Ninguém tem o direito de aviltar o homem para pervertê-lo. As Leis de Deus são universais e pertencem a todos os seres humanos, que são os Seus filhos.

A permanência do homem na Terra é uma prova necessária à sua elevação, e lhe será computada para suas vidas futuras.

Mas a morte também é uma prova.

A cada passo, desde o nascimento, as almas de todos os seres estão à espera, pois por fim retornarão à sua verdadeira pátria, na luz, e voltarão a ser Espíritos livres nos espaços infinitos.

Os Espíritos sempre voltam vinculados àqueles que amaram. Os próximos não os vêem, mas eles, os Espíritos, vêem-nos, ouvem-nos e sempre estão perto no momento de sua morte.

É isso que o moribundo vê e sente nos seus derradeiros momentos. Muitas vezes, num aparente delírio, ele já se comunica com seus familiares. Não está divagando, mas sim desfrutando por antecipação do prazer de haver reconhecido seus queridos defuntos, e da aspiração do mundo celeste que entrevê. Ele vive seus últimos instantes com o corpo, mas sua alma já se tornou novamente Espírito.

Ele regressará como alma à Terra, mas só Deus é o Mestre absoluto que o julgará de acordo com o grau de elevação atingido durante sua passagem pela Terra.

Esse é o dever dado aos seres escolhidos e privilegiados. O médium, com as faculdades que lhe foram dadas pelo seu guia divino, pode manter comunicação com os dois mundos.

Essa é uma vida dupla, a minha vida dupla. É um dom sagrado que devo utilizar com fervor e devoção para ajudar e aliviar o meu semelhante.

Levamos ao mundo provas nítidas da vida livre dos Espíritos, que são entidades que remontam à origem mesma do homem. Está em todas as religiões e em todos os escritos sagrados, quer sejam do Oriente, da China, dos Incas, do Egito ... desde a noite primordial dos tempos.

∞

O Espírito Parte Rumo à Luz

É certo que os vivos nascem dos mortos e que as almas dos mortos voltam a renascer.

(Fedro)

Quando sobrevém o momento supremo, quando sei que não existe mais esperança, que Deus assim o decidiu, então eu rezo. É nesse instante preciso em que a alma se apronta para deixar seu invólucro carnal que me cabe ajudá-la.

As preces ecoam em torno do Espírito liberto, o qual assemelha-se a uma borboleta que se arranca da crisálida. Elas vêm tirá-lo do sono como se fossem vozes amigas. O Espírito se eleva na direção da luz infinita e reencontra os Espíritos dos seus entes queridos, dos familiares, que o precederam e aguardam por ele.

A prece exerce a poderosa ação de abreviar a separação, tornando o despertar mais calmo e servindo como um depoimento de afeição diante da sinceridade dos pensamentos.

O Espírito liberto vai visitar os esplendores reencontrados do mundo celeste e percorrer o espaço em total liberdade.

Se nós, na Terra, não o vemos, ele nos vê. Se não podemos ir até onde ele está, o Espírito pode vir até nós.

Os Espíritos que se manifestam revestem-se em geral da forma física na qual os conhecíamos quando eram criaturas vivas.

Os Espíritos se apressam a ir ao encontro daqueles que os ajudaram e lhes deram apoio.

Alguns deles me aparecem para me avisar que deixaram seu invólucro terrestre. É uma grande satisfação para eles. Ficam felizes e serenos.

As aparições dos mortos são freqüentes no momento de seu falecimento ou logo após. O Espírito liberto se manifesta e aparece a você com seu corpo fluídico, como era quando vivo. Ele está feliz, pois saiu vencedor diante das vicissitudes de sua passagem pela Terra. Você também deve dizer como se dá o seu desligamento do corpo carnal, e tudo isso deve estar claro.

∞

Visão de Hélène P.

A alma é filha do céu e sua viagem é uma prova.
(Hermes)

A aparição dos Espíritos, sobretudo no momento da morte, é bastante freqüente.
Os mortos são mais felizes que os vivos, e cada qual tem sua tarefa para cumprir na Terra. Quando a de vocês terminar, vocês virão repousar perto daqueles que lhes foram queridos, e que os precederam, para, se for preciso, voltar depois para a Terra.

Eu havia rezado tanto por aquela senhora, que ela enfim acabara se tornando familiar a mim, e pedi a Deus e ao meu Mestre que abreviassem seus sofrimentos para que ela partisse em paz.

Uma manhã, enquanto eu cochilava, ela apareceu-me vestida de branco. Olhou-me de modo sereno, fez um sinal com a cabeça, vi seu rosto sorridente, e depois ela desapareceu. Senti-me muito comovida ao vê-la, pois ela queria testemunhar-me seu reconhecimento.

Pela sua filha, fiquei sabendo que ela havia partido no momento exato da minha visão.

O Espírito liberto encontra sua liberdade e passa para me ver, sorridente e sereno, antes de partir na direção da luz.

Espíritos, vós estais ingressando recentemente no mundo invisível. Se não estais mais vivendo com vossos corpos, estais na vida dos Espíritos. Não conservastes senão o invólucro etérico, inacessível aos sofrimentos que afligem a humanidade.

O horizonte infinito vai se desenrolar à vossa frente e, diante de tanta grandeza, compreendereis a vaidade de vossos desejos terrestres...

VISÃO DA SRA. LOPEZ

Ela havia sido bastante cuidada por seus filhos. Eu não a conhecia senão por fotografia, mas eu pressentia que ela viveria só mais um pouco. Eu rezara muito, de todo o coração, implorando a Deus e ao meu guia que ela pudesse partir em paz.

Uma manhã, enquanto dormia em meu quarto, vejo uma porta se abrindo e me aparece uma senhora vestida de preto, aureolada por cabelos brancos, com rosto sereno, parecendo feliz. Sorrindo, ela me diz: "Você vai ensiná-lo... a meu filho..." Vejo ao lado dela dois homens, Espíritos familiares, que tinham vindo acolhê-la; e, numa nuvem, vejo-os partir radiantes, todos os três, rumo à luz celeste.

Nessa manhã, eu soube que ela havia partido no momento da minha visão.

O Espírito que acaba de deixar seu corpo terrestre vem me ver em seu invólucro fluídico, tornando-se visível. É para ele uma grande satisfação. Ele está radiante e sereno quando se eleva na direção da luz.

∞

Quando a Morte se Abate Sobre a Vida

Cristo disse: "Em verdade, em verdade vos digo, ninguém pode ver o reino de Deus se não nascer de novo."

(João, 3:3-7)

Você sabe que a intensa fé das almas serenas dá-lhes a felicidade de viver no amor e na caridade e, assim, proporciona-lhes a paz.

Quando acaba a noite, aparece novamente a aurora, com sua luz resplandecente, que se renova.

A passagem pela Terra, na abnegação e no devotamento a outrem, concedeu-lhes a satisfação de uma vida repleta das riquezas do coração.

O ser que compreende que a vida futura não é mais do que a continuação da vida presente, em um mundo melhor, espera a morte com calma e serenidade, e com a mesma confiança assiste seus derradeiros instantes na face da Terra. Essa passagem, para ele, não é mais do que um "até breve".

Em meio às trevas de uma vida de elevação ao Divino e de amor por seus semelhantes, quando a noite está para acabar, enfim, tendo alcançado o final de uma vida de esforços, em seus últimos momentos, a alma se extingue na calma e na serenidade. Como ao pôr-do-sol, ao anoitecer de sua vida que então se acaba, o Espírito parte rumo aos horizontes de luz e reencontra seus Espíritos irmãos, que o aguardam nos espaços celestes onde reina a harmonia.

Guy Alimi

Eu, abaixo-assinado, sr. Guy Alimi, residente na avenida de Provence, 1200, Fréjus, proprietário de uma auto-escola, afirmo ter testemunhado os seguintes fatos:

Meu cunhado (de 50 anos), gravemente doente, foi hospitalizado em Nice. Tendo uma cega confiança na sra. Rose Gribel, para quem tempo e espaço não contam, dirigi-me à sua casa acompanhado de minha cunhada, esposa do enfermo.

Sempre amável e acolhedora, a sra. Gribel nos recebeu de braços abertos. No entanto, demonstrava certo constrangimento ao nos encontrar. Na realidade, disse para minha cunhada que o doente, Raymond, estava em vias de deixar o nosso mundo, com toda a tranqüilidade. Seu falecido pai já se encontrava à sua cabeceira para acompanhá-lo.

Efetivamente, assim que voltamos ao hospital, a morte dele foi-nos anunciada.

Independentemente dessa triste história, a sra. Gribel sempre me deu informações que depois se mostraram tão exatas quanto possível, tanto sobre minha família quanto sobre os acontecimentos políticos na França e no estrangeiro.

Paulette Dupuis
Nice

No dia 12 de abril de 1994, fui ver a sra. Gribel em nome do meu cunhado, vítima de uma doença incurável. Seus sofrimentos tinham se tornado intoleráveis. A sra. me disse: "Vou implorar e rezar a Deus e ao meu guia, Allan Kardec, para que eles o ajudem e abreviem seus sofrimentos e sua agonia, permitindo-lhe partir com serenidade." Dez dias depois, ele se extinguiu suavemente, calmo, sereno, em paz.

Não encontrarei jamais palavras suficientes para expressar-lhe todo o meu reconhecimento e todo o meu afeto...

∞
A Realidade das Manifestações dos Espíritos

Para a alma que vem do céu, o nascimento é uma morte.

É preciso que você reveja todas as suas visões das mortes, que eu lhe dei para revelar hoje, ao homem, como se fará a sua elevação espiritual ao mundo celeste. Pois tudo isso deve figurar neste livro.

Eu transmiti a você o caminho dos Espíritos. Você deve explicar que as leis de Deus são certas.

Os Espíritos que se elevaram espiritualmente apareceram-lhe no momento de sua morte. É o fim de uma vida. Eles partem radiantes rumo à luz, cercados de entes queridos.

Eu lhe dei as visões dos Espíritos que, no próprio momento em que você os viu, acabavam de deixar seu corpo e, então, lhe apareceram, não com a aparência que tinham quando vivos, mas como crianças que acabam de nascer.

Isso a impressionou, mas era preciso que você soubesse que o Espírito cuja vida foi interrompida ou abreviada...

Por uma conseqüência do seu livre-arbítrio, o Espírito escolhe, às vezes, regressar imediatamente à Terra para levar uma existência complementar. Deus permite isso.

A reencarnação pode ser instantânea. Ela está subordinada à vontade do Espírito que deseja reencarnar numa nova existência. Os Espíritos sabem perfeitamente o que fazem. Pedem uma nova encarnação para melhorar e se tornar perfeitos.

O Espírito que escolheu uma vida corporal de provações... no momento de se reencarnar no corpo da criança que nasce, o Espírito pode recuar diante da prova que escolheu; então essa criança não vive.

Não vejam um Deus de vingança, mas sim de misericórdia. A fraternidade reina no mundo eterno.

É um escalonamento de poderes, de luz, de virtudes; é a espiral do progresso que se desenrola ao infinito e se perde nas profundezas do céu, cheio de mistérios.

∞

Quando o Véu Cai

O que o Eterno exige de ti é que pratiques a Justiça, ames a misericórdia e caminhes humildemente com o teu Deus.
(Miquéias, 6:8)

Quando o véu cai sobre as trevas, a passagem de uma vida se esfumaça num instante para dar lugar a uma outra existência; a alma vai rumo à luz, cuja irradiação abre os horizontes dos Espíritos.

É o fim de uma vida e o começo de outra, que se renova na luz celeste. Nas trevas de seu mundo, as estrelas, na noite escura, trazem o eterno resplendor de feixes de luz e apagam o nada do infinito de que o homem tem medo. Os ventos semeiam a renovação e outros horizontes se abrem, nos quais a vida é banhada de harmonia, numa atmosfera de paz.

Sopros, murmúrios chegam até a sua alma, recebida entre os privilegiados. Você vê a majestosa harmonia do mundo celeste, onde reina a plenitude do infinito.

Mas o seu mundo está cheio de incertezas e tormentos. O vento carrega muitas dores e ódios.

Desde a mais tenra idade, a criança é defrontada pelas inevitáveis dificuldades da vida que deverá encarar. Não terá, para guiá-la, mais do que a sua própria consciência, e deverá dar conta de seu próprio destino. Curvará a cabeça nos padecimentos. É no sofrimento que o homem implora a Deus Todo-Poderoso. A ajuda chega para quem tem uma fé sincera.

Todo navegador implora a Deus. Toda pessoa de boa vontade encontra em si os germes que vêm fecundando suas vidas, há séculos.

Mesmo diante da mentalidade cartesiana e da indiferença, o homem acredita em outras vidas.

Como Deus e Cristo o disseram: a ressurreição da alma eterna existe.

∞

Deus Ama Todos os Seus Filhos

Dirigindo-se a elas, proclamai que o Reino dos Céus está próximo.
(Mat., 10:7)

Em todas as famílias, a chegada de uma criança é uma felicidade. Ela nasce em estado de graça e pureza, na alegria.

É um Espírito que está de regresso, reencarnado no corpo de uma criança. Que seja bem-vindo entre nós.

Deus ama todos os Seus filhos.

A criança, em sua consciência, deverá encarar seu destino. A fé a ajudará por toda a sua vida, na sua elevação a Deus e no amor pelos pais.

A Lei de Deus é a de ajudar o próximo, criar um laço cheio de afeição em torno dos Seus. Essas leis devem sempre proporcionar, nos momentos de desamparo e tormento, a força necessária para vencer as tentações e espalhar a felicidade.

Senhor, uma vez que vos dignastes permitir ao Espírito de nosso filho suportar as provações terrestres destinadas a fazê-lo progredir, lançai um olhar paternal sobre a família à qual confiastes essa alma, estendendo-lhe Vossa proteção.

Que o Espiritismo seja a luz resplandecente que a ilumina através dos contratempos da vida. A felicidade, na Terra, existe no amor e na caridade.

MAS CADA CASA É UM MUNDO.

O Karma, a Fatalidade

O homem ocidental não quer morrer, e o homem da Ásia não quer renascer.

Você vai continuar escrevendo, conforme eu lhe ditar, para desestabilizar o homem que se interroga sobre a excentricidade mundana, que faz as suas delícias, e se julga superior a outros seres mais modestos.

Para ele, é o intervalo de um instante. Suas fúteis alegrias não lhe trazem senão decepções, pois sua existência é uma ilusão passageira no grande rio da vida que, para ele, continuará sendo o sonho de um instante. Em sua alma, nem a alegria, nem a felicidade o satisfazem perante as tormentas da vida.

Ele pensa que domina perfeitamente as situações, que no entanto são efêmeras, e fecha os olhos para não ver o sofrimento de seres em desespero.

O rico é insaciável; ele nunca tem paz, e seu amor pelas coisas materiais não lhe dá sossego. Se o seu coração for bom, ele criará felicidade e repartirá o bem-estar com os que o cercam. Se seu coração for duro, sofrerá na agonia de deixar tudo o que conseguiu amontoar por força do seu egoísmo.

Mas a dúvida invade-lhe a consciência. É a incerteza, a fatalidade. Por que as pessoas ficam doentes? E por que outras têm tão pouco com que viver?

Por que tanta infelicidade? Nesses casos está a lei na sua eterna justiça divina. A Terra é um lugar de expiação, para nos elevar espiritualmente.

O karma existe e a lei é imutável.

São as provas que o homem deve suportar na sua nova vida, para resgatar a dívida de suas vidas anteriores.

É certo que a prova nem sempre é uma expiação, que ela pode ser escolhida pelo Espírito em busca de salvação como um meio de acelerar seu desenvolvimento e atingir o grau supremo.

Pois o que já está perfeito não tem mais necessidade de passar por provações. O Espírito pode ter alcançado um grau de elevação e, querendo continuar avançando, escolhe uma missão da qual será tanto mais recompensado quanto mais se sair vencedor e quanto mais a luta tiver sido penosa.

A existência dos seres não parece mais do que um perpétuo combate. A expiação sempre serve de prova, mas a prova não é sempre uma expiação. Ela é voluntariamente escolhida pelo Espírito para acelerar seu desenvolvimento na elevação e atingir então, a suprema felicidade.

"Vocês devem ficar cheios de esperança diante da morte e não pensar senão nessa única verdade: não existe mal algum para o homem de bem, nem durante sua vida, nem depois de seu derradeiro suspiro, e Deus jamais perde o interesse pela sua sina." (Platão, Apologia de Sócrates, 33)

O Espírito Alça Vôo Rumo à Luz

A morte é o nosso destino comum. As riquezas materiais são adquiridas e perdidas.

No orgulho, o homem atribui a si mesmo o poder de uma dominação que ele pensa deter, mas que não passa de fumaça.

Ao pôr-do-sol, no anoitecer de sua vida que está para acabar, na consciência latejante que invoca Deus, na sua fé, a dúvida se desmancha e seu coração se abre para outros seres que lhe foram queridos, e com os quais os laços estarão firmes para todo o sempre.

A partida rumo à luz celeste é penosa para quem continua apegado aos bens terrestres e concentra seu pensamento nas coisas materiais. Para essa alma, quando ela acaba de deixar o corpo, o despertar do Espírito é cheio de angústias e ansiedade.

Para quem foi egoísta e materialista, é preciso que se passe um tempo antes de partir na direção das esferas luminosas; ele fica rondando os bens que lhe pertenceram. Muitas vezes, ele vê sua família se desintegrar. Sofre com isso, mas Deus o quer pela sua elevação. Ele sofre daquilo que o fez sofrer na Terra. Seu ressentimento é doloroso, ao ver a avidez dos seus, o que deixa claro quais são os verdadeiros sentimentos deles.

A fortuna é um depósito do qual o homem não faz senão usufruir, pois ele não a leva consigo para o túmulo.

No mundo eterno, os Espíritos têm uma hierarquia e se encaminham para a família espiritual que lhes é destinada segundo seu grau de evolução.

O mundo não está pronto para conhecer tudo. Só Deus detém os destinos do mundo.

∞

Os Espíritos Mensageiros de Deus

Cristo disse: "Sim, sobre meus servos e servas derramarei do meu Espírito. E farei aparecerem prodígios no alto, no céu.

(Atos, 2:18-19)

Você é nossa tocha.

Sim, é pela vontade de Deus que sua missão sagrada lhe foi confiada e que eu a guio e inspiro.

Nós somos os Espíritos mensageiros do pensamento divino que viemos prestar-lhe nossa assistência. Você viu Ezequiel e Daniel, esses dois grandes e antigos profetas que, do fundo dos céus, quiseram dar-lhe seu testemunho de que a nossa ajuda vem de Deus.

Ficamos felizes no nosso mundo quando, nos espaços sem fim, sua alma é projetada no mundo celeste. Você viu a vida dos Espíritos.

É maravilhoso: eles falam comigo e me revelam segredos supraterrestres, também sua vida livre como Espíritos, e é assim que tenho uma vida dupla, entre dois mundos.

∞

Os Grandes Profetas Ezequiel e Daniel Falaram Comigo. Eles Testemunharam

Ao longo da vida, nós o confirmamos para você, é você que vai carregar a chama do Espiritismo, defendendo a doutrina espírita do mundo dos Espíritos, graças aos dons que lhe são dados por Deus e pelo grande Espírito, seu guia Allan Kardec.

Você foi chamada para difundir a voz de além-túmulo que vem para instruir o homem cego nesta vida, e que deve trazer todas as verdades sobre as crenças que não foram moldadas segundo aqueles que as traduziram.

No sincero apelo do fundo dos céus, onde reina a harmonia, sua voz deve fazer-se ouvir pelo mundo insatisfeito que a incredulidade não vem dele, mas dos homens que fizeram crer que as vozes vinham deles, de tal sorte que fundaram uma crença para consagrar seus privilégios.

Hoje em dia, após séculos e mais séculos, a crença vem de Deus e do Cristo que transmitiram ao homem o conhecimento do futuro.

Os chamados divinos são apelos do mundo celeste ao mundo terrestre.

Estes são os tempos preditos, em que as comunicações se dão através de seres privilegiados, profetas, médiuns...

Deus envia Seus grandes mensageiros.

A doutrina espírita é a revelação sagrada que traz ao homem a prova incontestável de um mundo celeste que é a verdadeira pátria de vocês, no qual a beleza é eterna e onde vivem as vossas almas irmãs.

Todo homem, todo Espírito, escala penosamente a colina da vida ao longo da eternidade rumo ao infinito, pois nossa vida está inexoravelmente no infinito, onde Deus detém todos os mistérios dos destinos futuros.

Na luz, o Espírito retorna para os seres amados mergulhado na felicidade de voltar a se reunir com eles na divindade celeste, num mundo maravilhoso.

O Espírito e a alma em comunhão grandiosa semearão a renovação de um mundo melhor, no qual os destinos decorrerão na harmonia entre os dois mundos.

A ajuda do Além é necessária para a renovação dos fluidos.

O Espírito oferece ao homem todos os conhecimentos úteis ao seu aperfeiçoamento ao longo dos séculos, enquanto ele é esmagado pelos sofrimentos.

O Espírito oferece a crença e convoca o homem endurecido a reagir.

Mas por que um homem de coração acredita e pensa que a vida acaba ali?

No passado, o Espiritismo revelou o retorno que leva ao consolo.

Durante séculos, o Espiritismo veio se aperfeiçoando, ao concretizar os preceitos de Deus e do Cristo e revelar que o mundo dos Espíritos existe de fato.

O nada está abolido; os Espíritos colaboram com os homens para traduzir e fazer uma renovação.

Então, o homem conhecerá a plenitude.

Esse é o regresso do filho pródigo, que é o do Espírito ao seio dos seus, numa felicidade sem fim, em que reinam as leis de Deus.

Que os profetas e os médiuns transmitam as mensagens de seu guia espiritual.

Nós, Espíritos, testemunhamos e trazemos todos os divinos ensinamentos de Deus e do Cristo, que já predisse o mundo maravilhoso em que seremos projetados.

A chama da mediunidade vem para iluminar todas as sensações do mundo dos Espíritos, que é o ensinamento do Céu à Terra, na eterna bem-aventurança dos seres reunidos sob a bandeira celeste de Deus, nesse mundo em que uma partida é uma chegada na alegria de nos reencontrar na eternidade.

Nosso mundo dos Espíritos celestes está com vocês, essa é a Lei de Deus e de seu guia, Allan Kardec.

∞

Sob o Ditado de Allan Kardec, na Inspiração Reencontrada

Essa escritura celeste é espontânea e desprovida de toda influência humana.

O mundo dos Espíritos é regido por Leis fundamentais. Nosso saber está gravado na fraternidade que o seu mundo precisa recuperar. É isso que eu quero transmitir-lhe.

Na noite que desce ao longe, as almas vão reencontrar os acordes que prefiguram... o despertar das almas que trazem o canto-símbolo impregnado pelos Espíritos, cuja irradiação transmitirá a continuidade, num sopro.

Você conhece e pressente a minha presença, que aniquila todas as impressões à sua volta. Com o pensamento ávido por me ouvir e entender, todo o seu ser se rende aos sons que, do meu Espírito, a impregnam. Sua mão ligeira transcreve o que eu dito. Fico feliz por ter de transmitir-lhe estas mensagens.

O mundo dos Espíritos rege os destinos do seu mundo e a nossa voz faz o homem compreender que a vida, desde a noite dos tempos, é um concerto de felicidade.

Todo homem precisa saber que o mundo dos Espíritos existe, que o nada não existe. Nós existimos e existiremos: o futuro existe para nós, como existe para vocês.

Tanto os homens do passado como os do futuro se encontram sem cessar no mundo celeste. A vida na Terra é uma passagem muito curta, que leva o Espírito a um mundo melhor.

O céu infinito povoa-se ao infinito; a solidariedade religa todos os seres depois da morte.

Vindo o término de uma vida, a última noite é luminosa e serena, como o deitar das estrelas quando a aurora começa a despontar no horizonte. Então, você dirá "até breve" àqueles que lhe são queridos, como um viajante que parte para uma longa jornada.

O homem não levará nenhum bem material, e partirá na direção do mundo celeste com suas riquezas espirituais.

A cada reencarnação, o homem escolhe um novo destino, um corpo e uma raça diferentes.

Ele conserva as mesmas afinidades e se eleva inexoravelmente, para aperfeiçoar sua evolução.

Ao regressar ao mundo dos Espíritos, reencontra todos aqueles que conheceu na Terra, e todas as suas vidas anteriores se desenrolam na sua memória, como um espelho, recordando as faltas cometidas.

O Espírito que chegou a um certo grau de elevação já desfruta da felicidade. Um sentimento de satisfação o penetra.

O véu se ergue sobre os mistérios; as maravilhas e as perfeições divinas aparecem-lhe em todo o seu esplendor.

A religião esqueceu as palavras sagradas do Cristo.

O homem tornou-se egoísta e incrédulo. Essa é a falência do homem, que a Igreja levou a que esquecesse as antigas formas de sabedoria.

Em suas próprias palavras, o Cristo disse: "*Em verdade, vos digo: ninguém verá o reino de Deus se não nascer de novo.*"

"*Não vos espanteis com o que vos digo, que deveis nascer de novo.*" (João, 3:5-8)

Mas foram precisos séculos para que essas revelações alcançassem o mundo e um dia servissem para reunir os povos.

Chegou a hora prevista, mas o homem incrédulo não sonha senão com suas perversidades.

Tudo se renova neste vasto oceano da vida, onde a alma extraviada está em busca da sobrevivência.

Essa é a revelação: levando uma vida tranqüila, criando a felicidade na harmonia do amor, do devotamento, do desinteresse, assistimos ao reflexo da antiga sabedoria dos antepassados que nos cercam, guiam e apóiam.

∞

Nos Vestígios dos Escritos Sagrados

"*A Bíblia reconhece a soberania do Deus invisível sobre o mundo visível, do Espírito sobre a matéria; essa é a verdade 'revelada'...*

"*Foi pela fé que compreendemos que os mundos foram organizados por uma palavra de Deus. Por isso é que o mundo visível não tem a sua origem nas coisas manifestas.* (Hebreus, 11:3)

"*A história da salvação se insere entre duas visões e se abre a nós...: a visão do paraíso perdido e a visão da morada de Deus, que são dois mundos abertos para a eternidade; a revelação do que 'poderia ter sido' caso o homem não se tivesse separado do Criador; a revelação do que será, quando a obra redentora... tiver sido concluída e a humanidade reconciliada se regozijar na glória de Deus.*"

Abraão, Pai dos Crentes

O arco-íris, sinal da aliança de Deus com Noé... *"Quando o arco estiver na nuvem, eu o verei e me lembrarei da aliança eterna que há entre Deus e os seres vivos que animam toda carne que existe sobre a Terra."* (Gên., 9:16)

Deus abençoou Noé e seus filhos e disse-lhe: *"Crescei e multiplicai-vos, e enchei a Terra."*
A Terra então tinha somente uma língua e uma só maneira de falar. O Senhor depois os dispersou por todas as regiões.
Esses povos vieram do Oriente.
Na genealogia dos filhos de Sem, filho de Noé, encontramos Taré, que gerou Abraão...
"Deus institui sua 'aliança eterna' com Abraão e seus descendentes." (Gên., 15-17, 7)

Você precisa do Patriarca Abraão, com quem Deus instituiu sua aliança... e a quem confiou o encaminhamento do destino de Israel...

Deus abençoou Abraão e disse: "Bendito seja Abraão pelo Deus Altíssimo que criou o Céu e a Terra." (Gên., 14:18-19)
A família de Abraão, Pai dos Patriarcas, essa família desconhecida, foi chamada para uma missão importante e de alcance incomensurável para o destino da humanidade.
E o Senhor disse a Abraão: *"Sai da tua terra, da tua parentela e da casa de teu pai, para a terra que te mostrarei."* (Gên., 12:1)
Quando Deus disse "sai", Abraão obedeceu, e a grande aventura do povo crente começa com ele, para não terminar senão na eternidade.
O Senhor disse a Abraão: *"Sai da tua terra, da tua parentela e da casa de teu pai para a terra que te mostrarei.*
"Eu farei sair de ti um grande povo. Eu te abençoarei, engrandecerei teu nome e serás uma bênção!"
O pai dos crentes é o elo dessa longa seqüência de intervenções divinas e dará sua bênção "a todas as nações".
Originário da região de Harã, ele deixa para sempre a segurança da rica cidade de Ur, na Caldéia, com sua avançada civilização e mansões luxuosas, para se estabelecer num país desconhecido, Canaã.
Abraão saiu como o Senhor lhe havia ordenado. "Abraão tinha 75 anos quando deixou Harã. Abraão tomou sua mulher Sara, seu sobrinho Ló, todos os bens que tinham reunido com todas as pessoas que eles tinham na sua família em Harã."
Abraão parte levando a promessa de Deus. Essa promessa é imensa. Ele forja sua fé durante a provação.
Passa pelo país todo até o lugar santo de Siquém. O Senhor então aparece a Abraão e diz: *"É à tua posteridade que darei esta terra."*
Abraão construiu ali um altar para o Senhor, que lhe aparecera...

Depois disso, o Senhor falou com Abraão numa visão, em que lhe disse que não tivesse medo, pois Ele era o seu escudo; e que sua recompensa seria infinitamente grande.

"Ergue os olhos para o céu e conta as estrelas, se puderes. Assim será a tua posteridade."

Abraão estava com 99 anos. O Senhor lhe apareceu e disse: *"Eu sou o Deus Todo-Poderoso; anda na minha presença e sê perfeito.*

"Sara, tua mulher, te dará um filho: tu o chamarás Isaac; a aliança que faço contigo será continuada em Isaac. Eu também o abençoarei e ele será o chefe das nações. Farei com ele um pacto a fim de que a minha aliança seja eterna."

O nascimento de Isaac, filho do milagre: *"Tudo é dom, tudo é graça, nada é natural. Deus se lembra de Sara."* (Gên., 21:2...)

Abraão e Sara esperaram vinte anos pela realização da promessa. O filho nasceu. Abraão enfim teve o sinal visível da fidelidade de Deus.

"Abraão vivia no reino de Moré." (Gên., 11:31)

Nessa época, o patriarca sabia muito bem qual era o caminho que devia seguir, e que não começava ali.

A magnificência do palácio do rei Moré, rei da Assíria, era imensa, com seus dois hectares de superfície; foi ele o maior palácio real, símbolo do poder do Oriente, com suas 250 câmaras.

Na Assíria, a descoberta da magnífica estátua em pedra do soberano Lamgi-Moré, é uma grande maravilha. Seu rosto é sorridente e suas mãos estão piamente unidas.

Essa descoberta atesta a importância desse império único, cujo governo abrigava a célebre biblioteca do rei da Assíria, detentora de mais de 20.000 textos. As tábuas em argila, escritas em caracteres cuneiformes, nos vêm de arquivos encontrados no palácio; entre elas figura a correspondência do último rei de Moré, da cidade de Zimri-Lim, na Assíria, falando de um só Deus.

Trata-se do deus de Moré, antes das Escrituras, milhares de anos antes dos livros do Antigo Testamento.

Abraão seguiu seu caminho até Jericó.

Jericó era a cidade mais bem defendida de todo o vale do rio Jordão. Dominava os vales centrais e estava situada num ponto estratégico. É testemunho de uma civilização milenar de altíssimo nível.

Os habitantes de Jericó apreciavam antes de tudo o seu conforto; o solo era coberto de terracota. Guardados por milhares de anos sob o piso das casas, foram descobertos crânios humanos.

Eles dão um testemunho da vida no Além e de uma espiritualidade muito elevada, nessa época remota.

Para conservar a força de ânimo de um familiar após sua morte, os crânios eram revestidos com uma camada de argila, e os olhos representados por conchas. Cada parte do rosto era trabalhada com requinte para dar-lhe a expressão que tinha em vida; o rosto inclusive era pintado com as mesmas cores que o falecido havia adotado em vida para as cerimônias religiosas.

Essas pessoas possuíam a arte da cerâmica em terracota, ornamentada com desenhos gravados. A maior descoberta, a primeira representação pré-histórica de uma "sagrada família", milhares de anos antes das escrituras do Antigo Testamento, revela-se aí, em Jericó, "o milagre", a primeira profecia messiânica de um povo religioso, guardada na noite dos tempos.

Sabemos que os homens acreditavam numa vida espiritual no Além e na sobrevivência após a morte. Para manifestar tanta delicadeza e tanta arte, eles deveriam estar persuadidos de que o mundo dos Espíritos interferia nos acontecimentos de sua vida.

> Quando você percorreu as regiões de Jericó, em 1979, hoje desertas, viu essas casas em ruínas, abandonadas, onde outrora prosperavam as cidades citadas nas profecias bíblicas.
> Você sentiu perpassar por você um frêmito de medo; Deus executa Seus julgamentos. A história estava lá, inteira, a confirmar o que Deus um dia havia anunciado "pela boca dos profetas".
> Seus julgamentos são certos. Mas lá esse julgamento pode ser visto e tocado nas areias e ruínas. Só quem crê, na sua busca da finalidade a cada etapa, identifica o desígnio misterioso de Deus.
> Essa viagem a Jerusalém trouxe-lhe de volta, naquelas paragens, uma grande época de uma vida anterior escondida na memória, e que reavivou-se em sua alma, com essa sua passagem por Israel. Muitas lembranças estavam gravadas em você.
> Todas as regiões estavam impregnadas de Deus, desde Moisés, Josué e os Profetas.
> A fonte de Davi a impressionou. Depois você seguiu por um itinerário diferente; a estrada tinha sido bloqueada por causa de uma tempestade. Nada para você acontece por acaso, e foi preciso então que você fosse pelo caminho que teria que percorrer para que pudesse visitar a gruta de Belém.
> Você teve a felicidade de se recolher no túmulo de Sara e Abraão, em Hebron, considerado local sagrado.

"Com suas tendas, Abraão foi estabelecer-se no Carvalho de Mambré que está em Hebron, e lá construiu um altar." (Gên., 13:18)

"Foi em Hebron que Abraão terminou seus dias. Ali enterrou sua mulher Sara, na dupla caverna do campo em Mambré, na terra de Canaã, segundo o costume dos semitas." (Gên., 23) *Ele foi enterrado no mesmo sepulcro.* (Gên., 25:10)

Os árabes veneram um local que chamam de "santuário da colina e do amigo de Deus". "Amigo de Deus" é o termo pelo qual os muçulmanos denominam Abraão.

O túmulo de Abraão continua sendo um lugar sagrado visitado pelos fiéis.

Os muçulmanos ainda hoje nos mostram dentro da "cúpula de pedra" a pedra do sacrifício de Abraão, que conserva um valor simbólico.

A casa de Abraão, por ele mesmo edificada... O umbral é um bloco de pedra que é a estação de Saturno... levantada sobre a Kaaba.

É uma construção pequena... no momento do nascimento de Maomé; é designada no Corão como o local mais santo da Terra; os muçulmanos sempre se voltam para a Kaaba em suas orações.

Nesse local venera-se a pedra negra que serviu a Abraão. Os muçulmanos a colocaram perto da porta de Meca, onde é beijada por todos os peregrinos.

Abraão encaminhou-se à montanha a leste de Betel, onde ergueu um altar em honra do Senhor e celebrou Seu nome. Depois, continuou seu caminho até Negueb (Gên., 12:5-9) e chegou a Jerusalém.

Essa viagem pela cidade eterna acendeu-lhe a chama que fez brotar de sua alma um passado longínquo: Era preciso que você soubesse que esse país marcou uma de suas vidas: era necessário que você conhecesse os lugares onde viveu numa de suas vidas anteriores, para compreender que sua missão sagrada é importante. Ali estava todo o mistério, visto pelo prisma infinito do seu passado.

Jerusalém: essa paixão pelo país, que não vem de baixo mas como reflexo do alto... fez brilhar esse esplendor!

Pois sua luz apareceu e a glória do eterno foi levada até você.

As trevas cobrem a Terra e a obscuridade dos povos.

Mas sobre você se elevará o eterno. As nações são atraídas por essa luz e pelo brilho de sua radiação.

"Todos os esplendores da Terra não são mais do que pobres parábolas para descrever a beleza do reino do alto..." (Apoc.)

Perto de Sodoma, onde fiquei por alguns dias, tive uma profunda sensação de familiaridade, às margens do Mar Morto. Meu olhar desliza sobre a imensa extensão de areia onde estão enterrados os vestígios de um passado sagrado, vestígios que resistiram ao assalto dos séculos e à obra de destruição que foi empreendida.

Assim, criação no tempo e, para isso, um criador, Deus.

Essa estátua de sal de Sodoma e Gomorra, essa expedição de castigo, está gravada em todas as memórias.

Foi na época de Abraão que Sodoma e Gomorra foram destruídas.

O Senhor disse: *"Se eu pudesse, esconderia de Abraão o que devo fazer, pois todas as nações nele serão abençoadas..."*

O Senhor acrescentou: *"O clamor que sobe de Sodoma e de Gomorra é imenso, e seus pecados, enormes. Então descerei e verei se suas obras correspondem a esse grito que chegou a mim, para saber se isso é assim ou não."*

Então, dois homens partiram na direção de Sodoma. Mas Abraão ainda permaneceu diante do Senhor...

"Pois iremos destruir esse lugar, porque o grito das abominações dessas pessoas ergueu-se cada vez mais diante de Deus."

O sol se levantou sobre a Terra ao mesmo tempo em que Ló entrou em Segor.

Nesse momento, o Senhor fez cair do céu sobre Sodoma e Gomorra uma chuva de enxofre e fogo.

E essa chuva destruiu as cidades e toda a região, com todos os que a habitavam, e toda vegetação e toda forma verde que houvesse sobre a Terra.

"E a mulher de Ló olhou para trás e se tornou uma estátua de sal." (Gên., 19:26)

"Depois de se levantar de manhã, Abraão foi ao lugar onde antes havia estado com o Senhor, e olhando para Sodoma e Gomorra viu as cinzas fumegantes que subiam da terra como a fumaça de uma fornalha."

O vale desapareceu para sempre e se tornou um lago desprovido de peixes, testemunho do sacrilégio.

As montanhas mergulharam no mar, onde se tornaram brancas como cristal.

De Sodoma e Gomorra, resta a força vingadora dessa narrativa bíblica que impressionou... o homem.

O Mar Morto guarda todos os seus mistérios.

O Livro Sagrado é uma relação de acontecimentos que realmente se deram. As descobertas permitem compreender melhor as narrativas do Antigo Testamento e surtem efeitos abaladores que influem, de maneira decisiva, no mundo como um todo, em toda a histórica bíblica.

Em todas as civilizações misteriosas, existe algo de maravilhoso e de trágico que agora reencontramos, e que vem sendo resguardado desde a noite dos tempos como vestígio de um passado histórico, tesouro invejado, lembrança de uma cultura desses profetas, desses gênios que criaram obras hoje desaparecidas, junto com seus segredos. Essa é a história de uma civilização.

É o misterioso desígnio do Além para os povos.

Séculos de silêncio nos separam de Moisés e Josué.

∞

Deus Transmite a Moisés os Mistérios Sagrados

Moisés, em quem se reúnem todas as formas de mediunidade, canta em vários lugares cânticos inspirados no Eterno.
(Segundo o Capítulo 2 do Deuteronômio)

Moisés, príncipe herdeiro do Egito, tinha sido educado num Espírito de sabedoria. Aprendera o segredo dos mistérios de Ísis graças a seu padrasto Jetro, sumo sacerdote de Heliópolis.

Foi então, através das montanhas do Sinai, que ele guiou o povo hebreu até a Terra Prometida.

Moisés sucedeu ao último patriarca, Abraão. Deus assim o decidiu para o mundo terrestre. Ao transmitir Suas palavras a Moisés, Ele traçou o caminho da eternidade.

Deus transmitiu a Moisés os mistérios, compreendendo as doutrinas teológicas, o dogma da unidade de Deus e o fundamento da Fé invisível.

Profeta, Moisés é um médium vidente. Deus lhe apareceu na sarça ardente, no monte Horeb, e ele recebeu as sagradas palavras de Deus no Sinai:

"Quando ele se inclina sobre o propiciatório da Arca da Aliança, ele ouve vozes." (Números, 7:89)

Ele é médium psicógrafo quando anota, sob o ditado de Eloim, o texto das Tábuas da Lei.

Sua transfiguração luminosa é vista quando ele desce do Sinai. Na fronte, ostenta uma auréola de luz.

Médium poderoso, desfecha uma descarga fluídica sobre os hebreus revoltados no deserto.

Moisés canta em vários locais cânticos inspirados no Eterno, como o do Deuteronômio.

Moisés serviu perpetuamente de intermediário entre Deus e seu povo. Os Dez Mandamentos, poderosos resumos da lei moral e completa apresentação da verdade transcendente, estão na Arca de ouro que contém, além deles, os livros de cosmogonia redigidos por Moisés em hieróglifos egípcios. Ela contém, também, o Livro da Aliança, ou a Lei do Sinai, pois nela está a tradição secreta.

Assim foram compostos os cinco livros de Moisés ou Pentateuco, que contêm as Leis e os Escritos Sagrados e que compreendem o que aconteceu durante 2.550 anos... Segue-se o livro de Josué, que começa a segunda parte da história santa da Bíblia, vemos que ele contém o que se passou desde a morte de Moisés até a sua.

No Pentateuco, Moisés triunfa milagrosamente sobre todos os obstáculos. Deus está ao seu lado o tempo todo. Ele aparecia sobre o Tabernáculo como uma nuvem resplandecente na glória do Senhor. Moisés é o único que pode entrar ali.

O Gênesis é o primeiro livro da Lei. Os cinco livros nos revelam a vontade de Deus, o destino do mundo e do homem.

Deus havia escolhido o povo hebreu para ser o testemunho do Seu reino, de Suas leis e de Seus profetas.

Pois as grandes verdades são e serão eternas, como o fundo do mar.

É com Moisés, como acontecera com o Patriarca Abraão, que Deus faz aliança; ele transmite seus poderes e diretivas a Josué, que o sucedeu e a esses grandes profetas. Ele também lhe confere todas as possibilidades de comunicação direta...

Freqüentemente, em suas visões, Moisés ia até as esferas divinas. Para ele não havia nada velado; todas as verdades lhe eram reveladas na grande luz. E seu poder de comunicação não tinha limites, pois sua missão divina tinha um sentido perfeito: ele devia revelar as diretrizes do Além.

O homem não consegue suportar o fulgor da glória divina. "Mas por um privilégio... Moisés é, em certos momentos, admitido à presença do Senhor. Mais que isso, ele privou da 'amizade' de Deus, torna-se seu porta-voz e confidente... o único mediador entre Deus e os homens..." (Ex., 33:7-11)

O Espírito Falou Com Você

Você deve regressar à época de uma vida anterior, àquela época gloriosa em que Deus descia a Moisés, que consagrou os profetas. Para Moisés, esse grande profeta, nada estava oculto. Durante sua dura peregrinação, você estava bem perto dele, sobretudo no final da vida dele, quando então você o acompanhou e apoiou em seus derradeiros momentos. Você recebeu as últimas palavras que ele proferiu, sua derradeira visão do mundo, e então você o sucedeu. E sua missão dá continuidade à obra dele. Deus também concedeu a você a Sua bênção, como a havia dado antes a Moisés, e com ela você tem se batido pela verdade, nos fatos mais marcantes sempre segundo as palavras de Deus, em Deus e por Deus.

É preciso compreender claramente que Moisés foi o profeta divino de Deus. Você deve esclarecer que ele via Deus face a face numa claridade luminosa e que ele prosseguia com sua missão divina. Igualmente, perto do final de sua missão... Ele falou com você e você prosseguiu com Moisés e depois dele.

∞

Josué, Sucessor de Moisés

Moisés disse a Josué: "Eu sou um servidor do Eterno, assim como você, Josué, tornou-se um servidor desde que passou a ser o meu sucessor. É Deus que sabe quais Espíritos são humildes e mansos, ou orgulhosos. Eu certamente não tive esse amor pela posteridade que você possui no mais profundo de si mesmo, e ao qual declaro, em toda humildade, não ter conseguido chegar, pois, antes de tudo, eu quis fazer uma lei inteiramente rigorosa. A necessidade obrigou-me a deixar em segundo plano a sabedoria e a bondade.

"Por isso é que você levará esse povo até onde eu não pude fazê-lo, Josué. Para cada tarefa é preciso um trabalhador que fale, não só com o seu Espírito, mas também com o seu coração."

E Moisés deu um sorriso, satisfeito:

"No céu, a vida é eterna na paz de Deus; por isso é que a tristeza é atenuada quando chega o momento de deixar o invólucro carnal.

"Esse foi o ensinamento que recebi de Jetro, o conhecimento dos egípcios, que não se enganavam. Depois, fui interceder junto a Deus para salvar esse povo, que nunca demonstrou reconhecimento. Fiz de tudo e rezei muito para tirar Israel de seu exílio. A hora do meu repouso enfim chegou. É a sua vez, Josué, de conhecer o Espírito de Deus e, sobretudo, de fazer-se entender pelo povo. Ao nascer do dia, você me acompanhará até o monte Nebo."

Moisés chamou Josué e, diante de todo o povo de Israel, lhe disse: "Você será iluminado por Deus nos momentos necessários, do mesmo modo como eu o fui nos momentos decisivos de nosso longo êxodo."

Então Deus disse: *"Moisés! Aproxima-se o dia de tua morte, o momento de te preparares para te reunires a mim. Faze vir Josué, e apresentai-vos os dois diante do tabernáculo de testemunho para que eu lhe dê as minhas ordens."* Moisés e Josué se dirigiram então para lá.

E o Senhor falou na coluna de nuvem que se deteve à porta do Tabernáculo. Deus disse a Moisés: *"Tu dormirás o sono da morte com teus pais! E esse povo se entregará a deuses estrangeiros no país onde entrará para morar. Ele se afastará de mim enquanto aí permanecer e violará a Aliança que fiz contigo. Todos os males e enfermidades cairão sobre eles."*

Depois que Moisés terminou de escrever os mandamentos dessa lei, deu ordem aos hebreus para "colocar esse livro ao lado da Arca da Aliança do Senhor vosso Deus, para que sirva de testemunho contra vós, pois sei qual é a vossa obstinação e o quanto sois duros e inflexíveis. Sempre resististes ao Senhor. O quanto não fareis quando eu estiver morto!

"Mergulhareis na iniqüidade. Muito em breve vos desviareis do caminho que vos recomendei, e depois vos surpreendereis com a imensidão dos males.

"Alcancei a idade que Deus determinou para mim. Meu tempo se acabou. Josué, vosso chefe supremo, tornou-se o mais forte dentre vós. Assim, daqui em diante, ele é quem vos irá conduzir segundo a lei até a Terra Prometida de vossos ancestrais. Abençôo a todos e, particularmente, a este servo de Deus."

... Moisés retomou a consciência, abrindo os olhos, como na época de sua juventude. Suspirou e compreendeu que realmente estava na hora de abandonar este mundo de sofrimentos e misérias. Disse: "Ó Deus! Vivi na saúde e tornei-me centenário. Deixa-me dormir o sono da Terra."

"Moisés subiu então das estepes de Moab para o monte Nebo, que está diante de Jericó, a cidade das palmeiras. E o Senhor lhe mostrou toda a terra." (Deut., 34:1)

Quais foram os pensamentos de Moisés, profeta centenário? O que estava ele sentindo ao passar a contemplar a Terra Prometida, ao ver a terra de Canaã?...

"Vejo a Terra Prometida na qual jamais pisarei. Mas posso contemplá-la." Ele disse: "Amanhã entrareis nela."

Moisés abençoou as doze tribos e predisse o que iria acontecer com elas.

Moisés havia amado somente a Deus e permaneceu fiel à sua missão até a morte.

No momento de morrer, Moisés teve uma visão angustiante: não podia tratar-se senão de um futuro mais ou menos distante. Os hebreus viam aí o começo do seu fim.

E à medida que seu Espírito se desligava do corpo, essa visão terrível levantou todos os véus. Ele viu a realidade do futuro, as traições de Israel, os crimes, a morte atroz dos profetas, a corrupção no Templo do Senhor, os livros da Lei truncados, falsificados por sacerdotes velhacos, hipócritas, a doutrina sagrada sufocada e os profetas perseguidos.

Enquanto o Espírito de Moisés ia para o Senhor, Josué e os que o assistiam ouviram aterrorizados a terrível profecia do profeta moribundo: *"Israel traiu seu Deus. Que ele se disperse pelos quatro ventos do céu!"*

Fechado o coração ao passado para enfrentar seus derradeiros instantes de vida, apareceu então a seus olhos o ponto mais alto da montanha. Moisés tropeçou e caiu no precipício sem um grito, provocando uma avalanche de pedras.

Quando o corpo esquartejado de Moisés se deteve, seu Espírito já se havia elevado ao céu.

Todos os que o rodeavam olharam aterrorizados para Moisés, que havia entregue seu Espírito, pois suas últimas palavras haviam sido uma maldição.

O profeta Moisés morreu assim, nesse lugar, de frente para Jericó, a cidade das palmeiras. E homem algum, até hoje, teve conhecimento do local exato onde foi enterrado.

Não existe nenhum outro profeta comparável a Moisés, a quem o Senhor falou como de um homem para outro, face a face, e que realizou obras tão grandes e tão maravilhosas.

A ENTRADA NA TERRA PROMETIDA; JOSUÉ

Deus "eleva" seu servidor Josué aos olhos de todo o povo (caps. 3 e 7) como elevou Moisés, para confirmar sua autoridade.

Depois da morte de Moisés, servo do Senhor, o Senhor falou com Josué, ministro de Moisés:

"Estarei contigo como estive com Moisés... Sê firme e corajoso."

Estas são as primeiras palavras do Eterno a Josué, no momento em que lhe confia a árdua tarefa de suceder a Moisés e de conduzir o povo à Terra Prometida.

Deus promete a Josué estar sempre com ele. Josué ordena ao povo que se prepare para atravessar o Jordão.

A travessia do Jordão, a seco, é uma evocação da travessia do Mar Vermelho (caps. 3 e 4). Desta vez, porém, é a Arca do Eterno que detém as águas do rio.

"Moisés, meu servo, morreu. Levanta-te e atravessa o rio Jordão, tu e todo o povo contigo, para entrar na terra que darei aos filhos de Israel.

"Os limites desse território serão desde o deserto e o Líbano até o grande rio, toda a terra de... até o Grande Mar voltado para o poente do sol.

"Ninguém te poderá resistir nem ao meu povo; durante toda a tua vida, assim como estive com Moisés, estarei contigo, jamais te abandonarei, nem desampararei.

"Eu te ordeno: toma coragem e arma-te de grande firmeza para observar e cumprir a Lei que Moisés te ordenou, para que faças com inteligência tudo o que for preciso, pois em qualquer lugar onde estiveres, o Senhor, teu Deus, estará contigo."

JERICÓ

O anjo do Senhor apareceu a Josué e lhe revelou a santidade e a força do Eterno nos mesmos termos que usara com Moisés. (Jos., 5:15)

"A conquista de Canaã será feita, não pela força dos homens, mas pela mão de Deus; é isso o que simboliza a tomada de Jericó." (Jos., 6)

Josué enviou secretamente dois espiões e lhes disse: "Ide e examinai a terra e a cidade de Jericó."

Depois que tinham entrado na cidade, os espiões aí permaneceram três dias; depois, descendo a montanha, vieram de novo ao encontro de Josué.

E lhe disseram: "Realmente o Senhor nos entregou toda essa terra em nossas mãos; e todos os seus habitantes estão apavorados diante de nós."

O Senhor disse a Josué: *"Hoje começarei a engrandecer-te aos olhos de toda Israel, para que ela saiba que assim como estive com Moisés, estarei contigo."*

"Quando os sacerdotes que levavam a Arca do Senhor, o Deus de toda a Terra, entraram no Jordão, as águas que vinham da cabeceira do rio pararam no mesmo lugar e formaram como uma montanha; mas as águas que desciam escoaram no mar do deserto hoje chamado de Mar Morto, até que toda a nação acabou de atravessar.

"O Senhor vosso Deus, secou as águas diante de vós, até que todos tivessem atravessado o leito do rio.

"Na época de Moisés, o Senhor já havia feito com que o Mar Vermelho secasse até que todos tivessem passado.

"Para que todos os povos da Terra reconhecessem a mão todo-poderosa do Senhor e aprendessem a respeitar para sempre o Senhor vosso Deus."

Josué se encontrou com seu povo diante dos muros de Jericó.

Então disse o Senhor a Josué: *"Eu entreguei nas tuas mãos Jericó, o seu rei e os seus homens de guerra."*

Essa foi a história da Arca da Aliança, carregada pelos sacerdotes ao redor da cidade e, no sétimo dia, as muralhas caíram ao som das trombetas...

Quando Josué conquistou a fortaleza de Jericó, a cidade já contava mais de 7.000 anos. Muitas casas dessa cidade desabaram dentro de seus muros. Mas depois foram reconstruídas.

JOSUÉ PÁRA O SOL

A cidade de Gabaon estava sendo sitiada por cinco reis e Josué marchou para lhe dar socorro. Fez com que os cinco reis vencidos morressem e se apoderou de várias cidades...

Josué disse: "Sol, detém-se sobre Gabaon, e tu, Lua, sobre o vale..." E o sol se deteve no meio do céu durante um dia.

Josué tomou toda a região, segundo o que o Senhor havia prometido a Moisés, e deu-a aos filhos de Israel; a guerra então cessou nesses lugares.

Josué disse ao povo: "Se abandonardes o Senhor e servides a deuses estrangeiros, Ele se voltará contra vós, vos infligirá dores e vos arruinará mesmo depois de todo o bem que Ele vos fez.

"Expulsai, portanto, agora, do meio de vós os deuses estrangeiros e inclinai os vossos corações, submetendo-vos ao deus de Israel."

É em Siquém, local onde Josué acaba de levar Israel à Terra Prometida, que Israel renova sua aliança *com o Eterno*. (Jos., 24) Josué adverte o povo sobre a gravidade desse compromisso: *"Não podeis servir ao Senhor, pois Ele é um Deus santo..."* e, diante da resposta afirmativa do povo, ele exclama: *"Sois testemunhas contra vós mesmos de que escolhestes ao Senhor para O servir."*

O povo respondeu a Josué: "Serviremos ao Senhor nosso Deus e obedeceremos às Suas ordens."

Ele escreveu no livro da Lei de Deus e, tomando em seguida uma grande pedra, que colocou debaixo de um carvalho que estava no santuário do Senhor.

"Esta pedra que vedes vos servirá de testemunho; ela ouviu todas as palavras que o Senhor vos dirigiu."

Depois disso, Josué, servo do Senhor, morreu. E foi enterrado na montanha ao norte do monte Gaás.

Israel serviu ao Senhor durante toda a vida de Josué e dos anciãos que viveram... Eles conheciam todas as obras maravilhosas que o Senhor havia feito...

Os acontecimentos provarão que Israel deslizou irremediavelmente para a paganização e que os homens de Deus terão pela frente uma batalha incessante para a preservação da sua integridade.

"Mas, como Moisés, Josué se bateu contra a incredulidade e a desobediência do povo. Castigos rigorosos mostram a Israel que não se zomba impunemente de Deus..." (6: 22-29)

∞

Missão dos Profetas

Moisés recebia a palavra divina por via direta; elas lhe eram dirigidas face a face, em aparições claras e sem enigmas. É a própria imagem de Deus que ele contempla.

O Eterno diz a Moisés: *"Reúne-me setenta homens... Entre os anciãos do povo... Lá virei e falarei, e retirarei uma parte do Espírito que está sobre ti para fazê-la repousar sobre eles; carregarão contigo o peso do povo, e tu não o carregarás mais sozinho."* (Números, 11:16-17)

Tão logo isso aconteceu, as poderosas faculdades se transmitiram aos setenta anciãos. Por sua vez, eles começaram a profetizar.

A palavra de Deus não vive senão através de Seus profetas.

Assim começa o profetismo ou mediunidade sagrada. Moisés foi o legislador imortal do seu povo.

Você deve escrever sobre os profetas, pois Deus disse: *"Essa é toda a Lei dos profetas: não existe outra."*

Você deve evocar a vida de recolhimento que levavam e a obra que realizaram; por meio de sua fé nos acontecimentos da história, eles propagaram os preceitos do Deus único.

Os profetas sabiam atrair as influências supremas e interrogar os Espíritos. Nós os encontramos na narrativa bíblica desde a noite dos tempos.

Lá estabelecia-se, por meio da invocação, a comunicação íntima entre o homem e o mundo celeste.

Quer nas montanhas da Judéia, quer no deserto, nessa natureza selvagem, era lá que o profeta ou médium tornava-se o intermediário entre os dois mundos.

Os anciãos conheciam os princípios e os mistérios e não revelavam senão aos discípulos os mistérios antigos; e seus resultados eram surpreendentes.

As manifestações proféticas na história foram a fonte de verdades nas quais buscaram sua força e inspiração os profetas desde Abraão, Moisés e Josué...

Eles foram "a boca de Deus".

Foram "as sentinelas do Eterno".

A religião dissimulou as faculdades mediúnicas dos profetas. É verdade que Deus se comunicava com Moisés e seus profetas pela voz, por visões, aparições e por inspiração. Imbuídos de sua missão, eles sempre se inspiraram na constante comunicação com os Espíritos, entre o mundo celeste e o terrestre, e receberam mensagens em sua fé absoluta.

Encontramos na Bíblia textos sobre a vida desses profetas, cujo precioso concurso permitiu mostrar que a palavra de Deus sabia escolher aqueles aos quais confiar uma missão: a *tocha do profetismo* é precisamente a chama da sagrada *mediunidade*.

∞

Os Tempos da Igreja

"Deus o constituiu Senhor e Cristo, a esse Jesus a quem vós crucificastes."

(Atos, 2:36)

Moisés foi aquele por intermédio de quem a fé divina se espalhou por toda a superfície da Terra. O Cristo, tomando a lei do Antigo Testamento, que é eterno e divino, acrescenta-lhe a revelação da vida futura.

Essa revelação da imortalidade da alma e das vidas futuras mudou profundamente as relações mútuas dos homens e fez com que a vida presente fosse vista sob nova luz.

Essa é a doutrina espírita, que Jesus resume e da qual nós nos desviamos. E muitas outras passagens reveladoras foram ocultadas pela Igreja, tendo perdido seu verdadeiro sentido com as interpretações que ela lhe deu.

O Evangelho do Jesus crucificado se espalhou por toda a Terra com tal rapidez que poder nenhum foi capaz de deter o seu curso.

A simples narrativa da santidade de Sua vida, ao lado da verdade de Seus milagres e da sua graça, souberam chamar e submeter todas as nações da Terra ao jugo do Evangelho.

A Igreja romana separou e rompeu o laço que unia os vivos e os mortos. Sob o fogo das paixões e de correntes de opiniões contrárias, ela não revelou mais as verdades.

Muitos pensamentos sublimes foram truncados e muitos fatos mal interpretados descaracterizaram os ensinamentos de Jesus.

Se o pensamento do Cristo existe nos textos sagrados dos Evangelhos da Igreja romana, ele se encontra desfigurado e, sobretudo, misturado com elementos que o transformaram e que foram introduzidos pelos papas e pelos concílios, cujo único objetivo era fortalecer a autoridade da Igreja e torná-la inabalável.

Os trechos obscuros do Evangelho foram calculados intencionalmente.

Os ensinamentos de Jesus e as verdades do Cristo estão nele ocultos por trás de véus simbólicos... As trevas invadiram o mundo.

O apoio do Imperador romano fez de Paulo o verdadeiro "inventor" do catolicismo romano.

Fariseu, Paulo ou Saulo, judeu de Tarso, cidadão romano, com sentimentos violentos em relação a Jesus, que ele jamais havia visto nem de perto nem de longe, e que nunca foi seu Apóstolo, perseguia seus discípulos e todos os que o cercavam. Não foi ele que, em Jerusalém, perseguiu aqueles que evocavam o nome de Cristo?

Já no ano 44 vemos os escritos de Paulo, as grandes epístolas, enquanto o Evangelho de Marcos foi escrito no ano 70, o de Mateus e Lucas anos mais tarde, e o de João já perto do final do século.

Como, em meio a acontecimentos políticos semelhantes àqueles que desolavam Israel, com uma organização daquele tipo, com a dificuldade de relacionamento que havia entre as várias Igrejas, na ausência de uma orientação que não existia em parte alguma, como a unidade dessa doutrina pôde ser mantida?

Era preciso cortar as pontes de ligação com a religião judaica de Moisés e seus profetas, o último bastião.

No ano 51 de nossa era, foi convocada uma assembléia em Jerusalém, cidade da mais estrita observância. Com essa finalidade, a assembléia libertou formalmente os cristãos daquela que havia sido a sua origem, a legislação mosaica. Esse foi um acontecimento de impacto capital.

Essa assembléia foi convocada com vigência em caráter universal, de modo soberano, em nome do próprio Deus... A tal ponto que hoje em dia esse evento é designado como Concílio de Jerusalém, permitindo com isso que seja contado como o primeiro dos vinte concílios que o sucederam.

A assembléia de Jerusalém, por meio dessa decisão, terminou por cortar os últimos elos que mantinham a nova fé cristã ligada ao culto dos profetas do Antigo Testamento, abrindo desse modo as comportas ao mais complexo e obscuro catolicismo, que lançou os homens na rota do martírio e que será responsável pelos maiores padecimentos e pelas mais atrozes perseguições, que irão se perpetuar e que nós, Espíritos, vamos revelar.

Quanto mais nos aprofundamos nas origens do cristianismo, mais constatamos sua ligações com o livro hebreu... Cada um dos Evangelhos contém inúmeras citações do Antigo Testamento, mais de trezentas, embora truncadas e dispersas. A liturgia e a prece cristã valem-se diretamente dos usos religiosos do Antigo Testamento, que multiplica seus símbolos.

Paulo de Tarso, instigador lúcido, dispôs-se a regulamentar, nas duas epístolas a seu fiel Timóteo, bispo de Éfeso. Todos os pontos principais da vida eclesiástica, os deveres respectivos dos bispos, dos sacerdotes, dos missionários, apóstolos e profetas, dos diáconos e das viúvas que ajudavam a Igreja...

No ano 70, no momento em que Jerusalém estava prestes a desaparecer nos ventos da história e cair sob a espada do Imperador Tito, quando os hebreus viam fechar-se para eles o seu destino, já há muito tempo estava consolidada a síntese criativa do passado com o futuro, e a Igreja havia definitivamente virado a página. Mais que de qualquer outro, essa doutrina foi a de Paulo... em benefício da autoridade do Imperador.

"Só o fato de pôr os olhos em Paulo, que tanto trabalhou contra a Torá, irrita os formalistas judeus." (Atos, 21:40; e 22)

"Eis o homem que por toda parte deblatera contra a lei do Altíssimo! Eis o rebelde, o profanador do lugar santo!" (Atos, 21:27-30)

Paulo truncou a doutrina pura e verdadeira, o cristianismo puramente moral e "evangélico" de Jesus, deformando-a num catolicismo romano, dogmático e teológico. Foi essa a sua maneira de negar o sobrenatural em Cristo, ao atribuir a si mesmo, em grandiosas epístolas, um processo de divinização... quando ele se identifica com Jesus Cristo a ponto de dizer: *"Fui crucificado com Cristo; se vivo, não sou mais eu quem vive, mas Cristo que vive em mim!"* (Gál., 2:19-20)

Depois de a Terra ter visto dias sombrios, sopros violentos vêm dissipar as trevas da incerteza.

Cabe ao homem lembrar incessantemente que, acima de todas as legislações humanas, existe uma justiça divina, da qual as pessoas não podem zombar impunemente.

∞

O Mundo Inteiro Vibra à Idéia de Deus

A Igreja Católica diz aos homens: "Crêde, obedecei ou afastai-vos de mim." Ela não é a escrava, nem a cliente, nem assistente de ninguém. Ou é a rainha ou não é nada.

O Decálogo estipula as bases da ordem de Deus e as leis (Ex., 21-23) são a sua aplicação concreta dentro das circunstâncias do tempo.

As revelações são verdades espirituais que o homem não pode conhecer por si mesmo. Elas são um dom de Deus transmitido por seus mensageiros, quer por visões, quer por palavras, quer ainda por inspiração. A revelação sempre é dada a seres escolhidos, os profetas.

Isso implica submissão, uma fé profunda e uma íntima comunhão com o Espírito missionário. É preciso aceitar esse dom. O desapego em relação a si mesmo é necessário para que essa faculdade seja conservada.

Esses seres privilegiados, os profetas, estavam ligados aos povos com os quais conviviam.

Eram considerados por eles como seres superiores; os povos os rodeavam e consultavam para predições, para beneficiar-se de seu poder de cura e de suas revelações, guiados por grandes Espíritos missionários, por sua energia, por seus conhecimentos, que levavam a humanidade a progredir, em épocas variadas, nas quais o homem, lançado à própria sorte, tinha necessidade de uma renovação.

Eles encarnaram pela vontade de Deus, tendo em vista colaborar com o progresso.

Por Sua vontade, Deus enviou Seu pensamento ao mundo valendo-se de mensageiros, os grandes Espíritos, os gênios, os médiuns, o brilho das estrelas através de séculos, como fogos acesos nos altares do mundo pelos iluminados predestinados que semearam, em todas as eras, os embriões do progresso, do mesmo modo como os filósofos, cujas idéias atravessaram os séculos e revolucionaram o mundo.

Assim, retomando a linha do tempo, lendo a Bíblia, o Evangelho e os livros sagrados de todos os povos, é rigorosamente exato que encontramos textos nos quais se forma a mediunidade sob suas mais variadas formas: a inspiração, a clariaudiência e a clarividência.

A história dos profetas termina pelo aparecimento do Cristo. A própria vida de Cristo está repleta de manifestações. Jesus foi o mais inspirado. O mistério do invisível O envolveu com suas maravilhosas faculdades.

Depois do calvário de Jesus, ao sufocar o profetismo, a Igreja romana quis ser a única revelação perpétua... *"E um número incontável de profetas acabaram pelo martírio."* (Jer., 26:20-24)

A Igreja romana não soube conservar a chama divina da qual era depositária e, por um castigo enviado do alto, a noite que tanto desejou se abatesse sobre os outros terminou abatendo-se sobre ela mesma. Foi assim que fora dela, e inclusive à sua revelia, a partir de um determinado momento da história realizou-se todo o movimento, toda a evolução do Espírito humano. Foram necessários séculos de esforço para dissipar o obscurantismo que pesava sobre o mundo nos momentos finais da Idade Média.

Não é mais o fogo de Pentecostes que inflama a Igreja católica romana. A chama generosa está extinta; o sopro divino e Jesus não a inspira mais.

O Espírito de Jesus abandonou a Igreja romana. Ela não é mais uma instituição da ordem divina. Não brilha mais senão à custa de sua grandeza passada. Curvou-se diante do poder político. A Igreja colocou o papa no lugar de Deus.

No século XIX, a Igreja romana atribuiu a si mesma a infalibilidade do papa, o direito divino. *Com isso, elevou o papa acima de Deus.*

Uma das maiores faltas da Igreja romana, no século passado, foi a instituição do dogma da infalibilidade pessoal, do direito divino do pontífice romano.

Esse dogma, imposto como um artigo de fé, é um desafio lançado contra toda a humanidade.

A Igreja católica dificilmente se redimirá dessa grave falta, desse dia em que ela divinizou um homem. O papa ostenta seus títulos de pontífice e rei. Será que a expressão *ídolo do Vaticano* é algum exagero?

Os papas abençoam todas as bandeiras, consagram todas as usurpações, pregam a paz e fomentam a guerra. A casa de Deus se tornou um banco. O lar da vida foi atingido...

No limiar do século XXI, o papa João Paulo II está em permanente conflito com a sociedade atual. A Igreja atravessa uma das mais graves crises da sua história.

O pensamento de Jesus não serve mais de inspiração, e os dons maravilhosos do Espírito de Pentecostes estão esgotados.

A decadência e a impopularidade da Igreja romana são evidentes. O reino do dogma está morto, e agora começa o do Espírito. O fogo de Pentecostes, que abandona o candelabro de ouro, vem acender outras chamas.

A alma humana, com suas raízes profundas, mergulha no infinito. Seu destino faz parte das harmonias divinas e da vida universal. Pela força das coisas, o homem se reaproximará de Deus.

O declínio da Igreja não é o sintoma de um crepúsculo; ao contrário, é a aurora de um astro que se levanta; como a tempestade que se forma sobre os vales, o céu azul reaparecerá. A obra divina se difundirá, a fé renascerá nas almas e o pensamento de Jesus refulgirá ainda mais, pleno de azul e serenidade.

∞

Três Grandes Revelações Dominam a História

Cristo disse: "Não penseis que vim destruir a Lei ou os Profetas. Eu não vim destruí-los, mas dar-lhes pleno cumprimento..."
(Mat., 5:17-18)

Você transmite e confirma o que está escrito na Bíblia. Esse livro sagrado está cheio dos mistérios do invisível que se irradiam através dos séculos: suas páginas permanecerão gravadas.

A obra dos profetas foi considerável. Sua missão era espiritualizar a religião de Moisés. Foram os conselheiros dos reis de Israel. Tinham vivido muitas vidas.

Os Dez Mandamentos e Deus permanecem como o farol que deve iluminar a humanidade ao longo do desenrolar dos séculos.

Na realidade, três grandes revelações mediúnicas dominam a história. Aos profetas de Israel sucedeu o médium divino, Jesus. O espiritismo é a última revelação, a difusão espiritual anunciada por Joel (II: 28-29).

A primeira revelação foi a de Moisés, profeta e vidente.

A segunda revelação foi o Cristo, Messias divino. A vida do Cristo está cheia de manifestações.

Jesus foi o maior inspirado, o maior de todos que o sopro divino elevou durante sua passagem pela Terra. O mistério do invisível envolve Sua pessoa.

"Jesus, na montanha da Transfiguração, conversa com Moisés e Elias, que encarnam a antiga aliança — a Lei e o Espírito..." (Marcos, 9:4)

Com um simples olhar, ele expulsa para longe os sofrimentos.

Cristo foi o inovador da moral evangélica cristã, que devia reaproximar os homens, torná-los irmãos, fazendo brotar de todos os corações o amor ao próximo e uma fraternidade que deveria mudar o mundo, tornando-o um local de permanência para os grandes Espíritos. Essa é a lei do progresso.

Cristo não veio destruir a lei de Deus e dos profetas, mas cumpri-la, desenvolvê-la, dar-lhe o seu verdadeiro sentido.

Cristo previu que toda criatura teria necessidade de ser consolada. As últimas palavras de Cristo foram muito claras, mas tem-se evitado aprofundar seu sentido profético:

Cristo acrescenta:

"Eu vos enviarei o Consolador. Eu teria ainda muitas coisas para vos dizer, mas não poderíeis compreendê-las agora. Quando vier o Espírito da Verdade, ele vos ensinará todas as coisas." (João, 16:12-13)

O espiritismo é a terceira revelação.

"A chave da qual Deus se serve para fazer avançar a humanidade."

O espiritismo tem seu ponto de partida nas próprias palavras de Cristo, como este tem o seu nas de Moisés.

É a voz dos Espíritos, a voz do céu anunciada por Cristo, que veio revelar e restabelecer a verdade transmitida por meio mediúnico ao Consolador.

É o Espírito da Verdade que preside o grande movimento da regeneração. A promessa de sua vinda encontra-se efetivamente realizada, pois o fato é que Allan Kardec foi o escolhido. Ele é o verdadeiro Consolador.

O grande Mestre Allan Kardec disse: "Não vim de modo algum destruir a Lei mas, da mesma forma que o Cristo, cumpri-la."

Ele nada ensina que seja contrário ao que o Cristo ensinou. Antes, desenvolve e explica em termos claros o que tinha sido dito pelo Cristo.

O Espiritismo alçou vôo no século XIX com a vinda do grande Mestre Allan Kardec.

O Espiritismo É Universal

Na luz secreta, encontramos a chama interior de todas as religiões e de todas as verdades filosóficas.

A chama da nossa história é o mais belo romance mediúnico.

O profetismo, durante vinte séculos consecutivos, é o fato mais marcante da história. Ao virar as páginas da Bíblia, vemos que os profetas são médiuns inspirados.

O espiritismo é encontrado em toda parte na Antigüidade e em todas as eras da humanidade. Por toda parte encontramos traços dele nos Escritos que fizeram a graça e a crença, gravados em pedras e monumentos.

Ele esclarece o passado e abre-nos os horizontes e os mistérios do futuro, pois muitos pontos do Evangelho são ininteligíveis e freqüentemente truncados e irracionais.

Você sabe que são os Espíritos, e apenas os Espíritos, que revelam a doutrina espírita com perfeita sinceridade. Exatamente como você, para divulgar e convencer as pessoas que a rodeiam.

Deus quis que as revelações chegassem aos homens pela voz dos Espíritos. Eles têm levado os ensinamentos pelo mundo todo. Em toda parte, suas vozes se fizeram ouvir e atraíram milhares e milhares de adeptos para a chama do espiritismo.

Esse é o espiritismo que revela ao homem a fraternidade entre os dois mundos, em constante consonância.

A chama do espiritismo brilha desde toda a eternidade.

Todos os grandes progressos intelectuais são criados pelo sopro poderoso da inspiração, pelos precursores que têm transmitido uns aos outros a chama da mediunidade ao longo de vários séculos, reveladores e na sua plenitude.

O universo tem galgado as alturas da história perpétua. Nossos antepassados, os profetas e os médiuns, transmitiram e semearam o progresso espiritual no qual tudo se renova no seio do vasto oceano da vida.

A doutrina espiritualista e humanitária levantaria vôo com a vinda do grande Mestre Allan Kardec. Muitos lares se iluminariam em todos os cantos do universo nesse retorno de luz; nesse longo caminho através dos séculos, a nossa história iria fazer brotar a chama do espiritismo na imensidão de um céu divino.

Os grandes Espíritos iriam iluminar novamente o mundo e trazer sua contribuição, como estrelas de ouro que o mundo invisível lança sobre o nosso universo.

Depois de dezenove séculos, os Espíritos, como os astros, enviam à Terra suas sutis radiações.

Deus, julgando que o mundo está pronto para penetrar no mistério do mundo invisível e contemplar as maravilhas do mundo dos Espíritos, levantou a pontinha do véu que separa os dois mundos.

Em sua infinita bondade, Ele nos enviou a revelação da filosofia espírita por meio do Consolador e grande mestre, Allan Kardec.

É a consolação das vidas sucessivas, ditada a Allan Kardec pelo Espírito da Verdade, que não é outro senão o próprio Cristo.

O século XIX foi extraordinário, porque os Espíritos missionários e Deus vieram com a sua colaboração.

Quando o fogo sagrado se extingue em um ponto, outras chamas se acendem. Jamais a noite total cobre o mundo com suas trevas. Sempre existe o brilho das estrelas no firmamento.

Foram necessários vinte séculos para que o papa João XXIII, esse grande profeta, transformasse o poder absoluto da Igreja romana e os grandes Espíritos pudessem regressar.

Em 25 de janeiro de 1959, o novo papa anuncia a convocação do famoso Concílio Vaticano II. A notícia tem o efeito de uma bomba. O próprio papa teve coragem; ele deseja que todos possam expressar suas idéias dentro de um espírito de comunhão fraternal.

O véu se levantou pela lucidez desse grande profeta, o papa João XXIII, que despertou as consciências na Casa de Deus; então a Igreja romana perdeu seu grande poder.

Ele revolucionou as instituições que a Igreja romana tinha fundado. Introduziu uma nova concepção eclesiástica, diferente, no amor ao Senhor. Foi um verdadeiro sopro de renovação na libertação do Espírito humano, pelo amor e pela fraternidade.

O papa João XXIII reuniu os irmãos separados da Igreja e abriu o caminho para estudos sobre as sociedades místicas e suas relações com a Igreja.

Na encíclica *Pacem in terris*, a Cidade se torna a Cidade dos Homens...

Na catedral de São Marcos, tive a felicidade de conversar várias vezes com o patriarca de Veneza, que se tornou papa com o nome de João Paulo I. Lembro-me de uma tarde em que vi o cardeal. Emanava de sua pessoa um sentimento de teor divino. Não pude deixar de expressar minha admiração por aquelas obras-primas. Ele me respondeu: "Se você visse o que a Igreja tem, mas a que preço!... A praça de São Marcos ainda guarda traços desse passado..."

Depois, antes que eu fosse embora, tive o privilégio de rever o patriarca de Veneza e de conversar longamente sobre o papa João XXIII, esse grande profeta eleito de Deus... E sobre o Concílio Vaticano II, que revolucionou a Igreja romana... Suas palavras estavam impregnadas de doçura... Ele me dirigiu um último sorriso e se afastou. Fiquei ali ainda mais um momento, com o coração confrangido, com lágrimas nos olhos, pressentindo já o perigo que o espreitava.

Bem mais tarde, quando ele se tornou o papa João Paulo I, e depois de sua morte misteriosa, que eu havia pressentido, foi que compreendi que ele havia tido o mesmo tipo de angústia que eu, para esse ser excepcional, sua missão divina estava encerrada.

Visão Maravilhosa do Cristo

O Cristo foi transfigurado. Seu rosto resplandecia como o sol e suas vestes divinas estavam brancas como a luz.

(Mat., 17:2)

Você deve transmitir a maravilhosa visão do Cristo. Ele lhe apareceu nas esferas divinas, para onde sua alma tinha sido transportada; você viu Sua celeste majestade, Sua aparência de Filho de Deus, numa imensa efusão de graça e glória irradiantes. Você viu uma luz emanando de Seu peito, a chama incandescente que se irradiava de Seu coração.
O Cristo também viu você. Ele nos tem ajudado na nossa divina missão.

O enunciar esse nome, Cristo, provoca em minha alma um sentimento de êxtase incomparável. A imagem se prolonga e me inspira uma felicidade absoluta. Eu gostaria que ela ficasse, eu queria retê-la. Mas ela já se tornou uma névoa; esfumaça-se e desaparece.

Você compreendeu a extensão da sua missão, que continua e vai se difundir por muitos países onde você terá a obrigação de divulgá-la; mas você está sendo ajudada e tudo sairá bem.
Saiba que você é a nossa tocha e que o seu caminho ainda será muito longo. Eu estou ao seu lado. Eu a protejo. O mundo dos Espíritos espera há séculos que as verdades sejam reveladas.

Marthe Sung
Savigny-sur-Orge
1º de fevereiro de 1995

Rose, mui querida Rose,
Depois da leitura do seu livro, sinto-me muito humilde, muito pequena, diante da grandeza da Missão para a qual você foi escolhida pelo Alto.
Pois, através de suas visões, de suas viagens pelo mundo divino dos Espíritos, onde o Grande Espírito Superior Allan Kardec é o seu guia, o seu mestre, você apresenta as Revelações e Ensinamentos para a Humanidade inteira, que, a partir de então, não terá mais a desculpa da Ignorância diante da exatidão de suas predições já realizadas.
Finalmente, as pessoas serão levadas a reconhecer a futilidade das ilusões materialistas e a pura e grande Verdade espiritual, a todo-poderosa, e o Amor de Deus.
Tudo isso terá feito parte da sua nobre missão, tão difícil mas tão luminosa: anunciar que a Verdade e o Bem triunfarão e que a Paz reinará na Terra!

Obrigada, Rose, mil vezes obrigada, muito querida Rose, por ter aceitado essa missão.
Acredite na minha gratidão e fiel amizade.

P.S.: A leitura de seu livro faz ecoar em mim a "Sinfonia do Novo Mundo".

∞
O Espiritismo, Chave de uma Nova Felicidade

Todo efeito tem uma causa. Todo efeito inteligente tem uma causa inteligente. A força da causa inteligente é proporcional à grandeza do efeito.

(Allan Kardec)

A doutrina espírita que os Espíritos ensinam hoje em dia não tem nada de novo. Encontramo-la fragmentada na maior parte dos textos dos filósofos da Índia, do Egito e da Grécia. O dogma da metempsicose é o da transmigração da alma de um corpo para outro.

O espiritismo traz novos testemunhos confirmados pelos fatos e verdades desconhecidas; ele prova, de maneira palpável, a existência do Espírito, sua sobrevivência em relação ao corpo, sua individualidade depois da morte, sua imortalidade.

O espiritismo nos revela sem sombra de dúvida a existência do mundo invisível que nos cerca e no meio ao qual vivemos. Faz-nos conhecer as condições da nossa felicidade e nos explica a causa de nossos sofrimentos neste mundo e o meio de minorá-los.

O homem convencido da importância de sua existência futura, que é eterna, compara-a à incerteza da vida terrestre, que é muito curta, e pelo pensamento se eleva além das fúteis considerações humanas. Ele suporta, com paciência e resignação, o karma que lhe permite esperar por uma vida melhor.

Do ponto de vista moral, a doutrina é essencialmente cristã nos seus ensinamentos, os quais são apenas o desenvolvimento e a aplicação das palavras de Cristo, as mais puras de todas, e cuja superioridade não é contestada por ninguém, prova evidente de que é a lei de Deus.

O espiritismo tem como base as verdades fundamentais de todas as religiões: Deus, alma, imortalidade. Mas é independente de todo culto particular. Pode-se ser católico, grego ou romano, protestante, judeu ou muçulmano e crer na manifestação dos Espíritos e, por conseqüência, ser espírita.

Melhor compreendido hoje em dia, ele diz em termos claros o que Cristo disse em parábolas. Ele explica as verdades falsamente interpretadas. Esclarece o homem a respeito dos mistérios da vida futura. Vem instituir entre os homens o reino da caridade e da solidariedade, anunciado pelo Cristo.

Moisés preparou, Cristo semeou e o espiritismo veio colher.

A filosofia espírita oferece-nos o verdadeiro segredo de nossas vidas passadas e do nosso destino presente. Como um poderoso sopro que vem do espaço, que paira majestosamente sobre o mundo, ela sai da obscuridade das eras. No olvido dos séculos, ela vai acumulando suas forças e evolui até atingir a presente forma, pois, além das civilizações extintas, dos templos e das civilizações destruídas, além desse grande oceano humano, vozes fazem-se ouvir.

No seio do amor que une todos os seres, e na percepção de Deus, na compreensão de Seus mistérios revelados aos maiores Espíritos, os mensageiros de Deus escolhem as pessoas a quem irão transmitir a Divina vontade, realizando grandes missões de ajuda ao mundo terrestre.

Os homens de gênio que foram as tochas da humanidade saíram do mundo dos Espíritos da mesma maneira como nele entraram depois de terem deixado o nosso. Esses mesmos gênios podem dar-nos instruções em sua forma espiritual, do mesmo modo como o fizeram quando tinham uma forma corporal.

A fé ardente e sincera une as almas numa harmonia universal, e o número dos fiéis é incalculável. É uma força sublime que engrandece o homem, abrindo-lhe o caminho sem fim do ideal de fraternidade e amor. Foram necessários dezenove séculos para fazê-lo penetrar na consciência da humanidade.

Tudo se explica, tudo se esclarece. Contra o pano de fundo indistinto do passado, o vidente se destaca com a chama do espiritismo em sua mão. E, nessa luz, nas profundezas dos vestígios da história, brilham em seu rosto estrelas de ouro...

∞

A Ciência e a Religião

Mesmo os gênios que iluminaram o mundo com sua grande inteligência não foram mais do que um pouco de matéria, que se extinguiu como um sopro.

Os sábios fizeram várias pesquisas e estudos buscando o que havia, e nada encontraram além de corpo e matéria inerte. Porque a alma, livre como uma borboleta que sai enfim de sua crisálida, torna-se Espírito e parte para os espaços infinitos da luz.

Os cientistas em geral, a maioria dos quais se compõe de materialistas, acham que sabem tudo e que tudo conhecem. Nenhum segredo lhes está oculto.

Mas jamais chegaram à verdade. Seus profundos estudos, sua ciência, transformaram-nos em materialistas. Eles esqueceram o humanismo. Se souberam sondar o corpo, nada compreenderam da alma, que nunca souberam como penetrar. Definiram que todos os corpos humanos tinham as mesmas propriedades da matéria.

Rejeitam o nada, que lhes dá medo. Depois de toda uma existência dedicada a estudos e pesquisas, que não lhes trouxe mais do que mera satisfação material, não lograram compreender o sentido humano da alma eterna, que lhes escapou. A ciência deles tornou-se letra morta. Por isso é que duvidam tanto.

Eles não podem conceber a idéia de que as coisas não acabam quando a vida termina. Eles têm medo do nada, do momento supremo que tanto temem; medo de deixar para sempre e de maneira irremediável os seres que tanto amam, todos que os cercam, o seu saber; têm medo de contar quantos dias ainda lhes restam de vida, medo do abismo e de sua impotência depois de toda uma vida de luta. Como podem conceber que tudo está perdido para sempre? Como último recurso, a dúvida irá invadi-los, e então voltar-se-ão para Deus.

Pois a Igreja criou a incerteza, a perspectiva de que o corpo vai retornar à terra, a carne apodrecerá e se transformará em cinzas, que haverá uma ressurreição da carne e que ela se reconstituirá quando o corpo retomar sua forma para o juízo final.

Mas o mundo é eterno.

Segundo a doutrina católica, a alma se forma junto com a criança. É imortal. Tem começo mas não tem fim. Depois de uma única vida, o homem encontra tão-somente a bem-aventurança ou a danação eternas, depois do juízo final.

A Igreja nos ensina que seremos ou não castigados pelas chamas do inferno conforme tivermos feito o bem ou o mal. Mas onde está o inferno? Onde está o bem na contemplação de Deus e dos anjos?

As chamas do inferno são uma imagem ou uma realidade? Onde está o local dos suplícios? O que vemos? Ninguém veio nos revelar essas informações.

Onde está esse mundo que espera por nós?

O espiritismo combate as crenças da eternidade dos sofrimentos, do fogo material do inferno, da personalidade do diabo. O que é certo é que essas crenças, impostas como absolutas, criaram atualmente a incredulidade em muitos de nós.

Não sendo os Espíritos mais que as almas dos homens, existindo homens, existem Espíritos. As almas dos que morrem podem manifestar-se aos vivos; é uma lei da natureza cuja realidade é abundantemente citada nos textos bíblicos.

Pois o mundo é um eterno recomeço.

As civilizações nascem, morrem e renascem.

A roda da vida gira.

"O homem renasce." Está tudo aí.

A Chama Espiritual

Em toda cidade em que entrardes e fordes bem recebidos, curai os enfermos e dizei ao povo: "O reino de Deus está perto de vós."
(Lucas, 10:8-9)

Você é a nossa chama, como outros antes de você o foram. Você iluminará os destinos do mundo no presente e no futuro.

Eu a ensinei a compreender os que estão à sua volta. Nós lhes levamos a nossa ajuda, mas Deus é quem lhes proverá no futuro, pois eles tiveram que suportar inúmeras dificuldades ao longo do caminho.

No Espiritismo, nada é feito por acaso. Quantos não se destruíram por si mesmos! Quantos se reerguerão! Mas fique tranqüila.

A noite carrega no seu bojo incontáveis mistérios, mas o sol reaquece as almas que levam a Deus sua contribuição, a qual constituirá o seu destino.

Em seus corações e sentimentos, alguns tombarão e muitos virão a você. Estarei sempre ao seu lado para orientá-la.

Sua fé e solicitude trazem-me benefícios, e nossa harmonia leva a nossa assistência aos que são bons e humildes.

Nós ajudamos os doentes, os seres para os quais são necessários os fluidos vivificantes e salutares, mas eles precisam ter paciência. Para nós, o tempo não conta, mas a nossa proteção é grande.

Eles devem ajudá-la com as suas preces; o poder de Deus é infinito.

∞

O Cientista

Se os médicos malogram na maior parte dos casos de moléstia, é porque tratam o corpo mas não a alma, e, como o todo não está em bom estado, é impossível que a parte doente fique bem.
(Sócrates)

"O espiritismo dá a chave dos relacionamentos que existem entre a alma e o corpo, e prova que existe uma incessante reação de um sobre o outro. Assim, ele abre uma nova via à ciência: ao lhe mostrar a verdadeira causa de certas afecções, lhe dá os meios de combatê-las.

"Quando a ciência levar em conta a ação do elemento espiritual sobre o plano material, malogrará menos vezes." (Allan Kardec, *O Espiritismo*.)

VISÃO SOBRE A AIDS

Em várias oportunidades, meu guia divino continua me mostrando, em visões, adultos e crianças, acometidos pelo vírus da Aids.

Meu Mestre me fala da Aids e continua me transmitindo, desde as primeiras visões que me foram dadas em 1987... o nome do mesmo medicamento: "Nolvadex".

Anne Bordet
Paris, 13 de setembro de 1995

Querida senhora Gribel,

Algumas palavras para lhe dizer que meu pensamento vai sem cessar até a senhora, depois de ter lido um artigo que saiu no jornal Nice-Matin do dia 31 de agosto de 1995.

No seu primeiro livro... a senhora havia escrito, guiada por Allan Kardec, a respeito de um tratamento antitumoral contra a Aids, usando o "Nolvadex", medicamento contra o câncer que há anos vem sendo dado às mulheres portadoras de tumor no seio...

Constato hoje, depois de ter lido os jornais, que uma equipe de pesquisadores de Lyon nos dá a esperança de curar a Aids associando um medicamento antitumoral a um antiviral. Os resultados são bastante encorajadores...

Sem dúvida, toda essa terapia continua por ora sendo apenas experimental, mas não posso impedir-me de relacioná-la com as suas predições... de que a Aids pode ser tratada com o "Nolvadex".

Espero que essa futura terapia apresente os resultados positivos necessários para salvar nossos doentes.

Associo esta descoberta às suas visões... convencida de que suas predições com o tempo se realizarão...

Dr. Jean-Luc Philip
Nice, 13 de setembro de 1995

Desde sua visão de que "A Aids será curada com um antitumoral", muitos médicos e amigos demonstraram sua descrença diante dessa terapêutica.

Uma vez mais, sua visão começa a se revelar positiva.

A experimentação tem demonstrado que é com um antitumoral que se tem a melhor resposta.

O "véu" começa apenas a se levantar.

Sejamos pacientes!

Jean-Luc e Anne Philip

Depois de seu primeiro livro, meu marido e eu fomos mergulhados pela maré de cartas e telefonemas dirigidos à senhora Gribel.

De todo o nosso coração, desejamos para o seu segundo livro um sucesso ainda maior, para que o mundo descubra a mensagem de Allan Kardec, assim como a missão de Rose Gribel.

Sabemos muito bem como Rose se dedica à causa humana e como suas predições se revelaram exatas.

∞

Cura Mediúnica

"Chamou os doze discípulos e deu-lhes autoridade de expulsar os espíritos impuros e de curar toda sorte de males e enfermidades."
(Mateus, 10:1)

Ó meu Mestre! como é grande o meu respeito e reconhecimento! Que felicidade a vossa preciosa presença me transmite!

O dom mais precioso é o de aliviar o sofrimento de uma pessoa que lhe pede ajuda. Depois que a medicina se mostra impotente para agir, num último rasgo de esperança as pessoas apelam a você.
Quer seja um acidentado grave, a cujo respeito a medicina desespera, ou crianças que sofrem na carne, os médicos, com seus diagnósticos freqüentemente hipotéticos estudam e, sem a menor pressa, continuam a estudar o paciente.

É preciso compreender bem que a cura que se produz não vem em caso algum de mim; eu sou apenas a intermediária, a servidora.

Josèphe Trivulce
Pointe-à-Pitre, 11 de janeiro de 1995

No dia 9 de maio de 1992, em seguida a um acidente de trânsito, nosso filho David Trivulce foi transportado até o hospital de Saint-Claude para reanimação, pois entrara em coma profundo... A senhora então nos disse: "Sei que posso curá-lo. Preciso de dois dias..." Três dias depois, David saiu do coma com uma grande lucidez. O milagre aconteceu.

... Agradeço a Deus e a Allan Kardec, pois, graças à sua intervenção como intermediária, David nosso filho teve o benefício de uma oportunidade sobrenatural. Ele não pára de falar afetuosamente a seu respeito, e como fico feliz por ele a considerar sua mãe espiritual!

Temos um amigo médico especialista em alergias e pneumologista, que clinica no hospital de Pointe-à-Pitre. Como especialista e amigo, ele foi visitar David na UTI... Quando voltou, disse à minha irmã: "Não lhe diga nada, mas esse rapaz não sairá dali." Esse amigo médico, que é um cientista puro, fala de David como alguém "salvo por um milagre".

No início do ano passado, David estava terminando seus estudos em Bordeaux. O médico que devia dar-lhe um atestado tinha em mãos o relatório do hospital de Pointe-à-Pitre. Admirado, ele o olhou fixamente e disse: "Cristo certamente esteve com você, pois do coma em que você entrou ninguém nunca tinha conseguido sair!"

Você sabe que o caso do meu filho chegou, inclusive, a converter algumas pessoas. Elas me dizem agora que Deus existe de verdade.

Mas pessoas privilegiadas como você são algo inacreditável.

Querida senhora Gribel, jamais poderei agradecer-lhe o suficiente. David está conosco e, porque teve a sua proteção, conseguiu dar prosseguimento a seus estudos de medicina...

Sr. e sra. J.-M. Lagarrigue
Fort-de France, 26 de junho de 1994

Querida Rose,

Tenho o imenso prazer e, ao mesmo tempo, receio de lhe dizer que meu filho, Jean-Lin, de quatro anos e três meses, não apresenta mais traços de asma. Isso foi constatado pelo meu clínico geral e por nosso especialista em alergias (que constataram a cura em separado). Meu receio vem do fato de que não consigo muito acreditar nessa cura... Mas, como a senhora diz, a fé em nosso Cristo Jesus remove montanhas...

... Mil vezes obrigada, Rose, e que o Senhor lhe dê meios para dar continuidade à sua missão o mais longamente possível.

Que Deus a tenha...

∞

Dom de Curar

Cristo disse: "A fé remove montanhas."

Ó meu maravilhoso amigo do espaço, cuja ajuda e assistência são-me tão preciosas toda vez que imploro por elas!

Nos momentos difíceis em que vos faço apelo, vossa ajuda sempre me alcança. Quando me faltam as forças, recorro a vós. Imediatamente, sinto a penetração de fluidos vivificantes e, com o vosso precioso concurso, posso fazer face às situações e aliviar os que nos solicitam...

É pela força e pelo poder da sua fé e de suas preces que você vai aliviar e curar. É preciso que os fluidos salutares e vivificantes sejam transmitidos pelo seu pensamento até a alma e o corpo do enfermo para atenuar seus sofrimentos e ajudá-lo a se curar. Mas é preciso que ele tenha fé em Deus, fonte da vida.

Em geral, você não conhece a pessoa em nome de quem a procuram, e é preciso uma foto para que você possa colocá-la sob a minha proteção.

Freqüentemente são acidentados e casos muito graves. Minha assistência e ajuda sempre chegam até você para que possa ajudá-los "se Deus assim o decidir".

Eu sei que você nunca hesita em proporcionar alívio a quem dele necessita. Sua tarefa é pesada, pois as pessoas recorrem também a você em nome de interesses próprios, para resolver problemas pessoais. Seu devotamento não conhece limites, mas saiba preservar-se.

Além disso, estou sempre ao seu lado toda vez que você me chama. Muitas vezes é preciso que eu lhe comunique fluidos salutares e cósmicos, pois você tem uma vida humana. Sua serenidade é grande e, para mim, é maravilhoso guiá-la e preservá-la.

Minha inspiração, assim como os fluidos, chegam a você e a reasseguram de minha ajuda para o bem daqueles que sofrem na carne e na alma. É preciso que eles tenham fé.

Como em todas as eras, a prece profunda endereçada ao Além continua sendo uma forma de cura.

Brigitte Evrard
Tanlay, 18 de março de 1995

... *Stéphane, meu sobrinho, foi vítima de um grave acidente de trânsito no dia 1º de janeiro de 1995. Ficou em estado de coma nível 3. Isso quer dizer que os médicos não nos deram nenhuma esperança.*

Alguns dias após o acidente, enviei pelo correio à senhora Gribel uma foto de Stéphane.

No dia em que essa foto foi colocada sob a proteção de Allan Kardec, Stéphane teve uma pequena melhora.

... Enviei outra foto. Depois que essa nova foto foi colocada sob proteção, Stéphane acordou muito suavemente. Seu coma tinha durado três meses. Tínhamos receio de que sua mente não estivesse mais intacta, como os médicos supunham. Mas, infinitamente obrigada ao meu Deus, Stéphane estava inteiramente lúcido.

Rapidamente recuperou a visão, o olfato e a audição. Seu lado direito voltou a funcionar...

A senhora Gribel afirmou que Stéphane recuperará todas as suas faculdades e estou certa de que isso é verdade. A fé remove montanhas.

Muito obrigada, mais uma vez, à senhora Rose Gribel, por nos ter aberto espiritualmente os olhos para o amor de Deus.

Miren Orlano
Paris, 1º de março de 1995

... A senhora afirmou, em setembro de 1993, que eu ficaria curada do meu câncer, do qual tive uma recaída nessa época, numa crise que me atacou com grande intensidade tanto física como moralmente. Hoje, graças à senhora, gozo plenamente a vida e acabo de voltar de uma viagem de recreio que fiz até a África, durante a qual me cansei bastante. Na primavera passada, casamos nossa filha. A festa foi uma grande celebração, pois pude participar sem o menor sinal de fadiga. Devo dizer que surpreendi a família e os amigos com a minha resistência física e o meu dinamismo. Graças à senhora, essa doença não é mais do que uma desagradável lembrança.

Mais uma vez, querida Rose, obrigada pela sua gentileza, generosidade, disponibilidade e conselhos.

Obrigada a Deus por me haver colocado nas mãos de Rose Gribel e de Allan Kardec, que me transmitiram os fluidos vivificantes e curaram o meu câncer...

Jackie Samuel
Neuilly-sur-Seine, 18 de fevereiro de 1995

Minha mui querida Rose,

Deixe-me, com esta modesta cartinha, oferecer-lhe um testemunho de meu eterno reconhecimento.

Há alguns meses, a saúde de nossa querida mãe deteriorou-se subitamente e sua acentuada fraqueza assustou-nos a ponto de temermos pelo pior. Graças à sua ajuda, mamãe se recuperou milagrosamente. No ano passado, nossa mãe querida resvalou pela morte e, graças à proteção de Allan Kardec, escapamos dessa fatalidade.

Rose, você é admirável na sua dedicação a todas as pessoas que solicitam a sua ajuda divina. Quando estão à beira do desespero, você lhes oferece cura e tranqüilidade, até mesmo quando os casos são considerados "desesperadores". Quantas pessoas não foram curadas graças a você, às suas orações. Quanta energia você não despendeu pelos outros, sem outro interesse além do de aliviar o sofrimento humano naquele ponto em que até mesmo a medicina tantas vezes tem-se mostrado impotente. Sempre disponível para ouvir o relato dos padecimentos de tantas pessoas, é graças à força divina que você serve à humanidade.

Minha admiração por você é imensa desde 1987, quando você predisse todos os acontecimentos importantes que transcorreriam no mundo. Allan Kardec passou-lhe a missão sobre-humana de advertir o mundo a respeito daqueles eventos que abalam os alicerces do nosso cotidiano.

Você se levanta pela manhã depois de viver os fatos que vão acontecer.

Morando perto de você, pude constatar as inúmeras vezes nas quais eram verdadeiras as suas predições; muitas pessoas mais também tiveram a chance de verificá-las.

Apesar da grande amizade que me liga a você, mantenho a objetividade a seu respeito. Você se incumbe com coragem da árdua tarefa de sua missão divina e, se as pessoas que a conhecem a veneram e idolatram, é porque você é uma grande mulher junto a nós, simples mortais.

Receba, minha querida Rose, todo o meu imenso afeto, e, do fundo do coração, mais uma vez, obrigada por tudo.

∞

Proteção de Allan Kardec

O céu ajuda quem a ele recorre com pureza de intenções.
(Infra Comm., 20)

Você deve escrever sobre o que seu livro ofereceu a tantas e tantas pessoas.

Sim, estou aqui, os estalidos que você acaba de ouvir servem para anunciar-lhe a minha presença e para ajudá-la na nossa missão divina, que traz a chave da felicidade futura. Cada qual recebeu do mundo maravilhoso dos Espíritos a resposta que dele esperava. Você precisa continuar, pois este livro é esperado e se difundirá. É o que o mundo deseja saber, a consolação das vidas sucessivas.

Hoje, estamos nos tempos místicos nos quais a evolução do mundo já começou e sua missão foi uma grande revelação. Por isso, você deve escrever sob a minha inspiração, conforme eu lhe ditar.

O mundo dos Espíritos está feliz, pois as comunicações de além-túmulo começam a ser reconhecidas por muitas criaturas e as manifestações espirituais também. Essa é a base do Espiritismo desde a noite dos tempos.

Você deve fazer com que o homem compreenda como é grande a proteção que eu estendo a você, a ajuda que serve para aliviar e curar. São muitas as pessoas que recorrem a você, freqüentemente desamparadas em sua vida atual.

Sejam quais forem as suas necessidades, nós lhes levamos a nossa solicitude e proteção em todos os casos, quer se trate de separações difíceis, de patrimônios que perderam em conseqüência de que se sentem excluídos de uma sociedade desunida. São muitas as pessoas que a solicitam por causa dos dramas que vivem em meio a famílias separadas. Elas lhes pedem a nossa proteção, e você se dedica plenamente a esses problemas.

Muitos vêm também por causa de seus bens materiais. Hoje em dia, não existe ninguém a salvo nesta sociedade. Assim, voltam a procurá-la, pois são humanos.

Todas as pessoas que lhe fazem apelo nos casos de doenças mais ou menos graves não têm mais confiança na ciência. Elas vêm a você pedindo-lhe ajuda e proteção. Você compreende a necessidade delas e eu estou disponível para todos aqueles que têm uma fé sincera. Suas súplicas chegam até mim e então você percebe a minha presença.

Conheço a felicidade que você sente quando lhe informam que uma cura aconteceu. Sua alegria então é grande.

Quando apelam a você porque o caso é grave, seja de dia, seja de noite, as pessoas encontram em você apoio e não hesitam depois em escrever-lhe. As milhares de fotos e cartas que você recebe dão testemunho disso.

Coragem! Do Além nós lhe transmitiremos os fluidos vivificantes e as forças necessárias.

Annie Teboul
Secretária de diretoria
Nice, 24 de novembro de 1994

Minha querida Rose,
Servem estas poucas linhas para expressar-lhe a minha infinita gratidão por haver "extraído" meu filho de uma situação absolutamente inextricável, há bem pouco tempo...
Na realidade, Steeve, preso num turbilhão dramático e perigoso, recuperou seu equilíbrio e alegria de viver, graças aos seus dons e à proteção do seu Mestre.
Vocês o ajudaram sempre, sem restrições, de todo o coração. Assistiram-no em seus exames, nos quais saiu-se com brilhantismo.
Sejam quais tenham sido as situações difíceis ou problemáticas que ele enfrentou na vida, pela proteção, e pela fé em Deus e em Allan Kardec, vocês conseguiram encontrar para ele a melhor e a mais adequada solução.
Como mãe que sou, posso dizer-lhe da minha emoção ao ter em você o "Salvador", a "Assistente", o "Reconforto", o "Benfeitor" do meu filho.
... Obrigada por ter-nos concedido essa felicidade.

∞

Homens Indecisos Buscam Seu Caminho

O Eterno diz: "Não fujas do teu semelhante. E então a luz romperá como a aurora. A justiça irá à tua frente e a glória do Eterno te acompanhará."

(Isaías, 58:7-8)

É nas trevas que o homem busca o seu caminho quando está indeciso e desamparado. É em meio às massas profundas de pessoas que se fazem ouvir murmúrios inquietadores, embora justificados!

No seio da geração que vem vindo, levantam-se vozes de um continente a outro. Eis a luz, a aurora. E o homem vê os primeiros clarões passarem como um sopro que faz estremecer a alma das pessoas.

Os seres tornam a se fechar. A angústia se espalha. O que foi sofrimento tornou-se egoísmo. O desespero cresce. Os casos de suicídio atingiram números inquietantes. Jamais alguma outra época, mesmo entre crianças, conheceu tanta indiferença, tanto egoísmo. O humanismo não existe mais.

A religião tem nisso uma grande responsabilidade, ao manter a idéia do nada e da morte. Ela aprisiona o homem na sua tristeza e o oprime.

A Igreja não ensinou ao homem o sentimento mais profundo das verdades, nem as necessidades morais. Ela soterrou-as na mais profunda das trevas.

A teoria do Demônio e do inferno não é aceitável atualmente. Os homens têm necessidade da fé tanto quanto de uma pátria, de um domicílio, de uma justiça, de um ideal.

O cético mais empedernido não pode admirar o infinito estrelado nos céus, onde brilham os esplendores cintilantes que se confundem uns com os outros, e onde o cristal gira em torno de sóis resplandecentes que deslizam pela imensidão.

Essa é a aspiração da alma humana por um ideal eterno, o espetáculo grandioso da natureza, uma força superior.

Uma causa se esconde, e nela está traçado o caminho da evolução humana...

À aurora sucede a luz. Contra o torpor da humanidade, sopros poderosos abalam o mundo e as verdades retornam desde a noite dos tempos. Os homens saem de seu torpor e contemplam o mundo onde se elabora a obra inefável e misteriosa de Deus.

A marcha eterna da humanidade transcorre rumo ao infinito. Os fatos irão despertar as consciências. As verdades veladas há séculos saem das sombras.

> Religião sem prova e ciência sem esperança são equivalentes. A ciência existe, mas não está completa. No dia em que isso acontecer, perderá seu nome.

Danielle Lambert
Saint-Laurent-du-Var, julho de 1994

Querida senhora Gribel,

... No verão de 1993, mergulhei numa grave depressão nervosa, acentuada por uma agitação nervosa e mental como eu jamais havia sofrido. Tive de ser hospitalizada, e os médicos não achavam que eu estivesse em condições de sair antes de vários meses.

Nesse intervalo, minha mãe, desamparada, entrou em contato com a senhora (o que fiquei sabendo bem mais tarde) e entregou o meu caso em suas mãos...

Senti-me nitidamente melhor, tanto física como moralmente, e logo estava de novo sentindo gosto pela vida. Decidi-me a voltar a viver com meu marido...

Na mesma época, meus filhos voltaram para mim e eu os recebi com um imenso prazer, encontrando neles uma afeição ainda mais profunda e nova.

Hoje, portanto, sinto-me feliz e muito mais equilibrada...

Entrementes, quando fiquei sabendo que minha mãe havia rogado pela sua proteção e interferência, para ajudar no meu problema, compreendi de onde tinha vindo o "milagre".

Infinitamente obrigada à senhora e a Allan Kardec, que mudaram o curso da minha vida. Vocês entraram no meu coração e acenderam a minha esperança e, desde então, representam uma constante fonte de consolação.

Além disso, minha fé, que já era sincera, aumentou graças à senhora, dirigida por Deus, e hoje vejo a vida de maneira diferente.

∞

Os Viajantes Eternos do Espaço

Segundo as Escrituras, "profetizar" não significa somente predizer ou adivinhar, mas ser movido por um bom ou mau Espírito.

(I Reis, 17:10; com. de Glaire)

Você sabe que os tempos mudaram, mas a mediunidade requer coragem.

Desde as épocas mais remotas, os profetas, videntes e curadores, os que fizeram o dom de si mesmos, até mesmo os maiores dentre eles, tiveram seus momentos, seu século de glória, e também seu século de desespero, segundo os períodos.

O próprio Cristo, que pregava o amor entre os homens, teve Seu calvário a padecer e o suplício a suportar até a morte.

Os profetas, gênios e médiuns, que vêm empunhando a tocha como a uma flor delicada, foram grandes mártires e tiveram que enfrentar os ultrajes, as humilhações, as provações e os tormentos e até o sacrifício.

Muitos colaboraram com suas luzes e revelações, esclarecendo os destinos do mundo em períodos radiosos e regeneradores para a humanidade. Não é preciso crer que todos os médiuns sejam reveladores, nem intermediários diretos da Divindade ou Seus mensageiros. O caráter essencial da revelação divina é o da verdade eterna.

Os Espíritos puros só recebem a palavra de Deus com a missão de transmiti-la.

Mas nós sabemos que os Espíritos estão longe de serem perfeitos, e que inclusive existem aqueles que se dão falsas aparências.

As palavras de Cristo foram muito claras:

"Meus bem-amados, não acreditem em todos os Espíritos, mas descubram se são Espíritos de Deus..." (João, Epístola I, 4:1)

Por isso, alguns precisam lutar contra os impostores, já que os falsos profetas que se fazem passar por reveladores ou messias, devido ao prestígio que esse título tem, comercializam e exploram a credulidade dos tolos para contrariar e impedir a ação dos verdadeiros Profetas ou Médiuns que ajudam a humanidade.

Os gênios, que vão buscar sua inspiração para difundir suas revelações, foram os precursores que suportaram os piores sofrimentos.

Conhece-te a ti mesmo...
Mas ao menos é permitido, e até constitui um dever, dirigir aos deuses uma prece para que seja bem-sucedido o final dessa mudança de residência, daqui de baixo lá para o alto. Eis a minha prece.

∞

Sonhos ou Devaneios

O sono, o sonho e o êxtase são as três portas que Deus abriu até as almas do céu.

O sono foi dado aos homens para a recuperação de suas forças; dessa maneira, o corpo repara a energia que perdeu nas atividades do dia. Enquanto o corpo se refaz, entorpecido, e dorme, a alma jamais permanece inativa. Os laços que unem a alma ao corpo se afrouxam.

Quando dormimos, encontramo-nos momentaneamente na mesma fixidez que teríamos na morte. Podemos, então, dizer que morremos todos os dias.

A alma, que está sempre em movimento, livre, em parte destacada da matéria, goza de mais faculdades do que as que estão à sua disposição durante o estado de vigília. Ela se recorda do passado e tem, às vezes, previsões do futuro.

Momentaneamente livre de seus laços carnais durante o sono, a alma pode entrar em contato com seres que nos foram queridos neste mundo e, eventualmente, em outros mundos, ou seres que nem conhecemos.

Mas em outras vidas nós os conhecemos efetivamente, e são seres familiares, Espíritos próximos numa vida passada, e eles vêm nos visitar para revelar-nos fatos que ainda estão por acontecer.

Os sonhos premonitórios são as advertências dadas pelo Espírito e a recordação que a alma conserva, ao despertar, daquilo que viu nas regiões desconhecidas que irrompem em sua memória.

Freqüentemente, é uma clarividência indefinida dos mais longínquos lugares que refaz o percurso de acontecimentos havidos na existência presente ou anterior; às vezes, é um pressentimento do futuro, daquilo que se passa num lugar a que a alma é transportada.

Os sonhos são a melhor e mais doce das partes da vida, aquele momento em que, para o homem, o véu é suspenso.

Eles nos levam a conhecer os mistérios. Têm o privilégio de, através de imagens, transmitir mensagens. Na Antigüidade, os sonhos eram considerados significativos.

Mas sem ter o segredo da interpretação, as chaves da tradição, deformadas, mascateadas, já tinham feito um caminho desde a Antigüidade, época em que os sonhos eram considerados reais. A partir de então, estamos longe de ter reencontrado a chave, que eram do conhecimento dos egípcios. A história e a tradição legaram-nos a descrição de sonhos e pesadelos célebres (o sonho do Faraó, o de Zoroastro).

O sono, o sonho e o êxtase são as três portas abertas para a ciência da alma e a arte da adivinhação. (Pitágoras)

Deus se serve dos sonhos para que o homem possa ver através das trevas. (Sagradas Escrituras)

Os sonhos se insinuam no mundo por duas portas. Uma, a porta de marfim, aquela por onde nos alcançam os sonhos sem conseqüências. A outra, a do céu... aquela por onde passam, como uma brisa, os sonhos fatídicos. (Homero)

∞

Eu Tracei Para Você o Caminho da Chama Espírita

No Céu, aprender é ver; na Terra, é recordar. Feliz daquele que atravessou os mistérios: esse conhece a fonte e o fim da vida.
(Píndaro)

Ó Senhor! Que felicidade eu sinto com a vossa presença. Os ruídos se fazem ouvir durante o êxtase. Lágrimas de felicidade correm pelo meu rosto. Sobreposto ao vosso retrato, vosso rosto aparece-me envolto num halo de luz.

Meu ser inteiro estremece, comove-se, é levado a um estado de plenitude. As névoas de palavras sutilizam-se na minha memória, e, como num espelho, transmitem ao mais profundo de mim mesma o que a minha mão, num frenesi cada vez mais rápido, transcreve conforme vós ditais, num estado de alegria incessantemente renovado. Durante esses abençoados instantes da nossa comunhão, encontro de novo a plenitude das minhas faculdades, em total harmonia entre o vosso grande Espírito e a minha alma.

Você deve continuar escrevendo as nossas verdades e deve continuar disponível. Suas preces e invocações chegam a mim. Eu preciso descer das esferas celestes e a minha disponibilidade nem sempre é evidente.

Você deve transcrever, para o mundo, todas as visões, inclusive as mais sublimes, nas quais você assistiu a manifestações maravilhosas. Eu a guiei até o mundo celeste.

Você é recebida entre os privilegiados. Você ouviu os ecos divinos da música celeste.

Tudo está previsto e predito no plano divino, onde são governados pela luz todos os acontecimentos e destinos do mundo.

Quando você regressa à Terra, divulga as verdades que devem acontecer, e que aconteceram, pois já estavam previstas e preditas com dias ou meses de antecedência.

Sabemos que você teve de passar, e passou, por várias vicissitudes; sua tarefa muitas vezes é ingrata. Mas nós damos essas missões àqueles que as podem suportar, pois não são quaisquer seres que o conseguem.

Nós a escolhemos. Estou sempre ao seu lado para guiá-la e trazer-lhe os fluidos necessários, vivificantes, em todas as suas visões. Você é preciosa para nós, pois seu devotamento não conhece limites. Além disso, as suas faculdades vão muito longe.

Você recebe apoio para toda a ajuda que você pede para terceiros. Você sabe que conta com o nosso apoio para oferecer alívio e cura. Mas você precisa se poupar, pois temos muita necessidade de você.

Você vai fazer outras revelações. Irá percorrer muitos espaços divinos e outros mundos. Você não viu mais do que uma parte ínfima, mas verá outras ainda no nosso mundo celeste, onde as Leis de Deus são eternas e onde reina a harmonia, onde os Espíritos contemplam o infinito do mundo divino e maravilhoso que se movimenta acima do universo de vocês.

NOTA DO EDITOR

Tal como o comprovam os documentos reproduzidos a seguir (sob n°s 1 e 2), a escrita "sob ditado mediúnico" de Rose Gribel apresenta perturbadoras semelhanças com a caligrafia de Allan Kardec: a mesma inclinação das letras, ritmo e rapidez de traçado semelhantes, denotando uma verdadeira comunhão de pensamentos.

Sem dúvida, há detalhes que diferenciam uma caligrafia da outra, mas as duas pertencem visivelmente a uma mesma família. Essa é uma constatação ainda mais surpreendente pois, em sua vida comum, o estilo manuscrito de Rose Gribel é inteiramente outro, bastante irregular, até mesmo desajeitado! (Ver o primeiro documento, na página seguinte.)

Je comprends, il t'est souvent difficile de suivre ma pensée qui va très vite. Notre pur langage des esprits n'est pas apte à comprendre et à suivre aussi rapidement les phrases qui se succèdent.
Ton cerveau ne peut emmagasiner tous ces longs chapitres. Même si ta main glisse avec rapidité, mes paroles, dans leur forme expression et langage, t'arrivent souvent trop vite. Je comprends que tu te troubles et me demandes de reprendre certaines phrases. Je sais les efforts que tu fais, aussi j'essaie d'avoir le langage le plus simple pour que tu t'accordes à la forme des phrases qui t'arrivent. Je ressens tous les efforts qui te sont necessaires.
J'ai écrit sous la dictée de l'Esprit de vérité. Tu écris et écriras sous ma dictée c'est la loi immuable, la concordance entre les deux mondes.

Excerto da caligrafia "normal" de Rose Gribel
(retranscrição de uma mensagem)

Excerto de uma mensagem recebida e psicografada
por Rose Gribel em transe mediúnico

Excerto do testamento manuscrito de Allan Kardec

Os Tempos Preditos

Os médiuns então eram chamados de profetas.
(XIV, 26-29; XV, 44)

Fico feliz por ser chamada a transmitir ao mundo as mensagens do mundo dos Espíritos.

Temos necessidade de você para ver e ouvir o sublime. Lá, você assiste diretamente a acontecimentos que lhe são revelados, em geral catástrofes dramáticas, fatos que ainda vão acontecer, dramas ao vivo, aos quais sua alma assiste.

Acontecimentos importantes devem ser captados para que o mundo egoísta e entorpecido reaja.

As visões oferecem a prova indiscutível do nosso mundo celeste. É preciso que o mundo compreenda, como outras mensagens a esclarecerão, que você é a nossa catalisadora. Se nós lhe transmitimos as mensagens em que você é transportada até as regiões infinitas, ou a outros mundos, é preciso que você as decifre. Depois, escreva sobre elas.

Você será transportada e atormentada. Outras catástrofes estão previstas. Você irá até esses locais, com sua alma serena, e até as regiões sublimes, onde as leis de Deus, além dos bens materiais, o amor e a bem-aventurança pairam pelos ares sem fim. Acontecimentos terríveis irão se desenrolar até que o homem regresse para o seio Divino.

Chegamos aos tempos que estavam preditos.

∞

Minha Vida Entre os Dois Mundos

Aqueles dentre vós que fizemos morrer viverão de novo, os que foram mortos ressuscitarão.
(Isaías, 26:19)

Você trouxe ao mundo terrestre provas irrefutáveis da verdade.

Você precisa esclarecer a mídia através das provas e dos testemunhos indeléveis que lhe são dados e que estão no seu poder. Estes são elementos inestimáveis da verdade, obtida junto à fonte das divindades.

Você nos está disponível para aperfeiçoar o encaminhamento das luzes que, por seu intermédio, vão se espalhar e iluminar o mundo, através de suas visões e viagens astrais.

Você vai apresentar as provas da existência do mundo celeste, que é o mundo dos Espíritos, onde a beleza é eterna e a alma, imortal.

Nos espaços infinitos, sua alma liberta é projetada até certo lugar, com uma finalidade bastante precisa.

Sua alma é transportada até onde estão as divindades celestes, e ali tem a visão de acontecimentos que não pertencem senão a Deus Todo-Poderoso e aos grandes Espíritos, entre os quais você é recebida no instante que lhe é designado.

É a ponta do véu que levantamos para você, para que leve ao mundo terrestre provas indiscutíveis. Deus rege o plano divino, detém os destinos do mundo e envia avisos ao homem, graças aos mensageiros predestinados e escolhidos, o que poderia evitar incontáveis catástrofes de graves proporções para o mundo.

Nos tempos mais remotos, os profetas — esses seres predestinados portadores da luz — eram ouvidos. Sua preciosa ajuda fez com que muitos transtornos fossem evitados.

Hoje em dia, neste mundo material, a indiferença está estabelecida, mas o homem começa a ter suas convicções abaladas, como por meio de suas vidências e visões também o são as pessoas que a cercam.

Essa é a sua missão para o mundo.

Suas visões são muito importantes. Elas lhe são transmitidas em várias vezes e dias, pois sua alma não está apta a captá-las de uma só vez.

∞

O Plano Divino

É porque Deus é o criador do mundo que ele dirige com soberania sua história, apesar de todas as aparências em contrário; essa é a certeza do profeta.

(Jer., 10:12-16)

Deus Todo-Poderoso, e Allan Kardec, grande missionário de Deus, escolheram-me para divulgar as verdades pelo mundo.

Que meu senhor Allan Kardec tenha a boa vontade de me guiar, de me dirigir até os lugares aonde a minha missão me conduz, em geral sofrimentos a serem vistos. Sinto-me assistida e apoiada.

Serei para sempre grata por tudo o que o meu Mestre tem feito de mim, eu que não tenho poder algum; permanecerei para sempre no plano do ensinamento divino para cumprir a minha tarefa, e para tanto a ajuda de meu Mestre é necessária, pois sem ele eu nada posso.

Seus dons lhe foram concedidos entre os dois mundos. Com a ajuda das forças que lhe são irradiadas, dos fluidos salutares do Além, sua alma é projetada à velocidade do pensamento até as esferas felizes onde tudo se torna exaltante e irreal. Em estado de êxtase, aparece o sentido oculto dos mistérios revelados.

Você também presencia coisas sublimes relativas a outros planetas. Você bebe e sua alma regressa à Terra. Você então precisa de alguns minutos para se recuperar, quando o que você assistiu foram sofrimentos.

Essas viagens astrais, essas visões, são-me dadas e transmitidas pelo meu guia. Isso poderia evitar inúmeras desgraças para a humanidade. Pois esses dramas são pressentidos com dias e meses de antecedência, com detalhes precisos e verificáveis.

No espiritismo, nada acontece por acaso. Minha missão consiste em levar as provas indiscutíveis da verdade, depois de ter ido até o mundo radioso dos Espíritos, depois de ter visto os Espíritos livres, depois de ter podido conversar com eles, sendo escolhida para divulgar o que eles houveram por bem me mostrar. Eu não pergunto nem escolho jamais, mas rezo com fervor para Deus e meu guia para que se dignem servir-se de mim.

> É sempre enquanto você dorme que sua alma se destaca do corpo e é projetada até o local designado. Você vê os acontecimentos com visão direta ou premonitória.

∞

Visões do Mundo

Apresento, a seguir, em ordem cronológica ou temática conforme o caso, as visões mais importantes que me parecem merecer um registro. O leitor também encontrará, no fim da narrativa dessas visões, alguns testemunhos que confirmam a autenticidade das visões que comuniquei a terceiros, antes que se desse o acontecimento previsto.

GUERRA NOS BÁLCÃS

Em 15 de abril de 1987, meu Mestre já me havia predito, num ditado, a guerra dos Bálcãs.

No decorrer de 1989, tive uma primeira visão relativa aos graves acontecimentos que transcorrem na Europa. Vejo o início de uma guerra que envolve vários países do Leste. As massas se manifestam a favor da abertura das fronteiras.

Informo diversas personalidades e jornalistas de televisão da existência de uma guerra nos Bálcãs.

Na companhia de vários amigos, comunico essas visões aos que me rodeiam. Ninguém — nem eu mesma — consegue compreender...

Comenta-se com suave ironia que meus conhecimentos de geografia são falhos.

Outras visões ocorrem-me dias, meses e anos antes que os fatos aconteçam.

Julho de 1991. Minha alma paira sobre um grande trecho de oceano. Ao longe, distingo uma embarcação militar. A imagem torna-se mais nítida: é um cruzador. Na proa, um oficial. Perto de mim, vejo um homem dirigir um lança-chamas para esse cruzador, para impedi-lo de se aproximar da costa.

Setembro de 1991. Novamente, numa visão, estou sobre uma baía e vejo numerosos militares aproximando-se do estuário. Homens armados desembarcam e correm por uma planície; depois se escondem.

Meu guia me diz:

> Os Bálcãs. Aqui irá acontecer algo terrível. Eles vão afundar todos os barcos. Será o início da guerra... O mundo assistirá a um genocídio terrível.

Esse foi o começo da guerra nos Bálcãs...

Outras visões também vieram até mim, com imagens de violenta repressão, pessoas doentes e torturadas em campos de concentração.

Numa visão, muito antes que a guerra dos Bálcãs fosse declarada, vivi esse massacre terrível diante de um mundo indiferente à barbárie. Vejo crianças e pessoas mortas, ou terrivelmente mutiladas, enquanto outras cruzam as fronteiras da Itália...

Numa visão astral, vi a guerra terrível que sacudiu os Bálcãs. Essa medonha carnificina havia sido predita e ditada pelo meu Mestre:

> Essa guerra bárbara será um genocídio terrível nos Bálcãs, na Croácia, e em outros países vizinhos.

SARAVEJO

1° de fevereiro de 1994. Numa visão, ao raiar do dia, enquanto estou adormecida, minha alma paira sobre uma cidade. Vejo casas destruídas, algumas parcialmente. Está nevando. As pessoas estão amontoadas em algum lugar. Estou perto delas e sinto a sua tristeza. Elas falam, choram, e então ouço um barulho terrível como o de uma bomba que acabasse de explodir. Ao meu lado, vejo pessoas feridas e muitos mortos; é horrível.

Meu guia divino me diz com bastante nitidez:

> Isso durará quatro dias. É o massacre, o horror, a loucura. A terra não quer mais sangue.

Custou-me bastante tempo recuperar o equilíbrio.

Como já o tinha vivido e anunciado, quatro dias depois, em 5 de fevereiro, uma bomba explode no mercado de Saravejo matando 75 pessoas e ferindo centenas de outras. Foi um verdadeiro massacre.

18 de abril de 1994. Em outra visão, pairo sobre uma cidade. Vejo muitas pessoas enlouquecidas, tentando se esconder. Ouço tiros de canhão.

Depois, vejo uma rua em que há mortos. Jumentos, descendo escadas, transportavam esses cadáveres.

Que pesadelo! É o horror.

Trata-se de Bijac e de Gorazde, na ex-Iugoslávia.

19 de abril de 1994. Em outra visão, vejo pessoas que tentam se esconder numa casa abandonada. Elas sabem que estão expostas aos homens armados que chegam. Tentam escapar, mas são perseguidas.

Ainda vejo pessoas mortas, entre as quais crianças, e outras feridas e desesperadas. Elas se lamentam. Assim que morrem, são enterradas. Que massacre!

Allan Kardec diz-me:

> É o extermínio horrível na Bósnia e nos Bálcãs, que acontece bem diante dos olhos de políticos indiferentes ao sofrimento e à morte de tantas pessoas. Eles, porém, estão com a consciência pesada. Nada terminou ainda...

Novembro de 1994. Numa visão, minha alma está sobre uma cidade. Vejo pessoas mortas e crianças enlouquecidas que estão sendo levadas pelos militares. Vejo tanques atirando a esmo contra casas e contra tudo que faça ruído. As habitações foram totalmente danificadas e queimadas pelos homens armados. Ao longe, vejo soldados com bonés azuis.

Allan Kardec me diz:

> É a Bósnia. Mataram as pessoas e levaram as crianças até os boinas-azuis impotentes. As pessoas continuam morrendo diante da indiferença dos povos.

Com efeito, os sérvios matavam os pais e levavam as crianças embora. O Forpronu não pôde fazer nada.

SISMO NA SICÍLIA

6 de junho de 1993. Numa visão, minha alma está num apartamento em que algumas crianças estão brincando; de repente, sinto o chão se mover. Peço às crianças que saíam muito depressa pois, se esse primeiro tremor é fraco, vai acontecer outro.

Quando acordo, sinto vertigem, e é preciso tempo para que eu consiga recuperar meu equilíbrio.

Em 26 de junho de 1993, a terra tremeu duas vezes em Palermo, na Sicília, sem fazer vítimas. Os abalos alcançaram 7 e 5 pontos na escala Mercalli. Os habitantes puderam sair a tempo de suas casas, mas a parte superior da grande torre medieval afundou e a maior parte das moradias foi seriamente danificada.

BOMBARDEIO NORTE-AMERICANO SOBRE O IRAQUE

22 de junho de 1993. Minha alma, em viagem astral, está pairando sobre uma cidade. Vejo um quarteirão arrasado. Meu falecido irmão está ao meu lado. Vejo militares. Diante de um imenso fosso, em forma de cratera, muitos homens

com uniformes escuros, apertados uns contra os outros, gritam e choram. Erguem os cadáveres de pessoas que acabam de ser mortas durante um bombardeio. Por toda parte a desolação me envolve.

Meu irmão vai me deixar e reunir-se a eles. Sinto que acaba de acontecer alguma coisa muito grave.

No dia seguinte, numa segunda visão, vejo casas destruídas e muitas pessoas vasculham os escombros à procura de mortos e feridos.

Meu guia divino me diz:

> Acaba de acontecer um bombardeio muito grave. Os Estados Unidos acabaram de bombardear o Iraque. Há mortos e feridos.

Em 27 de junho de 1993, os Estados Unidos bombardeiam o Iraque com mísseis que caem sobre o quartel-general do serviço secreto de informações de Bagdá.

A MÃE DE BÓRIS YELTSIN

15 de março de 1993. Muito cedo na manhã desse dia, numa visão astral, minha alma é projetada e paira sobre um país frio, onde cai neve; abaixo de onde estou, alguns homens cavam um túmulo para nele enterrar uma pessoa.

Meu guia me diz:

> É a mãe de Bóris Yeltsin que acaba de falecer, e vão enterrá-la.

Com efeito, a mãe de Bóris Yeltsin falecera há pouco e é enterrada no dia 16 de março de 1993.

No mesmo momento, mais ao longe, vejo na terra uma grande brecha.

Ouço Allan Kardec:

> Vai se dar um fato importante e grave nesse país, a Rússia.

BÓRIS YELTSIN

12 de março de 1993. Por volta das 15 horas, enquanto estou cochilando, ouço muito claramente meu Mestre:

> Vão destituir Bóris Yeltsin. Acorda, coloca a foto dele sob proteção; entra em meditação e reza.

Levanto-me imediatamente, pego a foto dele numa revista e a coloco sob proteção; rezo durante muito tempo e repetidas vezes. Mais tarde, pergunto às pessoas à minha volta se isso é possível. Respondem-me que nada há que permita prever um tal acontecimento.

No domingo, 27 de março de 1993, na Rússia, o poder vota a destituição de Bóris Yeltsin, mas ele ganha por estreita margem e conserva-se no poder.

Mais tarde, em outra visão, meu guia ainda me diz:

> Os comunistas da Rússia querem retomar o poder; não estão dispostos a nenhuma espécie de concessão. E podem provocar a revolução nesse país que já sofreu tanto.

Terça-feira, 30 de março de 1993. Naquela tarde, recostada no meu terraço diante do mar, enquanto estou cochilando, aparece-me no corredor um ser com cabelos brancos muito longos, muito bem vestido num terno cinza claro. Estou perto dele. Ele me olha, inclina-se na minha direção e diz: "É maravilhoso, obrigado, obrigado." Depois desaparece.

Allan Kardec me diz:

> É um Espírito poderoso que veio expressar a você seus agradecimentos e reconhecimento por todas as suas orações em prol da Rússia.

Em 18 de setembro de 1993, numa visão, minha alma está sobre a Casa Branca. Estou cercada por carros blindados.

Allan Kardec me diz com voz forte:

> A Rússia. Ora, coloca-te em meditação por Bóris Yeltsin, pois ele está tendo dificuldades com homens duros e criminosos, os comunistas do Parlamento. É preciso ajudá-lo. Mas haverá um banho de sangue, muitos mortos.

Quando minha alma volta ao meu corpo, volto a mim e estou muito abalada. Mas o que eu posso fazer? Divulgar essa mensagem, informar: mas a indiferença está estabelecida.

21 de setembro de 1993. Nessa manhã, numa visão, minha alma paira novamente acima da Rússia e vejo chegarem carros blindados.

Meu guia me diz:

> Bóris Yeltsin sairá dessa. Ele é obrigado a intervir. Haverá mortes, mas o país recuperará a paz e a democracia. Bóris Yeltsin será presidente ainda por algum tempo.

29 de setembro de 1993. Ao alvorecer, numa visão, minha alma paira novamente sobre a Rússia.

Meu Mestre me diz:

> Moscou.

Ouço rajadas de metralhadoras. Vejo soldados caindo, alguns mortos e outros feridos. A seguir, vejo que algumas pessoas são presas. A multidão está nas ruas, desfraldando bandeiras vermelhas.

Depois, ouço o meu guia:

> Isso vai acabar em cinco dias. Bóris Yeltsin contou com o apoio do Exército e dos europeus. Não poderia ter agido de outra maneira. Dessa prova ele sai fortalecido.

Em outra visão, meu Mestre divino me diz:

> Haverá um banho de sangue. Tudo estará terminado. Yeltsin está com a situação sob controle. As eleições vão acontecer.

5 de outubro de 1993: efetivamente, nessa terça-feira, a Casa Branca está livre dos "putschistas". Eles foram completamente detidos. Houve mortos e feridos. A calma foi restabelecida na Rússia, que se encaminha para novas eleições.

SOMÁLIA

7 de outubro de 1993. Nessa manhã, numa visão, enquanto ainda estou dormindo, meu Mestre me diz:

> Somália. Isso vai ficar muito ruim. Isso...

Vejo soldados americanos correndo.
De tarde, enquanto estou cochilando, vejo um caminho ladeado por rosas, plano, descendo depois. Soldados correm pela parte plana desse caminho e, depois, começam a descer. Eu lhes digo: "Não desçam mais, parem!"
Ouço os soldados também dizerem: "Parem, parem!"
Muitos soldados americanos encontram a morte na Somália, e Bill Clinton, muito aborrecido com essa situação, ordena aos soldados que parem e envia diplomatas para as negociações. A saída das tropas americanas é então prevista para o início de 1994.

INCÊNDIO NA CALIFÓRNIA

18 de outubro de 1993. Numa viagem astral, logo cedo, pairo sobre uma usina. Depois, subo alguns degraus que dão para uma rampa metálica. Chegando no alto, atravesso um corredor. No fundo, numa grande vitrina, estão expostos vários instrumentos e utensílios. Quando passo na frente deles, tudo se inflama. Sinto-me tão mal que fujo dali e entro no edifício. Estou deitada ao sol. Um homem curiosamente vestido como astronauta aproxima-se de mim. Eu lhe digo que estou me sentindo mal e ele responde: "Vou buscar alguma coisa para ajudá-la." Depois que ele se afasta, ouço: "É preciso que ele morra." Levanto-me e

saio correndo, descendo as escadas. Ao meu redor tudo está em chamas. Vejo à minha frente o mar e entro nele; começo a andar pela água.
Catástrofe com fogo, na Califórnia, em Malibu.

ACIDENTE NA ESTRADA PARIS-BORDEAUX

4 de novembro de 1993. Numa visão, vejo que acaba de acontecer um grave acidente de trânsito numa estrada muito larga. Caminhões e carros estão capotando no leito carroçável. Labaredas cobrem um caminhão e o fogo se alastra a vários outros carros. Vejo ambulâncias chegando com corpos queimados, mortos e feridos. Meu guia diz:

> Esse acidente terá muitos mortos e feridos graves.

No dia 10 de novembro de 1993, houve um grave desastre entre Bordeaux e Paris, com treze pessoas carbonizadas e trinta e dois feridos.
Testemunho da sra. Aline Haubin: "A sra. Gribel me havia avisado, no dia 5 de novembro, sobre o que iria acontecer e que ela havia visto numa visão."

INCÊNDIO EM SÃO FRANCISCO

5 de janeiro de 1994. Numa visão, pairo sobre uma cidade e um prédio em chamas; vejo o fogo se espalhar por todos os lados e pessoas inteiramente cercadas pelas chamas. Na rua, as pessoas correm enlouquecidas em todas as direções. Caminhões de cor vermelha aparecem. Jatos d'água lavam a construção.
Um incêndio foi registrado em São Francisco, nos Estados Unidos.

SUPERMERCADO "CASINO" DE NICE

23 de janeiro de 1994. Enquanto estava em Guadalupe, numa visão ao nascer do dia, vejo meu filho, Dominique. Estamos ambos debruçados em uma varanda, quando, de repente, a balaustrada metálica se rompe e um terraço de cimento racha. Fico com medo. Pegando na mão de meu filho recuamos. Mais embaixo, vejo o cimento desmoronando. Tento impedir o desabamento com as mãos, mas não consigo e meu medo aumenta.

Depois, de um só golpe, com grande estrondo, o piso do cimento e as barras de ferro despencam. Adultos e crianças gritam, enquanto outros são jogados por terra. Tentam retirar algumas pessoas que ainda estão soterradas sob a laje de cimento. É um grande pânico; vejo ambulâncias que transportam mortos.

Allan Kardec, meu guia, me diz:

> Essa catástrofe acontece na região em que está o seu filho; ela fará muitas vítimas.

Acordo muito angustiada.

Na quarta-feira, 26 de janeiro de 1994, às 16 horas, em Nice, o teto de cimento do supermercado Casino de Nice-Aéroport, perto do Passeio dos Ingleses, desabou com um estrépito comparável ao de uma explosão. Com uma superfície de 600 m², a laje do teto resistiu graças aos apoios laterais, mas o centro afundou como um castelo de cartas, causando três mortos e noventa e seis feridos, entre clientes e funcionários.

Dominique Boulogne
Guadalupe, 3 de fevereiro de 1995

Quando esteve em Guadalupe... Rose teve mais uma vez visões premonitórias que, pouco tempo depois, provaram ser exatas.

Na realidade, no dia 23 de janeiro de 1994, ela nos informou de uma visão que tinha tido de manhã bem cedo. Ela vê uma imensa laje de cimento desmoronar. Adultos e crianças gritam e outros jazem por terra. Ela vê pessoas presas entre blocos de cimento, mortos e sangue.

Depois, de repente, ela acorda muito angustiada.

Ouvindo essa dramática narrativa, fico inquieto.

Três dias depois, soubemos pela televisão que a laje do teto do Supermercado Casino, de Nice-Aéroport, tinha desabado, causando muitas vítimas.

Tivemos então a prova formal dessa premonição.

Aliás, a respeito de minha vida particular, Rose avisou-me também de acontecimentos positivos. E, na realidade, não pude senão constatar com alegria e reconhecimento a feliz concretização daquilo que ela me havia predito.

Muitos são os fatos e exemplos vividos com Rose que me autorizam a expressar todo o afeto e admiração que sinto por ela. Pessoa divina, a serviço dos que crêem na sua sinceridade e no amor que ela dedica ao nosso Deus e ao seu Guia espiritual, Allan Kardec...

ASSASSINATO DE YANNE PIAT

2 de fevereiro de 1994. Numa visão, estou na companhia de meu filho Dominique e de sua mulher. Estamos bem próximos de um muro de pedras. Atrás desse muro, vejo uma colina. De repente, um automóvel chega. Ouço um

ruído muito forte de freada e, logo em seguida, explodem tiros. Estou com o coração apertado e sinto que um crime acaba de ser cometido.

5 de fevereiro de 1993. Numa segunda visão, encontro-me numa grande sala, na companhia de policiais. Estou com uma criança morta nos braços. Os policiais estão especialmente nervosos e fazem-me perguntas. Eu lhe digo: "Mas eu não tenho nada para dizer."

Allan Kardec me diz:

> É o assassinato vil de um deputado, e isso vai causar muito barulho.

No dia 25 de fevereiro, Yanne Piat, deputada pela região do Var, foi morta em seu carro, em Hyères, e seu motorista ficou ferido.

DESLIZAMENTO DE TERRA NO KERGHEZSKAN

9 de março de 1994. Numa visão vejo, aproximando-se de um muro, um animal que parece ser pré-histórico e que eu não reconheço. Depois, vejo trincheiras largas e fundas que se enchem de terra. Muros antigos desmoronam. Uma montanha inteira afunda. Penso que no fundo dessas trincheiras deve haver pessoas mortas.

Meu Mestre me diz:

> Esse é um desastre ocorrido na Ásia Central.

Na quarta-feira, 10 de março de 1994, uma montanha de 300 metros de altura afundou por causa de um deslizamento de terra no Kerghezskan provocando a morte de 50 pessoas.

INÍCIO DOS ACONTECIMENTOS NA TCHETCHÊNIA

24 de março de 1994. Numa visão, vejo uma imensa câmara frigorífica onde bois inteiros abatidos estão suspensos por ganchos. Um homem sentado, vestido com um uniforme branco, corta pedaços de carne.

Depois, minha alma está sobre um cemitério. Numa aléia, vejo pessoas perto de pequenos túmulos brancos.

Mostram-me, sobre uma mesa, um jornal escrito em árabe, mas eu não entendo o que está escrito.

Meu Mestre me diz:

> Isso é grave. É a loucura dos políticos na Rússia. Será um novo genocídio contra um povo já sacrificado. Tchetchênia.

VINDA DE ARAFAT A JERICÓ EM ISRAEL

2 de agosto de 1993. Numa visão, minha alma paira sobre um ponto; depois, estou à beira d'água. Ouço atrás de mim o barulho de uma embarcação que exibe as cores islâmicas. Volto-me e vejo esse barco se aproximando. Perto de mim, está um muçulmano que desconheço. Ele fala comigo, mas eu não compreendo o que ele quer me dizer. Ele me mostra alguns documentos.
Colóquio em Israel, em 13 de setembro de 1993.

> Hoje, transmito-lhe muitas visões através de símbolos.

4 de agosto de 1993. Numa viagem astral, minha alma paira sobre uma grande esplanada. Reconheço o grande muro antigo de pedras. Ao longe, vejo o domo de um templo e de uma mesquita. Alguns religiosos discutem vivamente.
Meu guia divino me diz:

> O lobo está no redil nesse país, Jericó.

Tratava-se da vinda de Arafat a Jericó.
Maio de 1994. Numa visão, minha alma está novamente pairando sobre uma colina e Allan Kardec me diz:

> O Cristo. O Gólgota. Ainda não acabou neste país.

Meu guia divino me diz:

> Mortos. Nada está terminado em Israel.

Novembro de 1994. Numa visão, vejo uma multidão de muçulmanos; eles gritam, berram e vociferam contra Israel. Ouço rajadas de metralhadoras. Vejo pessoas jovens caindo. Elas são amontoadas imediatamente. A turba se dispersa numa desordem indescritível.
Meu guia me diz:

> Veja: eles continuam matando-se uns aos outros. Nada está terminado em Israel. O sangue continuará a correr.

MASSACRE EM RUANDA

29 de junho de 1994. Numa visão, vejo atrás de uma grade africanos correndo e brandindo machadinhas; eles massacram todas as pessoas que se encontram em seu caminho. É o horror; vejo muitas pessoas e crianças mortas.
Meu guia me explica:

Este será um extermínio organizado, uma carnificina sem precedentes, com a destruição de uma parte da população pelo fogo, a fome e as epidemias.

Uma terrível angústia me invade. Eu sabia que isso iria acontecer, e quando aconteceu foi bem diante dos olhos de um mundo indiferente ao sofrimento de um povo.

O AIRBUS A-300 DA KAL

5 de agosto de 1994. Naquela manhã, numa visão, vejo uma grande foto de meu guia Allan Kardec ao meu lado. Estou sentada num avião que está passando por uma forte turbulência. Meu cinto de segurança soltou-se. Todas as bagagens e roupas voam por todos os lados, numa desordem indescritível.

Todos estão muito assustados. Dirijo-me a um comissário que, aterrorizado, diz-me que não sabe onde estamos. Eu me debruço e, aos solavancos, deslizo até o chão. Espio pela porta aberta e vejo que o avião está tentando aterrissar, mas não consegue. A porta se abre e salto do avião num campo. Chegam viaturas de bombeiros. Depois, novamente, eu estou em outro avião; depois não sei mais onde estou.

Meu guia me diz:

Não haverá vítimas. Todos os passageiros sairão milagrosamente ilesos.

Quando acordo, estou com a cabeça girando. Preciso de um bom tempo para recuperar o equilíbrio.

Na quarta-feira, 10 de agosto de 1994, "Milagre na Coréia do Sul". Nenhuma vítima na queda do avião Airbus A-300 da KAL.

O Airbus derrapou no momento da aterrissagem, antes de se incendiar num aeroporto da Coréia do Sul. Os 160 ocupantes do avião saíram ilesos. O piloto conseguiu retomar o controle da aeronave no último momento, e os passageiros puderam descer do avião.

TERREMOTO NA ARGÉLIA

17 de agosto de 1994. Nessa manhã, bem cedo, numa visão, minha alma paira sobre uma cidade onde acaba de ocorrer um tremor de terra. Vejo casas arrasadas. Vários Espíritos que acabam de deixar o mundo terrestre aparecem-me e pareciam muito próximos de mim. Têm a aparência das pessoas vivas.

Novamente estirada e sonolenta, sinto minha alma flutuar sobre essa cidade onde um terremoto acaba de acontecer; a paisagem é de desolação. Muitas pessoas choram, gritam; e vejo corpos envoltos em mortalhas.

Novamente, os mesmos Espíritos me aparecem, ainda muito próximos de

mim. Minha alma está pairando sobre essa catástrofe e todos esses seres que me cercam são os Espíritos que partem para a luz. O rosto deles está sereno.
Meu guia fala:

> Esse tremor de terra que sacudiu a Argélia causou muitas mortes e fez muitos feridos.

Mais tarde, no dia 18 de agosto de 1994, durante o dia, Vonny disse-me ao telefone: "Acaba de chegar um fax com a notícia de um tremor de terra que aconteceu na região de Mascara, no oeste da Argélia. Causou mais de 150 mortos e muitos feridos."

NAUFRÁGIO DO "ESTÔNIA"

1º de setembro de 1994. Numa visão astral, ao alvorecer, minha alma paira sobre um barco. Muitas pessoas circulam pelo deque. O mar está calmo. Depois, num porão desse navio, vejo dois grandes cavalos negros[1] atrelados, amarrados juntos, imobilizados no porão, relinchando e escoiceando.
Depois de um abalo, vejo o barco afundar; ouço nitidamente o ranger das ferragens.

> Esse navio vai soçobrar com muitas pessoas que ficarão presas nele para sempre.

No dia 28 de setembro de 1994, em outra visão, torno a ver os mesmos cavalos de cor negra. Coloco uma das mãos na boca de um deles; faltam-lhe dentes. Em seguida, vejo sangue saindo de sua boca aos borbotões.
No mesmo momento da minha visão, no dia 28 de setembro, a balsa "Estônia" afunda ao largo da costa sueca, levando consigo os corpos de mais de 800 pessoas; somente dois passageiros foram salvos desse terrível naufrágio.

A PESTE NA ÁSIA

11 de setembro de 1994. Numa visão, vejo uma jovem estirada sobre um colchão, doente. Ela está com a fisionomia cadavérica.
Vejo alguma coisa se movendo sob sua blusa, na altura do peito. Passo a mão ali e sinto, e depois vejo, três ratinhos.

---

1. Em termos simbólicos, os cavalos negros, assim como a boca sem dentes, representam a morte. Igualmente, os cavalos representam a produção dos motores, como na visão de Zeebrugge, descrita no meu primeiro livro.

Meu guia me diz:

> A peste vai ser anunciada por causa da proliferação dos ratos na Ásia e em outros países.

Com efeito, a peste foi declarada em Bombaim e em várias outras cidades da Índia.

REVOLUÇÃO NO HAITI

2 de fevereiro de 1994. Minha alma é projetada acima de um país de população negra. Vejo uma grande agitação, um tumulto popular, pessoas lutando, um homem socando outro. Cadáveres são amontoados, depois queimados.
Meu guia diz:

> Haiti, revolução sangüinária. Muitos mortos.

Em março de 1994, cai o regime militar e os sangrentos conflitos provocam numerosas mortes. O padre Aristide volta ao poder, mas nada está terminado.

TERREMOTO NO JAPÃO

Início de setembro de 1994. Numa visão astral, nessa manhã, minha alma está sobre uma ilha; as casas foram parcialmente destruídas por um sismo que arrasou parte dela. Vejo uma escada despencar; nela estavam presas algumas crianças. Tentam tirá-las puxando-as por baixo. É grande a desolação por toda parte.
Allan Kardec me diz:

> É uma catástrofe, um tremor de terra que acaba de acontecer numa ilha do Japão. Haverá muitos mortos.

Quarenta e oito horas depois da minha visão, um tremor de terra aconteceu realmente numa ilha ao norte do japão, fazendo muitas vítimas fatais.

MORTE DO MINISTRO ANTOINE PINAY

No dia 13 de novembro de 1994, enquanto eu dormia, apareceu-me o rosto sorridente de meu guia Allan Kardec. Ele me disse bem claramente:

Dentro de um mês, em 13 de dezembro, você ficará sabendo da morte de um estadista. Ele é um grande espírito altruísta.

No dia 13 de dezembro, Antoine Pinay, antigo ministro das Finanças, morreu à idade de 103 anos, tendo atravessado um século como personalidade altruísta e tendo sido amado por uma expressiva parcela do povo francês.

ACIDENTE COM UM DC-9 DA COLÔMBIA

9 de janeiro de 1995. Nessa manhã, numa visão, minha alma está sobre uma estrada que margeia um lago. Ouço o ruído de um avião. Bruscamente, percebo que o avião que estava voando vai cair na direção do lago e de repente afundar na água. Ouço uma criança gritar.

Meu guia me diz:

> Essa criança será a única sobrevivente desta catástrofe que vai acontecer na América do Sul.

Enquanto eu contava aos que me rodeavam detalhes de minha visão, no fundo de mim sabia que um drama estava prestes a acontecer, fazendo muitas vítimas. Sentia-me mal, angustiada, mas impotente.

Na quinta-feira, 11 de janeiro de 1995, fico sabendo do acidente com um avião DC-9 numa laguna ao norte da Colômbia. Todos os passageiros pereceram, exceto uma menininha de mais ou menos 10 anos, que sobreviveu a esse desastre, no qual 52 pessoas perderam a vida.

CATÁSTROFE PELA ÁGUA

Em 18 de dezembro de 1994, numa visão, minha alma está em uma casa baixa, com amigos, um casal e seus dois filhos. Ouço: "É preciso sair daqui imediatamente."

Meus amigos carregam pacotes pesados, e eu os sigo. Descemos escadas inundadas de água.

Depois vejo uma grande extensão de água, que atravesso. Do outro lado do rio, não sei mais qual caminho tomar. A água sobe por todos os lados.

Ao longe, vejo uma casa baixa e, pela porta aberta, vejo um aposento mal iluminado. Diante da porta, no chão, vejo um candeeiro.

Allan Kardec me diz:

> Catástrofe por causa de água em cidades da França e da Europa.

No dia 22 de janeiro de 1995, a Bretanha é a região mais atingida a oeste.

Os habitantes são evacuados de suas casas e inúmeros automóveis são engolidos pelas águas ou arrastados pela correnteza. Na Normandia, estradas são interditadas e um homem morreu na pista de Mans, enquanto muitas árvores e telhados foram arrancados pela tempestade.

SISMO EM KOBE, CIDADE-MARTÍRIO

Aqueles dentre vós que fizemos morrer viverão de novo.
(Isaías, 29:19)

O profeta vê a catástrofe vindo e anuncia com uma precisão minuciosa. Além disso, os grandes governantes da Terra não passam de instrumentos da onipotência divina.

> Você já abalou meio mundo com as revelações de suas visões, que chegam com muitos dias, meses e anos de antecedência.
> Os fatos acabaram acontecendo exatamente da maneira como você predisse. Essas verdades que você transmitiu foram confirmadas, segundo as perspectivas admitidas por todos os que a cercam e por muitos outros que vivem além das fronteiras. Essa é a nossa mensagem, que queríamos que fosse ouvida e difundida.
> Como duvidar de coisas tão palpáveis e ruidosamente verdadeiras? Até mesmo os mais incrédulos compreenderam que Deus detém os destinos do mundo.
> Sua missão é levar aos homens as provas daquilo que você capta, ouve e percebe.

Enquanto, naquela manhã, sempre guiada pelo Espírito de Allan Kardec, minha alma projetada irradia-se à velocidade do pensamento numa prodigiosa ascensão pelos ares sem fim, assisto ao que vai se passar e vejo as provas que a humanidade enfrentará. São advertências sérias para o mundo dos vivos, transmitidas por Deus.

Os testemunhos trazem muitas provas de que todos os grandes acontecimentos do mundo já estão vistos e preditos.

Os sismos destruidores são as provas morais e materiais que fornecem ao homem o meio de exercer seu saber e sua inteligência, de mostrar sua paciência e resignação; mas eles constituem uma renovação ao mudar as condições de uma região.

Toda calamidade é terrível, mas dela resulta um bem. E esse bem, freqüentemente, é considerado pelas gerações futuras. A solidariedade é grande. O homem deve resignar-se a estar sujeito à vontade de Deus, a utilizá-la com proveito, a dominar seu egoísmo e desenvolver sua caridade pelo seu semelhante, oferecendo ajuda, amor e generosidade aos que o rodeiam.

Em 15 de janeiro de 1995, minha alma, projetada numa visão astral, paira sobre um país. Ao longe, percebo construções bastante altas que são abaladas e acabam despencando umas em cima das outras; de quarteirões inteiros jorram chamas altas, carros ficam soterrados por blocos de cimento, casas balançam,

desmoronam. Vejo pessoas enlouquecidas que correm para todo lado, e outros que se reúnem em esplanadas.
Meu guia divino me diz:

> Trata-se de um terremoto terrível, de amplitude próxima a 8 pontos. Muitos mortos e muita destruição.

No dia 17 de janeiro de 1995, numa segunda visão, vejo ao longe novamente numerosas construções destruídas e outras desmoronadas, e incêndios gigantescos. Muitos moradores fogem. Parece o apocalipse.

No instante exato em que esse sismo catastrófico acontecia, enquanto eu estava dormindo, fez-se ouvir um estalo muito forte e meu Mestre se manifestou. Mais uma vez, naquela névoa do cochilo, em visão, aparece-me como uma nuvem o rosto do meu guia, que em seguida se desvanece e desaparece.

Nessa manhã, quando acordo, minha alma tinha vivido esse terrível terremoto e eu sabia que o meu guia me havia amparado, tendo-me transmitido suas forças e fluidos vivificantes. Sopros poderosos tinham reanimado minha alma, pois eu havia sido projetada até essa cidade-martírio.

Foi preciso um longo momento para que eu readquirisse o equilíbrio. Eu estava muito angustiada e sabia que aquilo havia sido terrível.

Em 17 de janeiro de 1995, um sismo arrasou a região de Kobe, no Japão, fazendo mais de 6.000 mortos e muitos feridos e desaparecidos.

Quatro dias depois, de manhã, em visão, vejo pessoas lutando para arrancar sobreviventes dos escombros; depois, aparecem à minha frente quatro mulheres com olhos esbugalhados e o rosto transfigurado.

Nesse mesmo dia, quatro mulheres traumatizadas foram resgatadas, transidas de frio, depois de terem sido encontradas milagrosamente sob as ruínas de Kobe.

SISMO NO CARIBE

No dia 2 de fevereiro de 1995, em visão, pairo sobre uma cidade muito bonita, não longe do Caribe. Tudo parece estar calmo. De repente, um estrondo infernal. As árvores são violentamente arrancadas, casas e construções balançam, oscilam, desmoronam; as estradas afundam, deformam-se.

Meu Mestre me diz:

> É um terremoto no Caribe que causará mortes e danos.

Vejo equipes de resgate trabalhando com as mãos nuas nos escombros, à procura de sobreviventes.

Em 9 de fevereiro de 1995, a cidade de Pereira, na Colômbia, é vítima de um sismo violento, que faz no mínimo 37 mortos e mais de 230 feridos, segundo uma primeira estimativa. É contatado que mais de 3.000 pessoas ficaram sem abrigo e que mais de 600 casas foram destruídas ou seriamente danificadas.

BOMBARDEIO NA TCHETCHÊNIA

Em 3 de fevereiro de 1995, numa visão, minha alma está num avião que voa alto. Subitamente, vejo outro avião se aproximar de nós e raspar na dianteira do nosso, fazendo com que a cabine dos pilotos e o painel de controle fiquem em pedaços.

Ao longe, vejo um carro que avança contra nós dando tiros de obus. Atrás desse veículo, veja uma carcaça de avião, na direção da qual meu filho quer ir. Eu lhe digo: "Não faça isso!"

Ouço, então, o que o meu guia está me dizendo:

> É horrível, é um massacre na Tchetchênia!

No dia 5 de fevereiro de 1995, a aviação russa ataca Grozny e a Tchetchênia é bombardeada por tanques que cercam a cidade. Um genocídio.

PRISÃO EM ARGEL

No dia 10 de fevereiro de 1995, ao alvorecer, tive uma visão. Devo dar uma palestra em uma grande sala muito antiga, que lembra a sala de um mosteiro.

Muitas pessoas estão ali reunidas. Cai a noite; a escuridão é total; não existe ali nenhuma luz. Ouço barulho, gritos; vejo o Espírito de meu irmão, de minhas irmãs, de várias outras pessoas levantando-se; fico rodeada pelos Espíritos naquela sala escura. Uma angústia terrível me invade e pressinto que todos estão mortos e que alguma coisa muito grave está por acontecer. Pergunto: "Onde está o padre Jean?" Respondem-me que ele partiu.

Num andar superior, vejo escritórios iluminados. Saio dessa sala e chego nesses escritórios. Ali vejo homens uniformizados. Peço-lhes que acendam a luz. Eles respondem que não podem.

Meu guia diz-me:

> Será um massacre. Esses Espíritos são as pessoas que serão mortas.

Nessa manhã, quando volto a mim, estou muito transtornada e sei que um drama terrível está para acontecer. Partilho essa notícia com quem está comigo nesse dia.

Em 22 de fevereiro de 1995, houve um motim na prisão de Argel em meio a um banho de sangue, com uma centena de prisioneiros islamitas e quatro guardas mortos. Foi uma das mais sangrentas rebeliões em presídio de que se tem notícia no mundo.

ENGARRAFAMENTO NA SABÓIA

No dia 19 de fevereiro de 1995, tive outra visão na qual minha alma está sobre uma estrada, e, ao longe, nas guias das sarjetas, vejo pessoas sentadas no chão.

Depois, continuo na mesma estrada, a bordo de um grande ônibus lotado de jovens. O ônibus pára e todos são convidados a descer rapidamente. Pacotes são jogados pelas janelas. Depois todos esses jovens são reunidos à margem da estrada, diante de poças d'água.

No dia 25 de fevereiro de 1995, um engarrafamento monstruoso nas estradas da Sabóia, na saída para o feriado do Carnaval, envolveu um número absurdo de veículos que ficaram bloqueados pela neve, com milhares de passageiros que precisaram ser alojados em caráter de urgência.

SISMO EM NICE

20 de abril de 1995. Ao raiar o dia, numa visão, encontro-me enterrada numa imensidão de areia. Meu braço está de fora e levanto a mão aberta na direção do céu, pedindo a ajuda de Allan Kardec. Suplico a Deus e ao meu Mestre que me socorram.

Meu guia explica-me:

Acontecerá um sismo que não causará nem vítimas nem prejuízos.

De manhã, ao acordar, falo dessa visão a vários amigos; telefono para os meus filhos e explico a visão que acabei de ter. Eram 10 horas. De repente, no espaço de um instante, a casa treme, os móveis andam, meu filho deixa o telefone e previne seus filhos.

Realmente, foi mesmo um tremor de terra de 4,7 graus, no sudeste da França, que abalou a região de Nice, mas não causou nem vítimas nem prejuízos. E agradeci a Deus e a Allan Kardec por nos terem amparado com a sua proteção.

A TERRA TREME NA GRÉCIA

Em 6 de maio de 1995, numa visão, o espaço gira à minha volta; depois eu estou numa casa que balança, enquanto outras são destruídas; pessoas correm e gritam. Levanto a cabeça e vejo uma rotunda acima de nós. Digo: "É preciso sair daqui."

Meu guia anuncia:

Será um longo tremor de terra que causará vários prejuízos e alguns feridos.

De manhã, quando me levanto, meu coração está batendo bem forte. Tenho muita dificuldade para recuperar meu equilíbrio. Digo que uma catástrofe natural vai acontecer numa ilha.

No dia 13 de maio de 1995, na Grécia, um sismo de 6,6 pontos segundo a escala Richter — ou seja, uma atividade sísmica tão intensa a ponto de produzir algo como "cinqüenta abalos por hora" — causou ferimentos em vinte e cinco pessoas e provocou grandes prejuízos materiais na região de Kozanis.

J. Sabatier
Nice, 16 de junho de 1995

Eu a conheço, Rose, há vários anos. Sou testemunha de seus incontestáveis dons de clarividência e de sua misteriosa relação com o grande Allan Kardec.

Suas visões do futuro são de grande precisão e surpreendem pela exatidão e autenticidade. Que missão sobre-humana e que grande esforço exige de você!

O que dizer dos milhares de apelos que lhe chegam de todas as partes, dos testemunhos de reconhecimento das pessoas curadas pela ação de suas preces e da ajuda de Allan Kardec? As milhares de cartas e fotos colocadas sob proteção em torno do retrato de seu Mestre testemunham o bem que você propaga.

Somente uma pessoa eleita tem uma faculdade tão excepcional de clarividência.

Você me anunciou, com exatidão absoluta, alguns fatos que se mostraram precisos, principalmente o tremor de terra em Sacalina, na Rússia; os resultados das eleições de 7 de maio de 1995; e muitos outros acontecimentos relacionados com a atualidade internacional.

Lembro-me de uma certa manhã em que, ainda perturbada, você me falou de uma terrível intoxicação por um gás letal, que estava para acontecer na Ásia, em Tóquio.

Muitas vezes, você me falou do horrível genocídio na Bósnia e nos Bálcãs. E anunciou:

— a morte do rei Balduíno;

— a cura do piloto austríaco de fórmula 1 acidentado durante o Grande Prêmio de Mônaco;

— o furacão tropical Gordon;

— e o tremor de terra na Grécia.

Obrigado, de todo o coração, por você existir, e por eu estar perto de você, com toda a minha afeição.

René Morlet
Jornalista
Paris, janeiro de 1995

Rose,
Diante de nós abre-se a enseada perfeita da Baía dos Anjos, sob este céu mediterrâneo... Rose esticou o dia para poder responder à verdadeira avalanche de cartas que lhe são endereçadas do mundo inteiro. O telefone tocou cem vezes e ela atendeu, e continua atendendo, desculpando-se por interromper a nossa conversa! Recebeu pessoas desesperadas que esperam tudo dela: a cura de um câncer condenado, de uma criança moribunda, de um filho agonizante depois de um acidente de moto... Todas as vezes, Rose ofereceu sua paz, suas palavras benfazejas. Depois, encaminhou-se até o altar, carregado das mais perfumadas flores. Sobre ele, surge contra a parede, entre lírios brancos, a alta figura de Allan Kardec, um retrato poderoso e enigmático, que vibra de energias perceptíveis que se irradiam dele, que parecem cair sobre nós vindas de outras dimensões do espaço-tempo. Ele desfecha sobre nós o olhar do Mestre... A toda volta acumulam-se, como borboletas em alfinetes, dezenas e dezenas de retratinhos, enquanto uma incrível quantidade de outros espalham-se sobre um grande cesto colocado em cima de pano branco... Rostos conhecidos de celebridades, a expressão carregada de um político célebre, um bispo com sua mitra... e a massa dos anônimos. Essas são as pessoas que estão "sob proteção". Rose acrescentou mais dois ou três nomes à corbelha e ficou durante muito tempo recolhida diante do Mestre. Ela está rezando e pedindo que ele interceda por todos e, sobretudo, que cure os doentes.
"Não sou nada", ela diz, "nada mais que uma intermediária, um canal... É ele que proporciona toda a graça pelas energias divinas."
Estamos sentados na varanda. Ela se doou o dia inteiro, até o limite de suas forças. Agora, o cansaço vinca seus traços nesse rosto desfeito... ela se inclina na minha direção e diz:
"René, vejo no ar convulsões que em pouco tempo acontecerão no seu jornal; eles, porém, gostam de você e você não será afetado..." (Exatamente: a revista será vendida e reorganizada a partir do início de 1995.)
E acrescentou em tom desolado: "Ah, meu Deus! Eu estava esquecendo: haverá um desastre de avião com mortos, no Natal, na França. Os responsáveis? Os argelinos integralistas..." Arrasados pela nossa própria impotência, nós nos calamos diante dessa infelicidade incompreensível que nos perpassa. Rezamos, imersos nesse silêncio e no vento que de repente se levanta. Enfim, a paz da noite imensa nos envolve à beira do mar que adormece...
Isso aconteceu no dia de Todos os Santos de 1994, na casa de Rose Gribel e Jean, em Nice. Para ela, um dia comum.

Jean-Pierre Bergoeing
Doutor em letras e ciências humanas
Professor universitário
Nigéria, 22 de novembro de 1994

Mui prezada senhora,
Desde que a conheci, fato que me alegra enormemente, tenho de constatar que suas visões do futuro são de uma imensa precisão. Espero com ansiedade o aparecimento do seu segundo livro que poderá nos iluminar, neste fim tão incerto de século, e elucidar a respeito de acontecimentos tão espetaculares quanto imprevisíveis. Só uma mulher como a senhora, possuidora desse dom maravilhoso, pode conseguir esclarecer para nós esse torvelinho em que vivemos. Novamente obrigado por me honrar com a sua amizade.

Steeve Krieff
Nice, 25 de setembro de 1994

Quero agradecer a Rose Gribel e sobretudo felicitá-la pelas boas notícias que me trouxe a respeito de fatos que depois se verificaram, assim como pelos conselhos iluminados que ela soube me prodigalizar com exatidão e gentileza, o que não teria sido possível sem uma visão suficientemente global das pessoas e coisas que a cercam e, sobretudo, sem a ajuda dos Espíritos com os quais ela se comunica.
O que é fascinante, a respeito da senhora Gribel, é a sua capacidade de apresentar e predizer os grandes acontecimentos internacionais dos quais hoje somos testemunhas.
Esse fenômeno, tão surpreendente quanto inquestionável, tem o mérito, além de sua dimensão milagrosa, de nos levar a repensar sobre as grandes hipóteses que determinam a vida.
Rose supera as fronteiras do Tempo e do Espaço para, finalmente, deixar-nos a impressão de um bem-estar profundo e de uma fé sincera nos acontecimentos, que recuperam o seu sentido como que por encanto.

Judith Symphorien
RCI Guadalupe
Pointe-à-Pitre, 2 de fevereiro de 1994

Minha mui querida Rose,
Hoje considero-me uma privilegiada porque a conheço e estimo. Desde o princípio impressionada, logo fui conquistada por sua simplicidade e grandeza de alma, que tão bem registrou no seu primeiro livro... para nele oferecer a espiritualidade e a serenidade que o mundo tem tanta necessidade.

Graças às minhas atividades profissionais (como apresentadora de rádio na RCI, a rádio de maior audiência em Guadalupe, e também na biblioteca geral Jasor), pude constatar até que ponto o público tinha necessidade de uma pessoa como você... Em seguida aos programas, eu era literalmente assediada pelos telefonemas de pessoas que queriam conhecê-la...

Esse foi um verdadeiro sucesso para nós, em Guadalupe, e se de alguma maneira pude contribuir para tanto, sinto-me verdadeiramente orgulhosa por isso.

Mui querida Rose, desde o nosso encontro estou tranqüila, sinto-me bem, estou em paz. Sinto uma fé profunda em Deus, pois tenho consciência de que ele me protege através de Allan Kardec. É certo que a amizade que nasceu entre nós continuará indestrutível.

Muito afetuosamente.

**Angel Étienne
RFO Guadalupe
Pointe-à-Pitre, 30 de janeiro de 1994**

Para Rose Gribel:

Um brilho que se manifesta nos gestos e nas palavras, pois grande é o seu coração. Uma transcendental certeza, pois grande é a sua fé. Atenção e devotamento também fazem parte do seu credo, pois grande é a sua missão.

Se você fizer a gentileza de se lembrar de quantas vezes lhe ofereci a oportunidade de se apresentar num de meus programas ("Rendez-Vous"), desde a sua chegada, contribuindo para o sucesso do seu livro, você com certeza compreenderá a minha alegria diante da notícia desse fato...

É grande a minha satisfação ao dizer-lhe como foram boas as críticas e como agora seus leitores estão sensibilizados, depois de pelo menos por uma vez na vida terem sido interpelados pelo assunto que seu livro aborda.

Além disso, permita-me assinalar em breves palavras que a sua simplicidade, sinceridade e força de vontade — que se percebem através de suas palavras e do seu olhar — fizeram o sucesso da nossa primeira entrevista diante das câmeras de televisão.

Em nome dos telespectadores sensíveis à sua mensagem guiada por Allan Kardec, eu lhe agradeço...

A esta que chegou na minha vida... num momento no qual não devemos tentar compreender que o acaso não existe.

**Georges Obertan
Télé-Archipel 4
Guadalupe, 8 de fevereiro de 1994**

À senhora Rose Gribel,

No nosso primeiro contato eu estava longe de pensar que iríamos nos *rever... Hoje, começo a compreender que a maior parte das preocupações cotidianas não passa de detalhes de uma vida muito breve. Quero agradecer-lhe pela qualidade e consistência de sua passagem pelo meu programa "Début de Soirée". Foi a primeira vez em que a nossa emissão teve tanta receptividade. Várias semanas depois ainda eram inúmeros os apelos de pessoas que queriam o seu endereço.*

Foram todos os habitantes de Guadalupe que souberam crer e compreender sua mensagem, pois é preciso confirmar que as suas palavras sabem consolar os males mais dolorosos.

Com a senhora, aprendi a aceitar, partilhar e, sobretudo, perdoar.

Que Deus a ampare na sua missão, e que a senhora possa contar comigo e toda a equipe de Archipel 4 para ajudá-la a fazer o bem.

Duas foram as sensações na minha vida: Cuba e o efeito especial Rose Gribel.

Com toda a minha amizade.

∞

Visões do Futuro

Pois o Senhor não faz coisa alguma sem revelar o seu segredo a seus servos, os profetas. O Senhor falou: quem não profetizará?
(Amós, 3:7-8)

Nós lhe demos a chama mais preciosa de todas.

Realize o que você já desvelou de nosso mundo, o que você viu nas esferas divinas nas quais estão inscritos no plano divino os acontecimentos de seu mundo.

Você sabe que nós lhe demos os seus poderes; é um privilégio ser admitida no nosso mundo celeste. Você galgou os degraus para chegar aonde vivem os grandes Espíritos, as divindades, onde são promulgadas as leis dos mundos e do seu mundo.

Essas visões a transportam até o nosso mundo divino para oferecer a prova indiscutível de que o mundo dos Espíritos rege os destinos e os acontecimentos da humanidade.

A cada visão em que sua alma livre se eleva até os esplendores do infinito, projetada à velocidade do pensamento até a fonte das divindades, essas visões captadas devem revelar as nossas verdades, esse é o nosso objetivo.

Você pôde ver muitos fatos graves e predizer catástrofes, guerras que estão por acontecer, dias e dias antes que o mundo terrestre os vivesse. Poucos seres tiveram esse privilégio; as viagens astrais são o feito mais marcante e sublime do médium.

Na Terra Tudo É Efêmero

O Eterno fala pela boca de Amós: "Que o direito corra como a água e a justiça como uma torrente que nunca se esgota."
(Amós, 5:24)

Seu livro avança. Vou guiar a sua alma na imensidão das esferas onde você verá os acontecimentos que estão por acontecer, além de outros mistérios.

Por sua antiga sabedoria, você é das nossas. Nós nos dirigimos para o mesmo objetivo, que é revelar ao homem que o nada não existe, que o mundo dos Espíritos vive muito perto de vocês, no seu cotidiano, que muitos grandes Espíritos estão entre vocês, no mundo de vocês.

Você deve dizer que a vida não termina com o derradeiro suspiro, nem no túmulo, mas que sua venalidade irá levá-los... pelos labirintos do nosso mundo, onde as riquezas não são as mesmas. Eles terão de compreender a nossa justiça divina, onde tudo está a descoberto. Terão de voltar à Terra para sofrer o que eles fizeram os outros sofrer. Eles devem se questionar e compreender que nada é conquistado na Terra, que tudo é efêmero, que nada é definitivo, e que não levarão nada do que lhes tiver servido de fonte de delícias e poder.

∞

Mensagens do Céu

Quando o homem morre, vive para sempre. Ao findar os dias da minha existência terrestre, esperarei, pois para cá voltarei novamente.
(Versão da Igreja Grega)

Esta noite, no silêncio, meu coração está cheio de reconhecimento e devoção. Ó meu mestre! Quanto desejaria estar sempre em comunhão com o vosso Espírito, mas a vida está aí com todas as suas imperfeições.

Que felicidade sentir a vossa presença pelos estalidos que se fazem ouvir e que me transmitem a vossa inspiração!

É preciso que você continue escrevendo para o mundo, pois o mundo espera pelas mensagens do céu que você deve transmitir, pois estes não são escritos de humanos. E deve ficar muito claro que só um Espírito de Deus poderia ditar essas revelações que eu lhe ditei e que continuo a ditar-lhe.

Nos tempos da Antigüidade, isso já era feito. Essa semelhança deve provar que o homem precisa compreender que Deus governa os mundos e que Sua voz far-se-á ouvir até que o homem perverso e egoísta se volte para as leis de Deus.

Hoje, neste mundo caótico, o homem busca o sopro de sua sobrevivência.

Você deve fazer com que as pessoas compreendam que o nosso mundo é uma Terra de provas. Dessa forma, ele precisa evoluir. Deus ofereceu-lhe essa possibilidade em meio a este vasto oceano de vidas no qual os valores morais se dispersam e onde o homem treme, pois ninguém está a salvo...

O profeta de qualquer espécie é um "profeta da desgraça", pois é ele quem adverte o homem incrédulo. O profeta sabe que os sofrimentos do seu povo não são a derradeira palavra de Deus; ele sabe que a libertação virá.

∞
Profecias Para o Mundo Futuro

Eu coloquei diante de ti a vida e a morte (...). Escolhe (...)
(Deut., 30:19)

Vivemos momentos nos quais as palavras assumem um sentido mais terrível do que em outras épocas; em que a morte se desmascara para exterminar de um só golpe uma parcela de um povo; em que os acontecimentos se incumbem de nos fazer lembrar, de modo brutal e inexorável, que estamos num mundo fadado à morte. Hoje estamos atravessando um desses momentos.

O caos histórico da nossa existência, que estamos vivendo, manifesta a desordem deste nosso mundo afastado de seu Criador, deste mundo revoltado que, colocado diante da vida e da morte, escolheu a morte. Esse combate é a história da nossa Terra, e coloca cada um de nós diante de sua consciência e decisão... com ou sem Deus.

Deus é o criador do universo, governando soberanamente a sua história, e a palavra final sobre esse mundo não pertence senão a Ele.

"Pois, a visão da manhã... é verídica; mas tu tens essa visão secreta pois ela se refere aos tempos mais remotos." (Torá, Daniel, 8:9, 15:26)

Você precisa fazer com que as pessoas compreendam que o mundo de vocês é uma terra de provas.

Mata-se em nome de Deus, há decênios.

Ninguém detém sozinho o Direito Divino.

Você deve fazer o mundo saber que Deus está acima de todas as leis absurdas e irreversíveis que levaram o mundo ao declínio, ao desastre.

O homem está no meio de um turbilhão de divergências e cupidez, do qual ninguém sairá engrandecido.

O mundo se degrada.

Estes são os tempos preditos, nos quais o mundo sente medo.

Você vê que todas as profecias acontecem. Certamente o tempo no Além não existe.

É um outro mundo, com as imperfeições do homem moderno. Quanto à poluição nuclear, ela chegou à Europa e irá traduzir-se por um desastre, disseminando entre os homens epidemias contra as quais os cientistas nada poderão fazer...

Hoje, nesse mundo perverso, os países da Europa se dirigem para a desordem por causa de toda sorte de escândalos envolvendo os políticos.

Os legisladores, que posam de justiceiros, não estão isentos de fraquezas. Arrogam-se a posição de serem os defensores... de suas leis! Mas são infatuados e pervertidos... Sua versatilidade e sentimento de ódio têm a mesma extensão que a dos politiqueiros. Seus abusos podem levar o seu país à derrocada.

Também a França deveria sair dessa balbúrdia.

Diante de suas confusões... os homens não deviam destruir o que o povo escolheu...

Quer seja a Religião, a Política ou os Legisladores... eles encaminharam fatalmente à decadência um país já empobrecido... desprovido de caridade e amor pelo próximo...

Durante anos, políticos... perversos e infatuados como seu poder mataram e fizeram matar para manter seu poder e seus bens materiais, e todos, eles inclusive... a lei está morta... a Justiça e os políticos de todas as tendências.

Por isso é que a França teve tanta dificuldade para recuperar seu equilíbrio. É preciso fazer frente a toda essa desorganização para que os homens fortes se reagrupem... em seus partidos, e mudem as leis... e os delatores.

Mesmo que você não possa dizer tudo, volte a certas passagens das profecias, geralmente preditas em visões premonitórias, mesmo que as verdades venham a impedir a ação de alguns dirigentes sedentos por dinheiro e poder...

Hoje, a ONU está encurralada pelas mudanças nos poderes políticos... eles vão denunciar toda essa farsa e os genocídios... à revelia de toda legislação humana.

Este século terá visto as mais atrozes discórdias, conduzidas por assassinos que agem com total impunidade, diante dos olhos de um mundo indiferente; e, no entanto, preconizam os direitos do homem... mas suas tramóias e malversações... os massacres remontam à época feudal.

Hoje o véu se levanta e essa confraria irá desaparecer.

A Europa será sacudida, mas outros homens sinceros chegarão e estarão à testa dos governos; serão pessoas menos materialistas. Uma justiça mais eqüitativa e adequada será posta em prática.

Se o Presidente francês for acossado... por polêmicas internas, ele as enfrentará e será um defensor do direito...

O Presidente teve coragem e ousou enfrentar essa guerra fratricida nos Bálcãs, e hoje eles estão encostados contra a parede... e alguns outros países adotaram a mesma atitude, que ganhará ainda mais adeptos...

No Oriente dilacerado, os filhos de Maomé e os filhos de Fátima matar-se-ão uns aos outros.

Para a Argélia, você deve anunciar que as religiões dominarão e que isso não será bom para a França. Veja, você está em meio a uma tormenta que está começando... pois eles vão agir. Paris não será poupada.

Na França, as ruas serão palco de inúmeros confrontos e o sangue correrá, assim como no restante da Europa, pois tudo para eles está conquistado e será preciso voltar às tradições francesa e européia.

Você deve dizer que a democracia vai voltar...

É preciso rever algumas das profecias que você fez no primeiro livro.

A Terra verá muito sangue derramado em nome dos desígnios de homens monstruosos que espalharam o terror nos Urais.

O materialista verá seu nível de vida baixar.

Isso não impedirá os homens de traficar, de continuar com os crimes, com drogas e com armas nucleares.

A poluição que se estende desencadeará cataclismos que sacudirão o mundo.

Nos Bálcãs, a guerra continua, enquanto as nações européias e a ONU seguem negociando enquanto o desastre prossegue sistematicamente, o extermínio, a fome dos povos; enquanto, entre os povos negros, com gritos e lágrimas, o homem implora a Deus e os vivos invejam os mortos que não passam mais por sofrimentos intermináveis.

"*Quem derrama o sangue do homem pelo homem terá seu sangue derramado. Pois o homem foi criado à imagem de Deus.*" (Gên., 9:6)

O que fazem a ONU e as nações unidas européias por esses povos?

Sobretudo a ONU, que não tem seu lugar próprio, e que, em grande medida, é responsável pelas graves conflagrações deste século. Ela nunca está disponível para responder às perseguições ou às purificações étnicas, mas apóia a confraria dos assassinos, que age com total impunidade. Eles foram recebidos, especialmente na França, com todas as mostras de consideração.

Aliás, como eu já lhe havia predito, os assassinos continuam ali.

Eles continuam sob a bandeira vermelha. Mas o tempo de sua confraria chegou ao fim... Essa confraria que, subliminarmente, se encaminha para o desastre, pois o povo vai se revoltar contra ela. Os governos incrédulos vão desaparecer e serão substituídos por outros, mais determinados.

A Itália ruma para o caos... a invasão das fronteiras por causa da guerra nos países limítrofes. Muito sangue igualmente na Europa.

"*Se alguém não der ouvidos às palavras que lhe serão ditas, o Eterno irá acertar contas com ele.* (Deut., 18:19)

Na Bósnia, a terra não quer mais sangue. Eles massacram de maneira bárbara comunidades inteiras. E isso vai prosseguir na África e até mesmo na Europa. Pois, na Rússia, outros genocídios vão acontecer, o sangue voltará a correr e o nível de vida vai baixar. Isso causará invasões de fronteiras na Europa...

Israel está sobre um vulcão... A ONU fez com os dirigentes... que faltaram...! A loba está ali.

Nos países do Leste europeu, outras revoluções explodirão. Israel irá defender uma cidade com quem tem um antigo acordo. Eles ganharão e terão um país para seus filhos.

Um papa estrangeiro viaja a países distantes, antes de sua morte. Um outro papa já está eleito.

Para a Europa, é preciso que você volte a falar do papado e do Vaticano, que irá desaparecer, e da basílica de São Pedro, que era um antigo cemitério de cristãos superiores. Sob ela será encontrado o sarcófago no qual repousa o corpo terrestre de Jesus, Filho de Deus, e antigos pergaminhos revelarão ao homem verdades mantidas em segredo pelo dogmatismo da Igreja romana, que as usurpou.

Virá para Roma destruída... um papa humilde errará por... mas sua vida será ameaçada.

Textos escritos encontrados também na Grécia revelarão as verdades dos antigos profetas e o homem saberá enfim que a vida não cessa jamais. Temos irmãos e irmãs vivos e outros mortos, mas nós os reencontraremos, assim como os nossos familiares.

Em Roma, não restará mais do que a lembrança do Vaticano. Tudo não será mais do que cinzas... O sangue correrá pela ruas de Roma...

Você deve acrescentar que Deus vai continuar fazendo-se ouvir por meio de catástrofes, flagelos e epidemias, sobretudo na Ásia, na África e até nos Urais, para deter o massacre dos homens... do norte ao sul da África o sangue correrá, assim como na Ásia.

Na África, enquanto o homem negro de turbante... propaga até o fundo do deserto a carnificina, as epidemias e a fome... até a Ásia em fogo... os filhos de Maomé e os de Fátima... em um conflito religioso.

Em Bangladesh, seitas secretas muçulmanas identificarão Fátima, filha de Maomé, com a deusa Kali... Os filhos do Profeta serão vitoriosos.

O homem de turbante será morto e Fátima será venerada.

Mesmo se as turbulências prosseguem, sobretudo na Sérvia, o presidente francês desencadeou um processo que leva alguns países a um consenso. Mas nada está terminado. Ele tem o mérito de ter detido a barbárie em Kosovo e bem mais longe. Outros países vão reunir-se a ele... mas o sangue continuará correndo.

Como você viu em 1992, numa visão, e o anunciou, o Mediterrâneo será envolvido num combate perto de uma ilha dos Bálcãs... Serão numerosas embarcações com falsas bandeiras que virão de países da África e uma batalha terrível se deflagará na qual serão afundados os navios das grandes potências.

Depois, virá o dia da verdadeira Europa, que enfim terá uma ética política comum, e todas nações terão finalmente reencontrado a paz.

Bill Clinton enfiou-se num lamaçal e não está perto de sair dele... Pelos votos, o povo o desacredita, pois ele não trouxe nada de positivo.

Manifestações na América Latina...

Uma mulher será eleita Presidente da América e fará seu juramento sobre uma Bíblia das antigas verdades.

É a força que emana de Deus... os textos bíblicos profetizarão e triunfarão... Longa será a paz na Terra.

Essa mulher reunirá uma grande parte dos Estados da América em torno da filosofia espírita cristã.

Vinda da América do Norte, uma arma muito eficiente aniquilará todos as armas, mesmo as mais sofisticadas.

Os cientistas compreenderão que os antigos estavam mais avançados que nós. Eles voltarão aos antigos... aos nossos predecessores. A vida será prolongada.

Da Ásia, depois que o sangue tiver corrido, um grande movimento místico se alastrará, pois eles terão encontrado vestígios de tradições antigas... de um grande místico. Então, atravessarão o rio... amor.

Uma gigantesca reunião de todos os espíritas terá lugar no Egito, no país do profeta Hermes.

Enfim, a confraternização... na luz reencontrada, o homem esquecerá as provações dos séculos passados.

Então, vocês estarão em 2060, e a paz será longa. O reino de Deus chegará à Terra na glória de Cristo e os antigos profetas estarão de novo na casa de Deus.

Os tempos previstos chegaram; não é o fim do mundo, mas o fim de um mundo. Aquele que for feliz depois disso será uma pessoa favorecida, pois terá uma vida melhor na fraternidade...

Desde Abraão, os profetas nos esclarecem sobre a doutrina espírita do espírito divino, no mais profundo cerne das religiões, como um sol.

É pelo Cristo que ela se irradiará pelo mundo.

É hoje, e sempre, que por Krishna entramos na era mística, na luz espiritual, na chama de toda verdade, de toda religião.

Deus Governa o Destino dos Mundos

Jesus diz: "A vós foi dado conhecer o mistério do Reino de Deus; mas para os que estão fora, tudo é dito em parábolas (...)"
(Marcos, 4:10-13)

Sua missão trará muitas revelações ao mundo dos vivos. É o que o mundo dos Espíritos está esperando há séculos. Você trouxe muita felicidade. Saiba que isso foi planejado.
    Era preciso que você estivesse pronta e que progredisse espiritualmente. Essa foi uma prova dura, pois você tem uma vida humana; mas sua dedicação e fé não conhecem limites.
    Nós também estamos felizes, pois chegamos ao fim deste livro, que trará muito conforto. Eu a escolhi porque você é das nossas, e seu cérebro não estava confuso.
    Fui o mais simples possível em todas estas mensagens, pois muitas vezes era difícil escrevê-las, e a nossa linguagem espiritual não é a humana. Mas tudo ficará bem e este livro será lido e relido. Mais uma vez, coragem!

∞

Essa É a Sua Missão Hoje

Não faltam absolutamente escritores no mundo invisível; mas, como na Terra, os bons escritores são raros; é preciso reconhecê-los.

Fico feliz por você ter escrito a minha biografia, tomando de alguns dos meus livros passagens relativas à minha vida ativa.
    Meu caminho se fez com a doutrina espírita que se difundiu. Mas quantos livros foram escritos, lidos e relidos!
    Por isso é que a minha missão foi planejada e propagou-se através dos meus livros. E a sua missão hoje é a que eu lhe transmito com os ditados e que se revela para o seu mundo através deste livro. Outros grandes Espíritos nos ofereceram sua ajuda e colaboração.
    Este livro reafirma a existência do mundo invisível. Os Espíritos de familiares e amigos existem acima do seu mundo e estão na sua vida, muito perto de você.
    Este é o tempo predito, no qual o homem, derrubado pelo sofrimento à sua volta, busca o sopro da sobrevivência que será a era mística que vai se difundir pelo seu mundo.
    Suas revelações evidenciarão muitas verdades que serão para sempre obra sua. Nós lhe damos o nosso apoio.
    Sim, este livro terá uma grande divulgação. O mundo espera. Nós sabemos que você dedica todo o seu coração a este livro dos Espíritos... Fique atenta, pois tudo deve estar de acordo com o nosso Espírito. É uma verdadeira felicidade estar em comunhão. Você é guiada, eu estou aqui.

Para o bom andamento deste livro, que se dará muito rapidamente, coloque sobretudo o que diz respeito às comunicações, à reencarnação, à morte, às visões, também as visões do mundo celeste —, as reencarnações da sua família e tudo o que nós lhe transmitimos sobre religião...

Não hesite, pois estou com você e tudo será feito pela inspiração. Pois são os Espíritos que desejam e anseiam que as suas revelações contenham todas as nossas verdades...

∞

A Obra de Allan Kardec: um Guia Infalível Para a Felicidade Futura

Há aproximadamente dois séculos, Allan Kardec apareceu no mundo e fundou a doutrina espírita que, no Brasil, ganhou uma grande quantidade de adeptos, ao passo que na França, sua terra natal, é mal conhecida. No mundo todo, são milhões os que a veneram.

O profeta papa João XXIII refere-se a ela na sua encíclica *Pacem in terris*, que representa para Allan Kardec "um guia infalível da felicidade futura".

Léon Hippolyte Denisard Rivail nasceu a 3 de outubro de 1804, numa antiga família de Lyon. Seu pai, magistrado, ensinou a seu filho o espírito da justiça e lhe deu uma excelente educação. Fica decidido que a criança daria prosseguimento aos estudos na Suíça, em Yverdon, numa escola dirigida pelo pedagogo Pestalozzi. Esse estabelecimento gozava de reputação mundial, e alguns de seus alunos vinham até da América.

Em Yverdon, Rivail aprendeu a fazer julgamentos equilibrados, a desenvolver seu espírito de observação e sua memória e a não estipular teorias abstratas antes de ter dado livre curso à sua intuição e estudado o fato concreto.

Licenciado em letras e ciências, voltou à França e, durante 30 anos, consagrou-se à educação das crianças. Esse amigo do homem, esse espírito altruísta, dedicou-se apaixonadamente ao seu trabalho, entregando-se a ele sem restrições. A educação pública era então praticamente inexistente e não possuía nem referências pedagógicas, nem método de ensino.

Rivail publicou seu primeiro livro em 1824, iniciando uma série de vinte e duas obras consagradas à gramática francesa, a cursos práticos de matemática e à reforma do ensino. Todas as suas obras são marcadas pelo mesmo apreço ao rigor científico e ao bom senso do educador.

Rodeado por colaboradores entusiastas do ensino, fundou um instituto em Paris. Na mesma época, casou-se com Amélie Boudet, professora que, ao longo de toda a sua vida, foi sua fiel colaboradora. Viveu com discrição e trabalhou sem descanso. De modo algum ele parecia estar fadado a se tornar o fundador de uma filosofia religiosa universal.

Em 1848, ocorreram nos Estados Unidos alguns fatos que iriam abalar o pensamento de Rivail. Pela primeira vez, ele ouviu falar dos fenômenos paranormais que iriam exercer grande influência sobre milhões de pessoas. As primeiras manifestações haviam ocorrido em Hydesville, em Nova York, no domicílio das três irmãs Fox.

Mesas andavam sozinhas e pancadas misteriosas se faziam ouvir, provenientes de manifestações espirituais. Em Paris e em numerosas outras cidades, desenvolveu-se um interesse extraordinário por essas práticas, que atraíam intelectuais, artistas e homens de Estado. No começo, Rivail continuou cético. Seu espírito científico era rigoroso e, para ele, toda pesquisa da verdade devia proceder da razão. Freqüentou essas reuniões durante um ano antes de ser testemunha de uma sessão de escrita mediúnica. Decidiu aprofundar-se naquilo tudo.

Quis ir mais além em suas pesquisas. Recebeu mensagens no decurso de sessões mediúnicas. Só mais tarde é que ele dirá, que debaixo daquela aparência fútil, acontecia alguma coisa muito significativa e séria. Não era a estranheza desses fatos que o interessava, mas suas implicações.

"Todo efeito inteligente deve ter uma causa inteligente. O poder da causa é diretamente proporcional à grandeza do efeito." Buscou, pela via das deduções lógicas, refazer o percurso das causas subjacentes. Conhecendo seu grande poder de síntese, um amigo seu de vinte e cinco anos, oriundo da Córsega, o sr. Carlotti, foi quem primeiro lhe falou da existência da intervenção espiritual. Também membro da Academia de ciências, como Rivail, René Taillandier enviou-lhe cerca de cinqüenta cadernos onde estavam transcritos cinco anos de comunicação com os Espíritos, por meio de anotações de diversos médiuns de várias partes do globo.

Eles o incumbiram de estudar os fatos e de se debruçar sobre esses documentos mediúnicos, o que ele fez de bom grado, pontuando-os com comentários e cuidando de manter uma perfeita atitude de imparcialidade.

E declarou: "Custou-me mais de um ano de trabalho para eu mesmo dar-me por convencido. O que vos prova que, se agora estou convencido, não foi às pressas. Estudei esses fatos com muita atenção e perseverança. Reuni-os, comparei-os e tirei deles algumas conclusões."

Rivail ficou surpreso com a atmosfera de sabedoria e caridade que se depreendia das conversas que haviam ocorrido com os Espíritos.

Quis ir mais longe nas pesquisas e recebeu esclarecimentos durante sessões mediúnicas. Formulou perguntas ao Espírito.

Durante essas consultas, este revelou-lhe que eles haviam se conhecido no tempo da Gália dos druidas, e que seu nome era Allan Kardec. Diante desse nome, para ele carregado de um valor espiritual, L.H.D. Rivail desvaneceu-se. Sentiu-se impelido a "reconhecer" esse personagem que ele havia sido, para bem encaminhar a missão da qual sabia estar investido.

Em 1856, enquanto trabalhava no seu *Livro dos Espíritos,* ouviu golpes que eram desfechados na parede. O médium informou-o de que o autor daqueles golpes era o Espírito da Verdade:

"Para você, meu nome será *A Verdade.*"

Allan Kardec perguntou-lhe se ele havia animado alguma pessoa na Terra. O Espírito respondeu-lhe: "Eu lhe disse que para você eu sou A Verdade. Esse nome, para você, quer dizer discrição. Nada mais ficará sabendo."

O Espírito passou a acompanhar seu trabalho de redação e se manifestava para assinalar-lhe os erros que cometia, para que os corrigisse. Durante uma sessão mediúnica, esta mensagem foi transmitida:
"Eu lhe disse que, para você, eu sou a Verdade... Haverá uma outra religião, uma só, mas verdadeira, grande, bela e digna do Criador. Os primeiros fundamentos você já os apresentou. Allan Kardec, sua missão é..."
Sua modéstia forçou-o a procurar uma confirmação dessa mensagem. Assim que a recebeu, dedicou-se com afinco à redação de O Livro dos Espíritos.

Foi em 18 de abril de 1857, com o pseudônimo de Allan Kardec, que ele publicou O Livro dos Espíritos, bíblia do espiritismo, o "livro de ouro" prometido, esperado, necessário, no qual, segundo suas próprias palavras, Allan Kardec sistematizou uma filosofia comunicada pelos Espíritos. Todos os princípios ali contidos haviam sido dados para o seu coroamento.

O Livro dos Espíritos, ditado pelos próprios Espíritos, é o fundamento, a eclosão da doutrina espírita, marcando com seu selo uma época gloriosa. É o retorno dos Espíritos, o mistério do renascimento conduzindo ao caminho da evolução espiritual da alma eterna.

O ponto de vista eminentemente sério e moral, englobando a doutrina dos Espíritos, acrescenta um interesse capital ao grande passo que já foi dado no sentido de ultrapassar o estreito círculo das manifestações materiais, e que permite abranger todas as leis do universo. É um ensinamento completo dado pelos próprios Espíritos sobre todas as questões que interessam ao mundo.

Allan Kardec insistia em afirmar que o conteúdo do livro não era da sua lavra, mas do Espírito da Verdade que preside ao grande movimento do Espiritismo e que propõe como princípio que existem dois mundos, o visível e o invisível. O Espírito vive, permanece eterno e terá de reencarnar várias vezes para atingir a perfeição.

Nos anos que se seguiram, conjugaram-se honrarias e reconhecimento, e sempre trabalho, sobretudo trabalho intenso. Por toda parte surgiram sociedades espíritas. Foram publicados O Evangelho Segundo o Espiritismo e depois O Céu e o Inferno. Allan Kardec denunciou nessas obras os dogmas retrógrados que pesavam sobre o pensamento dos homens, na religião, nas superstições, e ofereceu, graças ao Espiritismo, mais liberdade e uma leitura desobstruída dos textos sagrados.

Allan Kardec foi identificado como o espírito renovador das novas revelações.

A Igreja católica ficou enfurecida. Acusações e falsos processos culminaram com o auto-da-fé de Barcelona. Por ordem do bispo dessa cidade, seus livros foram queimados na mesma praça onde tinham sido executados os condenados ao derradeiro suplício. Ele disse simplesmente: "Podem queimar os livros, mas não as idéias."

Não obstante, o Espiritismo conheceu um grande sucesso. Allan Kardec multiplicava as viagens de divulgação. Era recebido com simpatia fraternal.

Durante os doze anos que ainda lhe restavam para viver, Allan Kardec consagrou todas as suas forças à elaboração e à difusão do Espiritismo.

Em 31 de março de 1869, de manhã, esgotado pelos anos de labuta que se havia imposto para a concretização de sua missão, Allan Kardec extinguiu-se; a vida do Grande Mestre acabava de se concluir.

No cemitério de Père-Lachaise, em Paris, um dólmen abriga o busto de Allan Kardec, para lembrar suas vidas anteriores, pois numa delas havia sido um druida que celebrava seus rituais à sombra dos carvalhos.

Os fiéis vêm do mundo todo para depositar flores em seu túmulo, em peregrinação às fontes do Espiritismo, onde a sua filosofia assim se resume:

"Nascer, morrer, renascer de novo e progredir sem cessar; essa é a lei. Fora da caridade não há salvação."

Essa filosofia não estava destinada a destronar o cristianismo. Allan Kardec escreveu: "A moralidade do espiritismo não é em absoluto diferente da de Jesus."

É o Espírito da Verdade que preside o grande movimento regenerador. A promessa de sua vinda encontra-se efetivamente realizada, pois o fato é esse: Allan Kardec foi escolhido pelo Espírito da Verdade, que é o próprio Cristo, para ser o consolador.

Como disse Camille Flammarion, esse gênio do século XIX, ao fazer o necrológio do grande Mestre:

"Allan Kardec, este laborioso pensador, tornou-se o fundador incontestável de uma doutrina que se difundiu como um Terceiro Testamento. Ele é, por excelência, o Consolador."

O grande sábio e espírita Camille Flammarion, astrônomo, que fundou o observatório de Juvisy e a sociedade astronômica da França, por meio de suas numerosas obras, várias das quais sobre a reencarnação, foi um excepcional divulgador que, na União Espírita, deu continuidade à obra do grande Mestre Allan Kardec.

Os Espíritos acompanharam com profunda satisfação a ação consoladora do Mestre, que chegou até o Brasil. Seus livros foram publicados em várias línguas, e suas idéias exercem considerável influência em muitos países.

No Brasil, graças a Adolfo Bezerra de Meneses (1831-1890), médico e homem público, o Espiritismo tornou-se uma religião amplamente divulgada e adotada.

Com milhares de livros vendidos no Brasil, as obras de Allan Kardec são um sucesso nacional permanente. Elas orientam a atividade de todos aqueles que as estudam, criando um ambiente em que predomina a ordem moral.

"Esse grande país deve a Allan Kardec uma doutrina de imensa caridade que arrebanha todas as classes da sociedade e que une todas as suas diversas raças numa mesma fraternidade." (André Moreil)

O renascimento da alma, as vidas sucessivas, não pertencem mais ao plano da imaginação; ao contrário, constituem-se em fatos perfeitamente reais da vida dos Espíritos.

No rastro do Mestre, os espíritas do mundo inteiro devem mirar-se no exemplo do Brasil, para que seus esforços os conduzam ao mesmo desenvolvimento.

A Prece é um Ato de Adoração

O essencial não é rezar muito, mas rezar bem. Algumas pessoas acreditam que o mérito está todo na duração da prece, enquanto fecham os olhos aos seus próprios defeitos.

∞

Preces de Allan Kardec

(extraídas do livro *O Evangelho Segundo o Espiritismo,* de Allan Kardec)

PRECES PARA SI MESMO AOS ESPÍRITOS PROTETORES

Prece: Espíritos sábios e benévolos, mensageiros de Deus, cuja missão é ajudar os homens e conduzi-los pelo caminho do bem, ajudai-me nas provas desta vida: dai-me a força de suportá-las sem reclamar; afastai-me dos maus pensamentos e fazei com que eu não abra caminho a nenhum mau Espírito que tentar induzir-me ao mal. Esclarecei a minha consciência sobre os meus defeitos e retirai de meus olhos o véu do orgulho, que poderia impedir-me de percebê-los e imputá-los a mim mesmo.

Sobretudo vós, anjo da minha guarda, que vela especialmente por mim, e vós, Espíritos protetores, que vos interessais por mim, fazei com que eu me torne digno da vossa benevolência. Vós conheceis minhas necessidades; que seja feita a vontade de Deus.

Prece: Meu Deus, permiti que os bons Espíritos que me cercam, venham ajudar-me quando estou aflito e sustentar-me quando fraquejo. Fazei, Senhor, com que me inspirem a fé, a esperança e a caridade; que sejam para mim um apoio, uma esperança e uma prova da vossa misericórdia; fazei, enfim, com que neles eu encontre a força que me falta diante das provações da vida e, para resistir às insinuações do mal, a fé que salva e o amor que consola.

Prece: Espíritos bem-amados, anjos da guarda, vós a quem Deus, em Sua infinita misericórdia, permite que olhem pelos homens, sede nossos protetores nas provas da nossa vida terrestre. Dai-nos força, coragem e resignação; inspirai-nos tudo o que é bom e não nos deixeis escorregar pelo declive do mal. Que a vossa suave influência penetre em nossa alma; fazei com que sintamos que um amigo dedicado está conosco, que vigia nossos sofrimentos e partilha de nossas alegrias.

E vós, meu bom anjo, não me abandoneis. Necessito de toda a vossa proteção para suportar com fé e amor as provas que Deus houver por bem enviar-me.

PARA AFASTAR OS MAUS ESPÍRITOS

Prece: Em nome de Deus Todo-Poderoso, que os maus Espíritos se afastem de mim e que os bons me sirvam de escudo contra eles!

Espíritos malfeitores que inspiram nos homens maus pensamentos; Espíritos furbos e mentirosos que os ludibriam; Espíritos zombeteiros que brincam com a sua credulidade, eu vos afasto com todas as forças da minha alma e tapo os ouvidos às vossas sugestões, enquanto peço para vós a misericórdia de Deus.

Bons Espíritos que vos dignais assistir-me, dai-me a força de resistir à influência dos maus Espíritos e a luz necessária para não cair nas armadilhas de suas tramóias. Preservai-me do orgulho e da presunção; desentranhai do meu coração a inveja, o ódio, a maledicência e os sentimentos contrários à caridade, que são igualmente portas abertas ao Espírito do mal.

PARA PEDIR A CORREÇÃO DE UM DEFEITO

Prece: Ó meu Deus! Vós me destes a inteligência necessária para distinguir o bem do mal. Logo, no momento em que eu reconheço que uma coisa é má, sou culpado se não me esforço por resistir-lhe.

Preservai-me do orgulho que poderia impedir-me de perceber meus defeitos, e dos maus Espíritos que poderiam instigar-me a perseverar neles.

Entre as minhas imperfeições, reconheço que sou particularmente propenso a... e se eu não resistir a essa tentação é pelo hábito que adquiri de a ela ceder.

Vós não me haveis criado culpado, pois que sois justo, mas com uma aptidão igual para o bem e para o mal. Se segui pelo caminho do mal, é por efeito do meu livre-arbítrio. Mas pela mesma razão que tive a liberdade de praticar o mal, tenho a de praticar o bem, e com isso posso mudar de caminho.

Meus defeitos atuais são resíduos das imperfeições que acumulei em existências anteriores. Esse é o meu pecado original do qual posso me livrar, pela minha vontade e com a ajuda dos bons Espíritos.

Bons Espíritos que me protegeis, e vós sobretudo, meu anjo da guarda, dai-me força para resistir às más sugestões e para sair vitorioso dessa luta.

Os defeitos são as barreiras que nos separam de Deus, e cada defeito superado é um passo dado no caminho do progresso, que deve enfim levar-me mais perto d'Ele.

O Senhor, na Sua infinita misericórdia, dignou-se conceder-me esta existência para que ela sirva à minha evolução. Bons Espíritos, ajudai-me a consegui-lo para que esta não seja para mim uma vida perdida e que, quando aprazar a Deus retirá-la de mim, eu saia melhor do que quando nela entrei.

PARA PEDIR RESISTÊNCIA A UMA TENTAÇÃO

Prece: Deus Todo-Poderoso, não me deixeis sucumbir à tentação. Espíritos benevolentes que me protegeis, desviai-me desse mau pensamento e dai-me a força necessária para resistir à sugestão do mal. Se eu sucumbir, merecerei a expiação da minha falta, nesta vida e na outra, pois sou livre para escolher.

AÇÃO DE GRAÇAS POR UMA VITÓRIA OBTIDA SOBRE UMA TENTAÇÃO

Prece: Meu Deus, eu vos agradeço por me haverdes permitido sair vitorioso da luta que acabo de travar contra o mal. Fazei com que esta vitória me dê força para resistir a novas tentações.

E a vós, meu anjo da guarda, eu agradeço pela ajuda que me destes. Que a minha submissão aos vossos conselhos possa tornar-me digno de receber de novo a vossa proteção.

PARA PEDIR UM CONSELHO

Prece: Em nome de Deus Todo-Poderoso, dos bons Espíritos que me protegem, inspirai-me a melhor solução diante desta incerteza em que me encontro. Dirigi o meu pensamento para o bem e afastai a influência dos que tentarem desviar-me.

NAS AFLIÇÕES DA VIDA

Prece: Deus Todo-Poderoso, que vedes meus sofrimentos, dignai-vos ouvir de bom grado os pedidos que vos faço neste momento. Se minha solicitação for exagerada, perdoai-me: se for justa e útil aos Vossos olhos, que os bons Espíritos que executam as Vossas vontades venham ajudar-me a realizá-la.

O que quer que aconteça, meu Deus, seja feita a Vossa vontade. Se meus desejos não forem atendidos, é porque o vosso desígnio é provar-me, e a essa prova eu me submeto sem resistir. Fazei com que eu não me desencoraje, e que minha fé e resignação não sejam abaladas.

AÇÃO DE GRAÇAS POR UM FAVOR RECEBIDO

Prece: Deus infinitamente bom, que Vosso nome seja abençoado pelas benesses que me haveis concedido; seria uma indignidade tê-las atribuído ao acaso dos acontecimentos ou a mim mesmo.

Bons Espíritos, que fostes os executores da vontade de Deus, e vós sobretudo, meu anjo da guarda, eu vos agradeço. Afastai de mim a concepção do orgulho e fazei de mim um uso que seja apenas para o bem.

Principalmente eu vos agradeço por...

ATO DE SUBMISSÃO E DE RESIGNAÇÃO

Prece: Meu Deus, sois soberanamente justo. Todo sofrimento cá embaixo deve, portanto, ter sua causa e sua utilidade. Aceito o motivo da aflição que acabo de passar como uma expiação de minhas faltas passadas e uma prova diante do futuro.

Bons Espíritos que me protegeis, dai-me força para suportá-la sem reclamar. Fazei com que seja para mim uma salutar advertência. Que minha experiência aumente. Que combata em mim o orgulho, a ambição, a vaidade fútil e o egoísmo, e que contribua assim para a minha evolução.

Prece: Sinto, ó meu Deus, a necessidade de rezar para vós a fim de receber as forças de que preciso para suportar as provas que vós vos dignastes me enviar. Permiti que a luz se faça ainda mais viva no meu espírito, para que eu aprecie em toda a sua extensão o amor que me põe à prova por querer me salvar. Submeto-me com resignação, ó meu Deus. Mas, infelizmente, a criatura é muito fraca e, se não me sustentardes, temo sucumbir. Não me abandoneis, Senhor, pois sem vós eu nada sou.

EM PERIGO IMINENTE

Prece: Deus Todo-Poderoso, e vós, meu anjo da guarda, socorrei-me! Se devo sucumbir, que a vontade de Deus seja feita. Se eu me salvar, que o resto de minha vida repare o mal que eu possa ter feito e do qual me arrependo.

AÇÃO DE GRAÇAS DEPOIS DE HAVER ESCAPADO DE UM ACIDENTE

Prece: Meu Deus, e vós, meu anjo da guarda, eu vos agradeço pelo socorro que me haveis enviado no momento do perigo que me ameaçava. Que esse perigo tenha sido para mim uma advertência, e que possa esclarecer-me as faltas em que me envolvi. Compreendo, Senhor, que minha vida está nas Vossas mãos e que podeis retirá-la quando assim vos aprouver. Através dos bons Espíritos que me assistem, inspirai-me o pensamento para que saiba utilizar bem o tempo que vós me haveis concedido aqui embaixo.

Anjo da minha guarda, dai-me forças para que eu possa pôr em prática a resolução que tomei de reparar todas as minhas faltas e de fazer o bem que estiver ao meu alcance, para chegar carregado com menos imperfeições no mundo dos Espíritos, quando a Deus aprouver me chamar.

NO MOMENTO DE DORMIR

Prece: Minha alma vai se encontrar com os outros Espíritos por um instante. Que os que são bons venham ajudar-me com seus conselhos. Anjo da minha guarda, fazei com que, ao despertar, eu conserve desse encontro uma impressão duradoura e salutar.

PREVENDO A MORTE PRÓXIMA

Prece: Meu Deus, creio na Vossa infinita bondade. Por isso é que não posso acreditar que destes ao homem a inteligência para vos conhecer e a aspiração do futuro, para depois mergulhá-lo no nada.

Acredito que o meu corpo seja somente um invólucro perecível de minha alma, e que, quando cessar de viver, eu despertarei no mundo dos Espíritos.

Deus Todo-Poderoso, sinto que se desfazem os laços que unem minha alma ao meu corpo, e logo terei que prestar contas do uso que eu fiz desta vida que brevemente estarei deixando.

Sofrerei as conseqüências do bem e do mal que eu tiver feito. Lá não existem mais ilusões, não existem mais subterfúgios possíveis. Meu passado inteiro irá desenrolar-se à minha frente e serei julgado de acordo com meus atos.

Nada levarei de meus bens terrestres: honrarias, riquezas, satisfações da vaidade e do orgulho; tudo o que tem corpo vai continuar aqui embaixo. Nem a menor das parcelas seguirá comigo, e nada disso terá para mim a menor serventia no mundo dos Espíritos. Só levarei comigo o que couber em minha alma, quer dizer, as boas e más qualidades, que serão pesadas na balança da rigorosa justiça. Serei julgado com tanto mais severidade quanto maiores tiverem sido na Terra as oportunidades de fazer o bem que minha posição me deu, e que não aproveitei.

Deus de misericórdia, que meu arrependimento chegue a vós! Dignai-vos estender sobre mim a Vossa indulgência.

Se vos aprouver prolongar minha existência, que o restante de meus dias seja dedicado a reparar todo o mal que, existindo em mim, eu pude praticar. Se minha hora soar de modo irremediável, levo comigo o pensamento confortador de que ser-me-á permitido retificá-lo por meio de novas provas, para um dia merecer a bem-aventurança dos eleitos.

Se não me for concedido gozar imediatamente dessa felicidade intacta da qual partilham apenas os justos por excelência, sei que essa esperança não me está proibida em caráter permanente, e que, trabalhando, atingirei essa meta, mais cedo ou mais tarde, de acordo com os meus esforços.

Sei que os bons Espíritos e o meu anjo da guarda estão comigo, perto de mim, para me receber; em pouco tempo, eu os estarei vendo assim como eles me vêem. Sei que reencontrarei aqueles que eu amei na Terra, se para isso tiver o merecimento necessário, e que aqueles que eu aqui deixar virão reunir-se a mim para um dia estarmos juntos para todo o sempre, e que eu também poderei vir visitá-los.

Sei ainda que vou reencontrar pessoas que ofendi; que elas possam perdoar-me o que talvez tenham a me reprovar: meu orgulho, minha dureza, minhas injustiças; e que eu não seja vencido pela vergonha quando estiver na presença delas!

Perdôo os que me fizeram ou desejaram mal na Terra. Não sinto raiva alguma deles, e rezo para que Deus os perdoe.

Dai-me, Senhor, força para abandonar sem lamentos as grosseiras alegrias deste mundo, que nada são quando comparadas às puras alegrias do mundo no qual irei entrar. Para o justo, aí não existem mais tormentos, sofrimentos, misérias. Só o culpado sofre, mas a ele resta a esperança.

Bons Espíritos, e vós, anjo da minha guarda, não me deixeis falhar neste momento supremo; fazei com que nos meus olhos brilhe a luz divina, de tal sorte que minha fé se reanime se ela vier a fraquejar.

PRECES PELOS OUTROS
PARA QUEM ESTÁ AFLITO

Prece: Meu Deus, cuja bondade é infinita, dignai-vos livrar o sofrimento de X... se essa for a Vossa vontade.

Bons Espíritos, em nome de Deus Todo-Poderoso, eu vos suplico assistir X... em seu momento de aflição. Se, no seu próprio interesse, ele não puder ser poupado desta prova, fazei com que X... compreenda que se trata de um sofrimento necessário à sua evolução. Dai-lhe confiança em Deus e no futuro, para que sua provação lhe traga, depois, dias menos amargos. Dai-lhe também força para não sucumbir ao desespero, que o levaria a perder o fruto deste momento e, assim, tornaria ainda mais penosa sua posição no futuro. Conduzi meus pensamentos até X..., e que estes possam ajudá-lo a criar coragem.

AÇÃO DE GRAÇAS POR UMA DÁDIVA
CONCEDIDA A OUTRO

Prece: Meu Deus, sede abençoado pela felicidade que X... está experimentando.

Bons Espíritos, fazei com que X... veja o efeito da bondade de Deus. Se o bem que agora o alcança for uma prova, inspirai-o nos seus pensamentos para que faça bom uso e não se envaideça do mesmo, para que esse bem não se volte contra ele no futuro.

Vós, meu bom anjo, que me protegeis e desejais a minha felicidade, purificai meu pensamento de todos os sentimentos de inveja e ciúme.

PARA NOSSOS INIMIGOS E PARA AQUELES
QUE DESEJAM O NOSSO MAL

Prece: Meu Deus, perdôo X... pelo mal que me fez e pelo mal que quis me fazer, como desejo que vós o perdoeis e que ele me perdoe pelos erros que eu possa ter cometido. Se vós o colocastes no meu caminho como uma provação, seja feita a Vossa vontade.

Afastai de mim, ó meu Deus, a idéia de maldizê-lo e sobretudo de desejar-lhe o mal. Fazei com que eu não sinta nenhuma alegria com os infortúnios que lhe advierem, assim como nenhuma pena dos bens que lhe puderem ser concedidos, para que minha alma não seja conspurcada com pensamentos indignos de um cristão.

Possa a Vossa bondade, Senhor, estendendo-se até essa pessoa, levá-la a alimentar por mim sentimentos melhores!

Bons Espíritos, inspirai-me o esquecimento do mal e a lembrança do bem. Que nem o ódio, nem o rancor, nem o desejo de retribuir o mal com outro mal entrem no meu coração, pois o ódio e a vingança não pertencem senão aos maus Espíritos, encarnados e desencarnados! Que, ao contrário, eu esteja pronto a estender-lhe uma mão fraternal, a retribuir com o bem o mal que veio dele, e que eu possa ajudá-lo se isso estiver ao meu alcance!

Para provar a sinceridade de minhas palavras, quero que me seja concedida a oportunidade de ser-lhe útil. Mas, sobretudo, ó meu Deus, preservai-me de fazê-lo por orgulho ou ostentação, o que me derrotaria numa demonstração humilhante de generosidade, levando-me a perder o fruto de meus atos, pois então eu mereceria que me fosse aplicada a sentença de Cristo: "Já recebeste a tua recompensa."

AÇÃO DE GRAÇAS PELO BEM CONCEDIDO
AOS NOSSOS INIMIGOS

Prece: Meu Deus, na Vossa justiça, vós houvestes decidido recompensar o coração de X... Eu vos agradeço por ele, apesar do mal que ele me fez, ou que tentou fazer-me. Se, humilhando-me, ele teve recompensas, eu o aceitarei como uma prova para minha caridade.

Bons Espíritos que me protegeis, não permiti que eu alimente qualquer ressentimento. Afastai de mim a inveja e o ciúme que rebaixam. Inspirai-me, ao contrário, a generosidade que eleva. A humilhação está no mal e não no bem, e nós sabemos que, cedo ou tarde, a justiça será feita a cada qual de acordo com seus atos.

PARA OS INIMIGOS

Prece: Senhor, vós nos haveis feito dizer pela boca de Jesus, Vosso messias: "Felizes os que sofrem perseguição pela justiça; perdoai vossos inimigos; orai por aqueles que vos perseguem." E Ele mesmo mostrou-nos o caminho ao rezar pelos seus algozes.

Mirando-nos em seu exemplo, meu Deus, nós suplicamos Vossa misericórdia para aqueles que distorcem vossos divinos preceitos, os únicos capazes de assegurar a paz neste mundo e no outro. Como Cristo, nós vos dizemos: "Perdoai-os, Pai, pois eles não sabem o que fazem."

Dai-nos força para suportar com paciência e resignação, como provas para a nossa fé e humildade, seu assédio, intrigas, calúnias e perseguições. Afastai-nos de todas as idéias de represália, pois a hora da Vossa justiça soará para todos e nós a aguardamos, submetendo-nos à Vossa santa vontade.

PRECE PARA UMA CRIANÇA QUE ACABA DE NASCER

Prece: (Para os pais) Espírito que estais encarnado no corpo do nosso filho, sede bem-vindo entre nós. Deus Todo-Poderoso, que vos enviou, sede abençoado.

É um depósito que nos está sendo confiado e do qual um dia deveremos prestar contas. Se ele pertence à nova geração dos bons Espíritos que devem povoar a Terra, obrigado, ó meu Deus, por este favor! Se é uma alma imperfeita, nosso dever é ajudá-la a progredir no caminho do bem por meio de nossos conselhos e bons exemplos; se, por nossa falta, ele cair no caminho do mal, perante vós responderemos, pois não teremos nos desincumbido em absoluto da nossa missão para com ele.

Senhor, sustentai-nos nesta nossa tarefa, e dai-nos a força e a vontade para executá-la. Se esta criança tiver que ser uma fonte de provação para nós, seja feita a vossa vontade!

Bons Espíritos, que viestes presidir ao nascimento desta alma e que deveis acompanhá-la durante a sua vida, não a abandoneis. Afastai dela os maus pensamentos que a tentarão ao mal. Dai-lhe a força necessária para resistir às sugestões das tentações e coragem para enfrentar com paciência e resignação as provas que a aguardam na Terra.

Outra prece: Deus boníssimo, por vos terdes aprazido permitir ao Espírito dessa criança vir para novamente sofrer as provações terrestres destinadas a fazê-la progredir, dai-lhe a luz, para que aprenda a conhecer-vos, amar-vos e adorar-vos. Por meio da Vossa onipotência, fazei com que essa alma se regenere alimentando-se na fonte das Vossas divinas instruções. Que, sob a égide do seu anjo da guarda, sua inteligência aumente, desenvolva-se e aspire cada vez mais a aproximar-se de vós. Que a ciência do Espiritismo seja a luz resplandecente que a ilumina através dos obstáculos da vida. Que enfim ela saiba apreciar toda a extensão do Vosso amor, que nos submete a provas para nos purificar.

Senhor, lançai vosso olhar paternal sobre essa família a quem vós haveis confiado esta alma: que ela possa compreender a importância de sua missão e fazer germinar nessa criança as boas sementes até o dia em que ela possa, por seus próprios méritos e aspirações, elevar-se por si até vós.

Dignai-vos, ó meu Deus, atender a esta súplica humilde feita em nome dos méritos dAquele que disse: "Deixai vir a mim as criancinhas, pois delas é o reino dos céus."

PARA UM AGONIZANTE

Prece: Deus Todo-Poderoso e Misericordioso, eis uma alma que deixa seu invólucro terrestre para regressar ao mundo dos Espíritos, sua verdadeira pátria; que ela possa regressar para aí em paz, e que Vossa misericórdia se estenda sobre ela.

Bons Espíritos que a haveis acompanhado na Terra, não a abandoneis neste momento supremo: dai-lhe forças para suportar os últimos sofrimentos que deve padecer cá embaixo a fim de progredir no futuro. Inspirai-a para que ela consagre ao arrependimento de suas faltas os últimos clarões da inteligência que lhe restam, ou que possam momentaneamente ainda lhe ocorrer.

Dirigi meu pensamento para que sua atuação torne menos penoso o trabalho da separação e que ele possa levar até essa alma, no momento em que deixar a Terra, o consolo da esperança.

PRECES PARA OS QUE NÃO ESTÃO MAIS NA TERRA
PARA OS QUE ACABAM DE MORRER

Prece: Deus Todo-Poderoso, que Vossa misericórdia se estenda à alma de X..., que chamastes neste instante. Possam as provações que padeceu na Terra ser-lhe levadas em consideração, e que nossas preces suavizem e abreviem os sofrimentos que ele ainda tem pela frente, como Espírito!

Bons Espíritos, que viestes recebê-lo, e sobretudo vós, anjo da guarda, assisti-o para que lhe seja fácil desvencilhar-se da matéria; dai-lhe a luz e a consciência de si mesmo para poupá-lo dos sofrimentos que acompanham a passagem da vida corporal para a vida espiritual. Inspirai-lhe o arrependimento das faltas que ele houver cometido e o desejo de que lhe seja permitido repará-las para acelerar seu progresso rumo à bem-aventurada vida eterna.

X..., você acabou de voltar para o mundo dos Espíritos e, no entanto, está ainda aqui, presente entre nós. Você nos vê e ouve, pois entre nós e você não existe nada mais do que o corpo perecível que você acabou de deixar e que logo será reduzido a pó.

Você deixou o grosseiro invólucro carnal sujeito a todas as vicissitudes e à morte, e conservou apenas o invólucro etérico, imperecível e inacessível aos sofrimentos. Se você não vive mais por meio do corpo, vive então a vida dos Espíritos, e essa está isenta das misérias que afligem a humanidade.

Você não tem mais o véu que oculta de nossos olhos os esplendores da vida futura. Portanto, pode contemplar novas maravilhas, enquanto nós continuamos mergulhados nas trevas.

Você irá percorrer o espaço e visitar os mundos em total liberdade, enquanto nós continuaremos rastejando penosamente sobre a face da Terra, onde estamos retidos pelo nosso corpo material, que nos parece um fardo muito pesado.

O horizonte do infinito irá se desenrolar diante de seus olhos, e na presença de toda essa grandeza você irá compreender a vaidade de nossos desejos terrestres, de nossas ambições corriqueiras e das fúteis alegrias que fazem as delícias dos homens.

Para os homens, a morte não é mais que uma separação material de alguns instantes. Do local do exílio onde ainda nos retêm tanto a vontade de Deus como os deveres que ainda temos a cumprir aqui embaixo, nós o seguiremos com o pensamento até o momento em que nos for permitido reunirmo-nos a você como você se reuniu com os que o precederam.

Se não podemos ir até você, você pode vir a nós. Venha, pois, para junto dos que o amaram e que você amou; ampare-os nas provações da vida; vele por aqueles que lhe são caros; proteja-os na medida do possível e suavize seus ressentimentos com o pensamento de que hoje você é mais feliz e com a consoladora certeza de que um dia estarão reunidos com você num mundo melhor.

No mundo em que você se encontra, todos os ressentimentos terrestres devem se extinguir. Que por sua felicidade futura, estes lhe sejam daqui em diante inacessíveis! Perdoe aos que me tiverem feito mal assim como o perdoam aqueles que porventura você tiver prejudicado.

Outra prece: Senhor Todo-Poderoso, que Vossa misericórdia se estenda sobre os nossos irmãos que acabam de deixar a Terra! Que Vossa luz ilumine os seus olhos! Tirai-os das trevas; abri-lhes os olhos e destampai-lhe os ouvidos! Que Vossos bons Espíritos os cerquem e façam-nos ouvir palavras de paz e de esperança!

Senhor, embora sejamos indignos, ousamos implorar Vossa misericordiosa indulgência em favor daquele nosso irmão que acaba de ser chamado do exílio;

fazei com que seu retorno seja como o do filho pródigo. Esquecei, ó meu Deus, todas as faltas que ele porventura tenha cometido para poder lembrar-vos do bem que ele eventualmente tenha feito. Vossa justiça é imutável, nós o sabemos, mas o Vosso amor é imenso. Nós suplicamos que amenizais a Vossa justiça por essa fonte de bondade que emana de vós.

Que a luz se faça para você, meu irmão, que acaba de deixar a Terra! Que os bons Espíritos do Senhor desçam sobre você, rodeiem-no e ajudem-no a libertar-se de suas algemas terrestres! Compreenda e veja a grandeza do nosso Mestre; submeta-se, sem reclamar, à sua justiça, mas não desespere jamais de sua misericórdia. Irmão! Que uma séria retrospectiva do seu passado lhe abra as portas do futuro, ao permitir que você compreenda as faltas que você tem no seu rastro e o trabalho que tem pela frente para corrigi-las! Que Deus o perdoe e que seus bons Espíritos o assistam e encorajem! Seus irmãos da Terra rezarão por você e pedem-lhe que você ore por eles.

PELAS PESSOAS ÀS QUAIS NOS AFEIÇOAMOS

Prece: Dignai-vos, ó meu Deus, acolher favoravelmente a prece que vos dirijo em nome de X... e fazei-o enxergar a luz divina, tornando-lhe mais fácil o caminho da felicidade eterna. Permiti que os bons Espíritos levem até ele minhas palavras e pensamentos.

Você, que me foi tão querido neste mundo, ouça a minha voz que o chama para dar-lhe nova demonstração do meu afeto. Deus permitiu que você fosse libertado primeiro. Eu não poderia deplorá-lo sem egoísmo, pois seria lamentar por você as penas e os sofrimentos da vida. Portanto, espero com resignação pelo momento de nossa reunião nesse mundo mais feliz no qual você chegou antes de mim.

Sei que a nossa separação é momentânea, e que, por mais longa que ela possa me parecer, sua duração é nula diante da eternidade de felicidade que Deus promete aos Seus eleitos. Que a Sua bondade me preserve de fazer alguma coisa que possa retardar esse instante desejado, e que me poupe assim a dor de não o encontrar quando sair do meu cativeiro terrestre.

Ó! como é doce e consoladora a certeza de que entre nós não existe mais do que um véu material que me impede de vê-lo! Que você pode estar aqui, ao meu lado, ver-me e ouvir-me como antes, e ainda melhor que antigamente: que você não me esquece, da mesma forma como eu não o esqueço; que nossos pensamentos não cessam de misturar-se e que os seus sempre me acompanham e confortam.

Que a paz do Senhor esteja com você.

PARA AS ALMAS SOFREDORAS QUE LHE PEDEM PRECES

Deus misericordioso e clemente, que Vossa bondade se estenda sobre todos os Espíritos que se recomendam às nossas orações, especialmente a alma de X...

Bons Espíritos, cuja única ocupação é o bem, intercedei comigo pela salvação dessas criaturas. Fazei luzir em seus olhos um raio de esperança, e que a luz divina os ilumine a respeito de suas imperfeições, que os afastam do convívio com os bem-aventurados. Abri-lhes o coração ao arrependimento e ao desejo de se purificarem, para que acelerem seu progresso. Fazei-os compreender que, por seus esforços, eles podem abreviar o tempo de suas provações na Terra.

Que Deus, na Sua bondade, dê-lhes força para perseverar nas suas boas resoluções!

Possam estas palavras benevolentes suavizar suas penas, ao lhes mostrar que na Terra existem criaturas que sabem compartilhar e que desejam sua felicidade.

Outra prece: Nós vos rogamos, Senhor, que espalheis sobre todos aqueles que sofrem, tanto no espaço como Espíritos errantes, como na qualidade de Espíritos encarnados entre nós, as dádivas do Vosso amor e misericórdia. Tende piedade de nossas fraquezas. Vós nos haveis feito falíveis, mas nos destes força para resistir ao mal e vencê-lo; que Vossa misericórdia se estenda a todos aqueles que não puderam resistir às suas tendências más e ainda estão acorrentados ao caminho do mal. Que vossos bons Espíritos os cerquem; que vossa luz brilhe em seus olhos, e que, atraídos por esse calor vivificante, venham eles se prosternar aos vossos pés, humildes, arrependidos e submissos.

Também vos suplicamos, Pai de misericórdia, por aqueles nossos irmãos que não tiveram força para suportar suas provações terrestres. Vós nos dais um fardo para que o carreguemos, Senhor, e nós não devemos descartar-nos dele senão aos vossos pés; mas nossa fraqueza é grande e às vezes falta-nos a coragem ao longo do caminho.

Tende piedade dos servidores indolentes que abandonaram a obra antes da hora; que vossa justiça os poupe e permita que os bons Espíritos lhes tragam alívio, consolo e esperança no futuro. A via do perdão fortalece a alma; mostrai, Senhor, aos culpados que se desesperam que, sustentados por esta esperança, obterão forças na grandeza mesma de suas faltas e de seus sofrimentos, para resgatar seu passado e preparar-se para conquistar o futuro.

PARA UM INIMIGO MORTO

Prece: Senhor, aprouve-vos chamar antes de mim a alma de X... Eu o perdôo pelo mal que ele me fez e por suas más intenções a meu respeito; que ele possa arrepender-se por isso, agora que não está mais em meio às ilusões deste mundo.

Que vossa misericórdia, meu Deus, se estenda sobre ele, e afaste de mim a idéia de me rejubilar com a sua morte. Se tive faltas para com ele, que ele mas perdoe, como eu esqueço daquelas que ele teve para comigo.

PARA UM CRIMINOSO

Prece: Senhor, Deus de misericórdia, não repudieis esse criminoso que acaba de deixar a Terra; a justiça dos homens pôde abatê-lo, mas ela não o livra da Vossa justiça, se o seu coração não tiver sido tocado pelo remorso.

Erguei a venda que lhe esconde a gravidade de suas faltas. Que seu arrependimento possa ser recebido por vós e aliviar os sofrimentos de sua alma! Possam também as nossas preces e a intercessão dos bons Espíritos levar-lhe a esperança e o consolo, inspirando-lhe o desejo de reparar suas más ações e dar-lhe a força de não sucumbir nas novas lutas que terá de travar!

Senhor, tende piedade dele!

PARA UM SUICIDA

Prece: Nós sabemos, ó meu Deus, a sorte reservada àqueles que violam a lei quando abreviam voluntariamente seus dias. Mas sabemos também que Vossa misericórdia é infinita; dignai-vos estendê-la sobre a alma de X... Possam nossas preces e a Vossa comiseração suavizar o amargor dos sofrimentos que ele suporta por não ter tido a coragem de esperar pelo término de suas provações!

Bons Espíritos, cuja missão é assistir os infelizes, tomai-o sob a vossa proteção; inspirai-o no arrependimento de sua falta, e que a vossa assistência lhe dê força para suportar com ainda maior resignação as novas provas que terá que padecer para reparar esta. Descartai de sua vida os maus Espíritos, que poderiam novamente levá-lo ao mal e prolongar-lhe os sofrimentos, fazendo-o perder o fruto de suas provações futuras.

Que seu infortúnio, que é o alvo de nossas preces, possa ser amenizado pela nossa comiseração e faça então nascer no seu íntimo a esperança de um futuro melhor! Esse futuro está nas suas mãos. Confie na bondade de Deus, cujo seio está sempre aberto a todos os que se arrependem, e que só fica fechado para aqueles cujo coração é endurecido.

PARA OS ESPÍRITOS ARREPENDIDOS

Prece: Deus de misericórdia, que aceitais o sincero arrependimento dos pecadores, encarnados ou desencarnados, eis aqui um Espírito que se entregou ao mal mas que reconhece suas faltas e ingressa no bom caminho. Dignai-vos, ó meu Deus, recebê-lo como a um filho pródigo e perdoá-lo.

Bons Espíritos, cuja voz ele ignorou, ele agora deseja ouvir-vos, daqui por diante. Permiti que ele entreveja a felicidade dos eleitos do Senhor, para que persevere no desejo de se purificar para atingi-la. Sustentai-o em suas boas resoluções e dai-lhe força para resistir aos maus instintos.

Espírito de X... nós o felicitamos pela sua mudança e agradecemos os bons Espíritos que o ajudaram!

Se uma outra vez você se entregar ao mal, é porque você não compreendeu como é doce a satisfação de fazer o bem; você se sentia muito embaixo para esperar consegui-lo. Mas, a partir do instante em que você se colocou no bom caminho, uma nova luz se fez sobre você e você começou a desfrutar de uma felicidade desconhecida até então; a esperança voltou a habitar no seu coração. É que Deus sempre ouve a prece de um pecador arrependido; ele jamais repudia qualquer um que venha até ele.

Para entrar completamente em estado de graça ao lado dele, aplique-se, daqui em diante, não só a não fazer mais o mal, mas a fazer o bem e a reparar o mal que já tiver feito. Então, você terá satisfeito a justiça de Deus. Cada boa ação que você realizar apagará uma de suas faltas passadas.

O primeiro passo está dado; agora, quanto mais você avançar, mais o caminho lhe parecerá fácil e agradável. Persevere, portanto, e um dia você viverá a glória de ser contado entre os bons Espíritos bem-aventurados.

PARA OS ESPÍRITOS ENDURECIDOS

Prece: Senhor, dignai-vos lançar um olhar de bondade sobre os Espíritos imperfeitos que ainda estão nas trevas da ignorância e não o reconhecem, principalmente X...

Bons Espíritos, ajudai-o a compreender que, ao induzir os outros ao mal, ao obsediá-los e atormentá-los, ele prolonga seus próprios sofrimentos; fazei com que o exemplo da felicidade que usufruís sirva para ele de encorajamento.

Espírito que ainda se compraz com o mal, você acaba de ouvir a prece que fazemos por você. Ela deve provar que queremos fazer-lhe o bem, embora você faça o mal.

Você é infeliz, pois é impossível ser feliz fazendo o mal; por que então continuar sofrendo, quando só depende de você sair disso? Olhe para os bons Espíritos que o cercam. Veja quanto são felizes; não seria mais agradável gozar da mesma felicidade?

Você dirá que isso lhe é impossível. Mas nada é impossível para aquele que quer, pois Deus deu-lhe, como aliás a todas as suas criaturas, a liberdade de escolher entre o bem e o mal, quer dizer, entre a felicidade e a infelicidade, e ninguém está condenado a fazer o mal. Se você tem vontade de fazer o mal, pode ter a de fazer o bem e ser feliz.

Volte seus olhos para Deus; eleve-se um só instante até Ele, em pensamento, e um raio de Sua luz divina virá para iluminá-lo. Diga conosco estas simples palavras: Meu Deus, eu me arrependo, perdoai-me. Tente repeti-las e fazer o bem em lugar do mal, e você verá que imediatamente a misericórdia se estenderá sobre você, e que um bem-estar incomum virá tomar o lugar da angústia que o envenena.

Uma vez que você tenha dado um passo no caminho do bem, o restante lhe parecerá mais fácil! Você agora compreende quanto tempo perdeu, por culpa sua, para sentir felicidade. Mas um futuro radioso e cheio de esperança se abrirá diante de você e o fará esquecer todo o seu miserável passado, cheio de perturbações e torturas morais, e que seriam o seu inferno caso fossem durar eternamente. Dia virá em que essas torturas serão tais que a todo custo você vai querer fazê-las cessar. Mas quanto mais esperar, isso lhe será mais difícil.

Não acredite que permanecerá para sempre no estado em que você se encontra agora. Não, isso é impossível. Abrem-se à sua frente duas perspectivas: uma, a de sofrer muito mais do que você sofre agora, e a outra, a de ser feliz como os bons Espíritos que estão ao seu redor. A primeira é inevitável, se você insistir na sua obstinação; um simples esforço da sua vontade será suficiente para tirá-lo do mau caminho onde você está agora. Apresse-se, portanto, pois cada dia de atraso é um dia perdido para a sua felicidade.

Bons Espíritos, fazei com que estas palavras encontrem lugar nessa alma ainda atrasada, para que elas a ajudem a aproximar-se de Deus. Nós vo-lo rogamos em nome de Jesus Cristo, que teve tão grande poder sobre os maus Espíritos.

PELOS ENFERMOS

Prece: (Para o enfermo) Senhor, vós sois toda a justiça; a enfermidade que vos aprouve enviar-me, eu fiz por merecê-la, porque vós não me afligis jamais sem motivo. Entrego-me, para curar-me, à Vossa infinita misericórdia; se vos aprouver devolver-me a saúde, que Vosso santo nome seja abençoado. Se, ao contrário, tenho se sofrer mais, que ele seja abençoado do mesmo modo. Submeto-me sem reclamar a vossos divinos desígnios, pois tudo o que fazeis não pode ter outra finalidade senão o bem de vossas criaturas.

Fazei, ó meu Deus, que esta enfermidade seja para mim uma salutar advertência, fazendo-me refletir sobre mim: eu a aceito como uma expiação do passado, como uma provação para minha fé e como um meio de submissão à Vossa sagrada vontade.

Prece: (Em nome do enfermo) Meu Deus, Vossa visão é impenetrável e na Vossa sabedoria decidistes afligir X... com esta doença. Lançai, eu vos suplico, um olhar de compaixão sobre seus sofrimentos e dignai-vos dar-lhes fim.

Bons Espíritos, ministros do Todo-Poderoso, atendei, suplico-vos, este meu desejo de aliviá-lo; dirigi meu pensamento para que possa verter um bálsamo salutar sobre o seu corpo e proporcionar um consolo para sua alma.

Inspirai-o a ter paciência e a submeter-se à vontade de Deus; dai-lhe a força necessária para suportar suas dores com resignação cristã, para que não perca o fruto desta provação.

Prece: Meu Deus, se vós vos dignardes servir-vos de mim, por mais indigno que eu seja, posso curar este sofrimento, se essa for a Vossa vontade, pois que tenho fé em vós. Mas sem vós, nada posso. Deixai que os bons Espíritos me penetrem com seu fluido salutar, para que eu o transmita a este doente, afastando de mim todo pensamento de orgulho e egoísmo que poderia alterar-lhe a pureza.

PARA LIVRAR-SE DE UM ESPÍRITO MALFEITOR

Prece: Meu Deus, permiti que os bons Espíritos me livrem do Espírito malfeitor que está grudado em mim. Se for uma vingança que ele exerce pelas faltas que cometi contra ele, deixai, meu Deus, para minha punição, que eu sofra as conseqüências da minha falta. Que o meu arrependimento possa merecer o vosso perdão e a minha libertação! Mas, seja qual for o motivo, apelo à Vossa misericórdia; dignai-vos facilitar-lhe o caminho do progresso que o desviará do pensamento de fazer o mal. De minha parte, que eu possa devolver-lhe o bem pelo mal recebido, levando-o a melhores sentimentos.

Mas eu também sei, ó meu Deus, que são as minhas imperfeições que me tornam um alvo às influências dos Espíritos imperfeitos. Dai-me a luz necessária para reconhecê-las e, sobretudo, combatei em mim o orgulho que não me deixa perceber os meus defeitos.

Senhor, dai-me força para suportar esta prova com paciência e resignação; compreendo que, como todas as outras provas, esta deve ajudar o meu progresso se eu não perder o fruto da mesma com reclamações, pois ela é uma oportunidade para eu demonstrar minha submissão e exercer a caridade pelo irmão infeliz, perdoando o mal que ele me fez.

Prece: Deus Todo-Poderoso, dignai-vos dar-me o poder de livrar X... do Espírito que o obsedia. Se estiver nos vossos desígnios dar um fim a essa prova, concedei-me a graça de falar com autoridade com esse Espírito.

Bons Espíritos que me assistem, e vós, meu anjo da guarda, prestai-me vossa assistência; ajuda-me a desembaraçá-lo do fluido impuro em que está envolvido.

Em nome de Deus Todo-Poderoso, ordeno que se retire o Espírito malfeitor que o atormenta.

Prece: Deus infinitamente bom, eu vos imploro a Vossa misericórdia para o Espírito..., fazendo-o entrever a claridade divina para que perceba o falso caminho em que se encontra. Bons Espíritos, ajudai-me a fazê-lo compreender que tudo está perdido quando se faz o mal e que tudo se tem a ganhar quando fazemos o bem.

Espírito que se compraz em atormentar X..., escute-me, pois falo em nome de Deus.

Se você quiser refletir, compreenderá que o mal não pode redundar em bem e que você não pode ser mais forte que Deus e que os bons Espíritos.

Eles puderam preservar X... de todas as suas investidas. Se não o fizerem é porque X... tinha que enfrentar essa provação. Mas quando essa provação estiver terminada, eles neutralizarão todas as suas ações contra ele. O mal que você lhe fez, em vez de destruí-lo, terá servido à sua evolução, e ele então será ainda mais ditoso; desse modo, sua maldade terá sido pura perda de tempo e se voltará contra você.

Deus, que é Todo-Poderoso, e os Espíritos superiores, seus delegados, que são mais poderosos que você, poderão portanto dar um fim a essa obsessão quando bem o quiserem, e a sua tenacidade se estilhaçará diante dessa suprema vontade. Mas, por esse mesmo motivo, Deus, sendo bom, quer permitir-lhe o mérito de parar com essa maldade pela sua própria vontade. É uma segunda chance que lhe está sendo dada; se você não a aproveitar, padecerá conseqüências deploráveis. Grandes castigos e cruéis sofrimentos aguardam por você, forçando-o enfim a implorar por piedade e pelas preces de sua vítima, que já o perdoou e reza por você, com grande merecimento aos olhos de Deus, acelerando assim sua libertação.

Reflita portanto, enquanto ainda é tempo, pois a justiça de Deus se abaterá sobre você, como sobre todos os Espíritos rebeldes. Imagine que o mal que você faz neste momento terá forçosamente um fim, ao passo que, se você persistir nesse endurecimento, seus sofrimentos irão aumentando inexoravelmente.

Quando você esteve na Terra, não era considerado uma estupidez sacrificar um grande bem por uma pequena satisfação momentânea? O mesmo acontece agora, que você se tornou Espírito. O que você ganha com essas coisas que faz? O triste prazer de atormentar alguém, o que não o impede de sentir-se infeliz, seja o que for que disser, e que o tornará cada vez mais desditoso.

Ao lado disso, veja tudo o que você perde: olhe os bons Espíritos que o rodeiam, e veja se a sorte deles por acaso não é preferível à sua. A felicidade que eles gozam será partilhada com você assim que você o desejar. O que é preciso para tanto? Implorar a Deus e fazer o bem em vez do mal. Eu sei que você não pode mudar de um momento para outro; mas Deus nunca pede o impossível. O que Ele quer é a boa vontade. Tente, portanto, e nós o ajudaremos. Faça com que logo possamos rezar por você a prece dos Espíritos arrependidos, e não contá-lo mais entre os maus Espíritos, esperando poder contá-lo entre os bons.

ELEVAÇÃO A DEUS

Ó Deus, causa primeira de tudo o que existe de harmonioso, Autor das maravilhas do universo incomensurável. Pai das almas, eis-me diante da imensidão do céu e, no entanto, bem longe de todas as dimensões ainda inacessíveis à minha inferioridade. Eis-me, criatura insignificante, prosternado humildemente no chão de um dos mundos saídos do seio do Vosso pensamento.

Ó meu Deus, deixai-me expressar o meu amor; que a fragilidade da minha voz se junte aos acordes sutis do infinito para ir em ondas de amor até a esfera radiosa em que, perto de Vós, vivem em obediência às Vossas leis as almas puras nossas irmãs.

Deixai-me, na minha alegria sobre-humana, deixai-me verter lágrimas abundantes para que elas vos expressem o meu reconhecimento. Aceitai-as como homenagem de uma ínfima criatura diante da Vossa grandeza.

Nesta hora de prece, em que estou sozinho Convosco, eu gostaria de deixar este mundo triste, pois sei muito bem que a separação seria muito suave e que o meu regresso à vida livre do Espírito cobrir-me-ia de inefáveis satisfações. Mas, infelizmente, uma voz interior mostra-me as minhas obrigações e diz-me que a fraqueza seria uma pena para os meus protetores celestes e uma afronta para mim, pois eu seria ingrato diante do meu Deus, que me confiou uma missão sagrada. Assim, devo fazer cessar o encanto que faz o meu ser vibrar e armar-me de confiança, esperança e paz.

Todavia, antes que termine esta breve elevação a Vós, eu vos suplico, ó meu Pai, que esta Força, que eu sinto que é Vossa, não me deixe, pois que, para a realização da minha tarefa, mergulhei no seio deste mundo em que reinam o erro e a indiferença.

Sustentado pela Vossa inspiração, minha coragem aumenta; então, revigorado por um ardor inabalável, saberei tornar-me ainda mais digno de Vós ao cumprir santamente as obrigações do meu apostolado.

União Espírita dos
Fiéis de Allan Kardec
Rose Gribel
B.P. 163
06003 Nice cedex 1

Minha Vida no Mundo dos Espíritos

Rose Gribel
Guiada por Allan Kardec

"Para ti se levanta o véu sob o qual está escondida a verdade. Tua missão é para o mundo."

Allan Kardec

"Os mortos falam conosco... Vocês sabem disso, vocês que recebem as mensagens deles, que vivem com eles momentos de intimidade... Vocês que são aconselhados por eles... E incumbidos de transmitir o que eles dizem... Vocês que constatam as curas que eles podem obter...

Forças do Além... Pode ser que nos mostremos por demais incrédulos diante do que elas podem fazer por nós em termos de conselhos, de conforto...

Nem todos são sensíveis a essas comunicações do Além; somente privilegiados, como Rose Gribel, as recebem e podem transmiti-las a nós.

Por meio deste livro, revivemos as mensagens recebidas, os dramas pressentidos... Visões do futuro que, dizem, não pertence senão a Deus, é verdade, mas Deus, por meio de seus mensageiros, nos oferece freqüentemente suas diretrizes... Ou suas graças, para que possamos fazer frente a inúmeras situações...

Rose Gribel recebeu vários testemunhos de reconhecimento da parte de pes-soas curadas, não pela medicina, impotente em determinados casos, mas devido à ação e às preces daqueles que nos precederam junto do Senhor e que continuam ligados a nós por uma infinidade de laços que apenas podemos pressentir.

Os leitores de *Minha Vida no Mundo dos Espíritos* serão surpreendidos com fatos perturbadores mas reveladores de uma força superior à nossa, vividos pela autora deste livro, tão positivo para todos nós.

EDITORA PENSAMENTO

A BUSCA

Paul Brunton

Este livro da série THE NOTEBOOKS OF PAUL BRUNTON traz indicações oportunas, imparciais e de utilidade imediata sobre as promessas e armadilhas da busca espiritual. Esboçando de maneira criativa e única os *insights* filosóficos tanto do Oriente quanto do Ocidente, ele mostra com clareza e simplicidade como as dificuldades e experiências diárias da vida moderna podem ser transformadas, com êxito, em passos significativos na eterna procura do autoconhecimento.

A BUSCA é um livro de inestimável valor também por conciliar a necessidade de liberdade interna absoluta com a importância da instrução competente. Apresenta, agora detalhada e amplamente, os assuntos abordados em anotações diárias, que de maneira sucinta e breve foram trazidas ao público na obra IDÉIAS EM PERSPECTIVA, já publicada por esta Editora.

Nestes momentos de imensa crise de valores éticos e profundos que se espalha pelo mundo, momentos em que caminhos de harmonia e paz se fazem prementes, estão aqui ofertados poderosos impulsos para a renovação espiritual do leitor, vislumbres da sabedoria universal que o aproximam de sua realidade íntima e divina.

EDITORA PENSAMENTO

A VIDA INTERIOR

Charles W. Leadbeater

Há muito tempo Charles W. Leadbeater é reconhecido como um dos maiores clarividentes do século XX. *A Vida Interior* é um exemplo clássico do discernimento com que Leadbeater usou seus raros talentos. Naturalmente, nenhum clarividente pode afirmar algo de modo peremptório. Neste livro, porém, o autor mais uma vez demonstrou ter tomado precauções incomuns para evitar possíveis incorreções. Além disso, ele escreveu mais do que um simples tratado sobre fenômenos espirituais, visto que imprimiu aos eventos parapsíquicos dramáticos que analisou uma conotação de bom-senso filosófico racional.

No mundo literário, C. W. Leadbeater é conhecido principalmente pelo seu livro, *Os Chakras*, um verdadeiro *best-seller* entre as obras que versam sobre as diversas correntes do ocultismo. Com a publicação de *A Vida Interior*, a Editora Pensamento coloca ao alcance do leitor um rico manancial revelador dos ideais que inspiram toda a sua obra.

* * *

Do mesmo autor, a Editora Pensamento publicou *Os Chakras, O Plano Astral, O Plano Mental, Os Mestres e a Senda, Formas de Pensamento, O Lado Oculto das Coisas* e muitos outros.

EDITORA PENSAMENTO

ÍSIS SEM VÉU

Helena P. Blavatsky

Há mais de um século foi publicada em Nova York a primeira edição desta obra monumental de Helena Petrovna Blavatsky (1831-1891) que há mais de um século vem despertando o interesse de todos quantos se ocupam em conhecer a evolução e a história do pensamento humano.

Participando da então nascente onda de interesse pelo oculto, em grande parte provocado por artigos e ensaios da própria Blavatsky, *Ísis sem véu* causou um forte impacto no dia mesmo do seu aparecimento. Foi algo semelhante a uma explosão cujas repercuções sacudiram muitas opiniões firmadas, dogmas estabelecidos e crenças materializadas em toda a extensão do pensamento em voga, então dominado por um clima em que a negação científica de toda espiritualidade, a pretensão farisaica das religiões organizadas, a respeitabilidade artificial dos costumes sociais e a esterilidade da especulação intelectual apresentavam dificuldades que os homens de hoje não poderiam compreender facilmente. A própria existência de um conhecimento oculto, de homens aperfeiçoados e iniciados, dos poderes latentes do ser humano e de um caminho secreto que leva à obtenção desse conhecimento era praticamente ignorada, exceto entre alguns raros indivíduos que conservavam para si o que conheciam e se mantinham no anonimato.

Ao enfrentar os preconceitos de sua época publicando livros nos quais, principalmente em *Ísis sem véu* e em *A doutrina secreta*, não deixou escapar de seu exame minucioso nenhuma forma de culto, nenhuma fé religiosa, nenhuma hipótese científica, Helena Blavatsky tornou-se uma das figuras mais notáveis das últimas décadas do século XIX.

Traduzida agora para o português na íntegra de seu texto original, a presente edição de *Ísis sem véu* é apresentada em quatro volumes: o 1º e o 2º, sob o título geral de *Ciência*; o 3º e o 4º, sob o título geral de *Teologia*. Naturalmente, sob essa denominação desfila uma rica galeria de temas que mal cabem na enumeração sucinta de um sumário.

Com a publicação de *Ísis sem véu*, a Editora Pensamento, que já conta em seu catálogo com algumas das obras mais importantes da autora, põe ao alcance do leitor de língua portuguesa o principal da obra dessa mulher excepcional, que brilhou com intensidade única entre as maiores inteligências de sua época.

EDITORA PENSAMENTO